디지털경제의 재테크___ ___트렌드

김종권

박영사

머리말

디지털경제학(digital economics) 분야가 아날로그 시대의 경제학과 달리 새로운 인터넷을 기반으로 하는 클라우드(cloud) 컴퓨팅(computing)과 블록체인 사업과 같은 4차 산업혁명의 새로운 영역으로 진화하면서 가상화폐와 같은 새로운 변혁기에 대한 경제적인 부가가치에 대하여 새롭게 주목을 받기 시작하고 있다.

본래의 책들은 아날로그 경제학에 중점을 두었다면 본서는 ICT의 융합적인 기술혁신에 바탕을 둔 디지털경제학이 새로운 시대에 어떻게 적용되는 지를 보여주는 실무적인 책 내용으로 하여 보다 최신 정보에 중점을 두고 적용 및 응용분야에 충실하였다. 즉 블록체인(blockchain)과 빅 데이터(big data)와 관련된 4차 산업혁명과 이에 따라 재테크적인 관점에서도 관심을 모았던 가상화폐(virtual currency)까지 최신의 실무적인 내용들에 보다 중점을 둔 것이다.

따라서 디지털경제학과 블록체인의 관점과 빅 데이터의 관점에서 관심이 많아지고 있는 주택 및 가격동향의 경제학적인 해석, 건강 정보관리의 중요성 등에도 초점을 두었다. 여기서 최신 모아지고 있는 빅 데이터들이 정보적인 가치와 어떻게 연결되는지도 소개하려고 하였다.

3차 산업혁명 시대와 다르게 4차 산업혁명이 존재하는 시기에는 사람 이외에 기계가 기계에 어떠한 지시 또는 동작이 일어날 수 있도록 하는 토대로 진행되고 있으므로 향후 새로운 시대로 더욱 융합하여 진행되어 나갈 것이다.

이러한 관점에서 Part 1 디지털 경제와 후생의 Chapter 01 디지털 경제와 지식경제에서는 제1절 디지털 경제와 경제학, 제2절 지식정보화 경제 및 사회에 대하여 살펴보았다. Chapter 02 후생과 거시경제에서는 제1절 디지털경제학과 후생,

제2절 국가적인 거시경제와 복지에 관하여 살펴보았다.

Part 2 정보시장과 블록체인의 Chapter 03 정보시장과 데이터, 블록체인에서는 제1절 정보시장의 투명성과 경쟁시스템, 제2절 정보 데이터와 블록체인 기술 적용으로 구성하였다. Chapter 04 블록체인의 확대와 건강관리 정보에서는 제1절 블록체인의 확대와 활용, 제2절 블록체인과 정보를 다루었다.

Part 3 디지털경제학과 정보에 대한 블록체인의 역할의 Chapter 05 디지털경제학과 블록체인에서는 제1절 블록체인 기반 기술의 적용상 난제, 제2절 정보의 경제적 가치로 구성하였다. Chapter 06 정보와 블록체인: 건강 및 재테크 분야에 대한 기여에서는 제1절 건강 및 생명과학 분야의 정보와 블록체인 기반 기술, 제2절 재테크 정보: 미국의 주택가격과 주가 및 저금리 영향을 기술하였다.

Part 4 정보가치와 정보의 비대칭성의 Chapter 07 정보가치와 정보의 대칭관계에서는 제1절 정보의 수집과 관련된 비용 및 정보가치, 제2절 정보의 완전한 대칭관계 및 비대칭성 문제를 다루었다. Chapter 08 디지털경제학과 정보의 비대칭성에서는 제1절 디지털경제학과 정보의 비대칭성의 전개과정, 제2절 정보의 비대칭성과 적용 및 응용분야로 구성하였다.

Part 5 빅 데이터 정보와 블록체인, 가상화폐의 Chapter 09 정보와 가상화폐에서는 제1절 디지털경제학과 국민 복지의 증진 간의 관계, 제2절 가상화폐의 특징으로 기술하였다. Chapter 10 정보와 블록체인, 가상화폐에서는 제1절 빅 데이터 정보 사례, 제2절 블록체인과 가상화폐로 구성하였다.

본서가 출판될 수 있었던 바는 안종만 회장님 덕분이란 생각으로 감사의 말씀을 드린다. 또한 손준호 과장님께서 늘 격려와 좋은 책으로 구성될 수 있도록 특별하고 세심하신 배려를 아끼시지 않아 무한의 감사의 말씀을 드린다.

현시대는 공무원 준비와 각종 관련 자격증 준비가 매우 중요하므로 이와 같은 분야에 취업을 준비하는 학생들과 일반인들, 그리고 재테크와 건강 등과 같은 관련 분야에 관심을 가지는 대중들과 전문가들도 손쉽게 볼 수 있도록 엑셀로 쉽게 접근하여 직접 데이터를 통해 같이 확인해 볼 수 있도록 많은 데이터를 소개하였다. 그리고 정부와 산업계에 종사하시는 분들에게 도움이 되도록 실무적인 책으로 구성하였다.

마지막으로 늘 학문에 정진하고 있는 신한대학교 학생들과 신한대학교에 진심으로 감사의 말씀을 드린다.

모든 부분에서 가장 힘이 되어 주는 가족에게 늘 진심으로 감사드린다. 항상 풍성하신 은혜로 동행해 주시는 하나님의 은혜로 인하여 책을 쓸 수 있었음에도 진심으로 감사드린다. 다시 한 번 본서를 읽어 주시는 모든 분들께 다함이 없는 감사의 말씀을 진심으로 드린다.

2019년 7월
김종권

차 례

part 1 **디지털 경제와 후생**

Chapter 01 디지털 경제와 지식경제 ································· 13
　　　제1절 | 디지털 경제와 경제학 · 13
　　　제2절 | 지식정보화 경제 및 사회 · 27

Chapter 02 후생과 거시경제 ································· 41
　　　제1절 | 디지털경제학과 후생 · 41
　　　제2절 | 국가적인 거시경제와 복지 · 54

　exercise　01 ································· 68

part 2 **정보시장과 블록체인**

Chapter 03 정보시장과 데이터, 블록체인 ································· 77
　　　제1절 | 정보시장의 투명성과 경쟁시스템 · 77
　　　제2절 | 정보 데이터와 블록체인 기술 적용 · 95

Chapter 04 블록체인의 확대와 건강관리 정보 ································· 101
　　　제1절 | 블록체인의 확대와 활용 · 101
　　　제2절 | 블록체인과 정보 · 109

　exercise　02 ································· 115

part 3 디지털경제학과 정보에 대한 블록체인의 역할

Chapter 05 디지털경제학과 블록체인 ··· 123
  제1절 | 블록체인 기반 기술의 적용상 난제 · 123
  제2절 | 정보의 경제적 가치 · 132

Chapter 06 정보와 블록체인: 건강 및 재테크 분야에 대한 기여 ················ 141
  제1절 | 건강 및 생명과학 분야의 정보와 블록체인 기반의 기술 · 141
  제2절 | 재테크 정보: 미국의 주택가격과 주가 및 저금리 영향 · 147
  exercise 03 ·· 162

part 4 정보가치와 정보의 비대칭성

Chapter 07 정보가치와 정보의 대칭관계 ··· 173
  제1절 | 정보의 수집과 관련된 비용 및 정보가치 · 173
  제2절 | 정보의 완전한 대칭관계 및 비대칭성 문제 · 184

Chapter 08 디지털경제학과 정보의 비대칭성 ·· 191
  제1절 | 디지털경제학과 정보의 비대칭성의 전개과정 · 191
  제2절 | 정보의 비대칭성과 적용 및 응용분야 · 200
  exercise 04 ·· 206

part 5 빅 데이터 정보와 블록체인, 가상화폐

Chapter 09 정보와 가상화폐 ···213
    제1절 | 디지털경제학과 국민 복지 증진 간의 관계 · 213
    제2절 | 가상화폐의 특징 · 220

Chapter 10 정보와 블록체인, 가상화폐 ···································227
    제1절 | 빅 데이터 정보 사례 · 227
    제2절 | 블록체인과 가상화폐 · 228

참고문헌 / 234
찾아보기 / 235

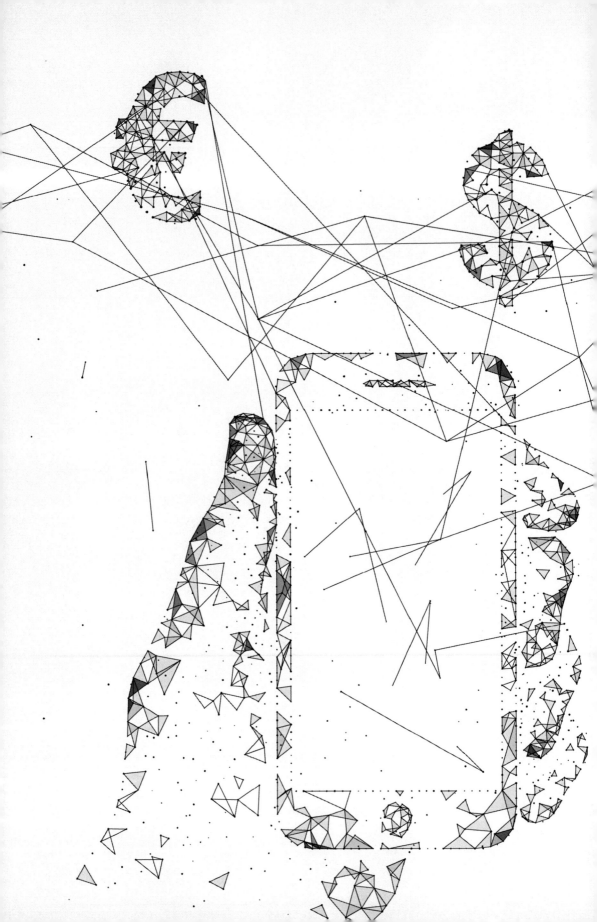

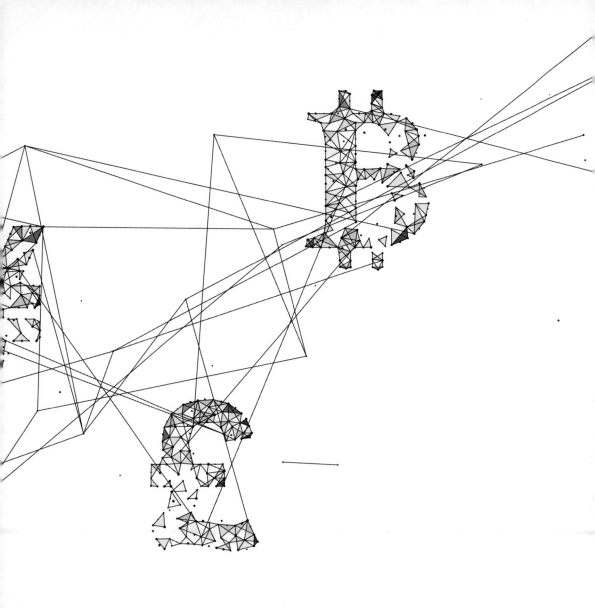

part 1

디지털 경제와 후생

chapter 01

디지털 경제와 지식경제

제1절 | 디지털 경제와 경제학

경제학에 정보가 접목되면서 경제적인 혁명이 일어나고 시장에서는 효율성이 발생하여 전통적인 경제학에 새로운 전기가 마련되었다. 이는 중앙정부를 비롯하여 지방정부, 산업계, 학계 등 모든 분야에 걸쳐서 발생한 것이며, 진일보한 하나의 패러다임(paradigm) 형태로 발전해 나가고 있다.

주로 경쟁에 있어서의 불완전성과 위험, 시장에 있어서의 역할과 기능 미비점 등과 같은 시장의 실패에 있어서 디지털경제학이 기여한 바가 크다. 그리고 완전경쟁체제(perfectly competitive market)에서 독과점(monopoly and oligopoly)에 이르는 과정과 역에 의한 선택(adverse selection)측면 및 도덕적 해이현상(moral hazard) 등과 같은 정보에 대한 비대칭성(information asymmetric)도 디지털경제학이 기여한 바가 독보적이다.

　기업의 단위에서는 디지털경제학의 역할은 기업의 지배구조 문제와 금융시장에 있어서 규제와 관련된 이슈, 정부와 지방정부의 역할 등에 대하여도 깊은 연구가 이루어져 왔다. 한국의 경우에도 핀테크(fintech) 산업의 발전에 2018년 하반기 들어 인터넷전문은행과 은산분리 규제의 완화와 같은 담론이 전개되고 있기도 하다. 이는 디지털경제학과 연관성이 높은 전통산업 이외에 IT산업의 발전과도 연관되어 한국경제에 주는 시사점이 고려되고 있는 측면이다.

　한편 미국의 경우 2009년 이후 건강비 지출이 사회 및 경제적인 이슈에서 가장 큰 비중을 차지하고 있는 부문 중에 하나이다. 그리고 향후에도 미국의 경우 고령화 문제로 인하여 건강비 지출이 가장 큰 사회 및 경제적인 이슈가 될 것으로 전망되고 있는 분야 중에 하나이다. 이는 미국의 연방정부와 지방정부에서도 예산지출과 관련하여 가장 중요하게 다루고 있는 부문 중에 하나이다.

　건강분야의 발전은 IT산업의 발전을 통하여 더욱 발전해 나갈 가능성이 큰 분야 중에 하나이다. 따라서 이 책에서는 이러한 건강분야의 발전과 관련하여 재정학의 예산과 집행 그리고 인접한 분야로서 공동 발전해 나가고 있는 디지털경제학 분야를 연구해 나가기로 한다.

　특히 건강분야와 IT산업 발전의 공동 발전을 블록체인을 기반으로 하는 기술을 중심으로 살펴보기로 한다. 따라서 주로 통계데이터의 경우 KOSIS 국가통계포털을 활용한 건강 분야를 중심으로 살펴보기로 한다.[1]

　특히 건강분야 중에서 초저출산 문제가 한국의 경우 심각한 상황이다. 이는 향후 국가의 잠재성장률에도 영향을 미칠 수 있고, 경제활동인구의 감소에도 연결될 수 있기 때문이다. 미국의 재무부장관이 2017년 한국경제의 미래와 관련하여 가장 중요한 문제가 초저출산 문제를 해결해 나가는 것이라고 하였을 만큼 한국의 초저출산 문제의 해결이 중요한 국가의 의제(agenda)이기도 하다. 물론 이에 못지않게 건강분야에서 고령화 문제의 해결도 매우 중요한 국가적인 과제이다.

　산업의 발전에는 국민적인 신뢰(trust)가 가장 중요하다. 따라서 앞에서 살펴본 바와 같이 디지털경제학은 정보와 관련된 것이 가장 중요하며, 정보에 대한 비대칭성(information asymmetric) 문제가 없어야 한다.

---

1) http://kosis.kr/

그림 1-1 건강비용 부담에 따른 건강서비스 이용 포기 경험 문항별 응답 비율

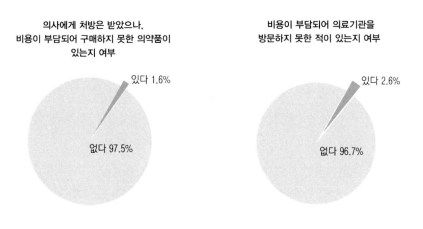

의사에게 처방은 받았으나,
비용이 부담되어 구매하지 못한 의약품이
있는지 여부

비용이 부담되어 의료기관을
방문하지 못한 적이 있는지 여부

있다 1.6%

있다 2.6%

없다 97.5%

없다 96.7%

출처: 보건복지부, 건강서비스경험조사, 2017

앞서 언급한 바와 같이 건강분야에서도 정보와 신뢰 등이 무엇보다 중요한데, 〈그림 1−1〉의 건강비용 부담에 따른 건강서비스 이용 포기 경험 문항별 응답 비율(건강서비스경험조사, 2017)을 살펴보면 한국의 경우 건강분야에 대한 국민들의 신뢰가 대단하고 정보도 매우 투명한 것을 알 수 있다.

한편 네덜란드(Netherlands)는 2018년 2월 들어 블록체인(Blockchain) 출산과 산후조리에 대한 확인의 서비스(service)를 단행한 바 있다. 아이가 탄생한 시점부터 시간을 절약하여 산후조리사를 포함하여 산모가 보험금(insurance benefit)을 받게 되면 생활에 있어서 편리성은 제공받을 수 있다. 물론 블록체인에 대한 해킹과 같은 안전시스템을 비롯한 법적 및 제도적 장치가 완비된 이후 가능하다는 판단이다.

정보가 불완전하다 혹은 비대칭적이라는 의미는 무엇일까? 이는 경쟁이 불완전해질 수 있고 공정한 경쟁이 저해되어 완전경쟁시장에서 독과점의 시장으로 흐를 수 있다는 것이다. 즉 소수에 의하여 시장이 지배되어 가격 혹은 임대료 등의 인상과 같은 가격변수들에서 종전보다 비싸지고 물량은 줄어들게 되어 소비자들의 피해가 예상될 수 있는 시장으로 갈 수 있다는 것이다.

이를 예측하고 분석하기 위하여 디지털경제학에서는 게임과 관련된 법칙이 도입되고, 어떻게 공정한 게임을 시장이 해 나갈 수 있을 지 연구를 하고 있다. 이

러한 연구의 결과로는 경제전체적으로 효율성을 증진시키는 데 기여할 수도 있다. 이는 경제의 분배문제에 대한 연구와 맞닿아 있기도 하다. 그리고 민간 경제에 대한 외부경제와 외부비경제와 같은 문제에 대한 연구와도 연결되어 있다. 예를 들어 외부비경제의 경우 특정 산업 또는 기업으로부터 사회적으로 볼 때 필요 이상으로 과도하게 생산하게 되는 문제점과 관련된 것이다.

처음에 경제 상태가 〈그림 1-2〉의 완전경쟁시장에서 수요곡선(demand curve) 상에 나타난 바와 같이 E점에서 균형(equilibrium) 상태라고 가정하자. 이때의 가격수준은 Y축의 D점이고, 수요량은 X축의 A점과 같다.

이때 완전경쟁시장에서 독과점 시장으로 흐르게 되면, 앞서 살펴본 바와 같이 소수에 의하여 시장이 지배되어 가격 혹은 임대료 등의 인상과 같은 가격변수들이 종전보다 비싸지고 물량은 줄어들게 되어 소비자들의 피해가 예상될 수 있다.

이는 몇몇 기업들에 의하여 시장이 지배되는 과점(oligopoly)체제에서 하나의 기업만이 시장에 남게 되는 독점(monopoly)시장으로까지 흘러갈 수 있다. 완전경쟁시장에서 과점시장으로 진행될 경우 몇몇 기업들에 의하여 시장이 지배되어 생산량이 줄어들고 가격이 상승하게 되어 결국 수요량도 줄어들게 된다. 이와 같은

그림 1-2 완전경쟁시장에서 독과점시장으로 될 때의 영향

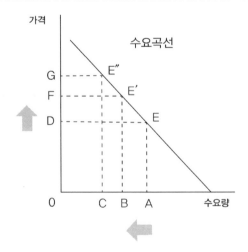

현상이 계속 진행되어 극단적으로 하나의 기업만이 살아남는 독점시장으로 진행될 경우에는 생산량이 더 줄어들고 가격이 더 상승하게 되어 결국 수요량도 더 줄어들게 되는 것이다. 이 점은 Y축에서는 D점에서 F점으로 이동하고 또다시 F점에서 G점으로 이동해 가격이 상승하는 방향을 나갈 수 있다. 마찬가지로 X축에서도 A점에서 B점으로, 그리고 다시 B점에서 C점으로 수요량이 줄어드는 방향으로 이동하게 되는 것이다. 이는 수요곡선 상에서 E점에서 E'점으로 그리고 다시 E''점으로 이동하게 되는 것을 의미한다.

〈그림 1-3〉의 건강기관 이용 경험 문항별 응답 비율(외래서비스)(건강서비스경험조사, 2017)을 살펴보면, 외래서비스 이용자들의 건강기관 청결과 이용 추천에 대하여 매우 긍정적인 반응을 알 수 있다.

이는 병원에서의 2차 감염의 우려가 한국 병원에서는 없다는 긍정적인 의미이고, 건강기관 이용 추천은 건강서비스에 대한 만족도가 상당히 높은 수준임을 나타내 주고 있다. 이와 같은 한국 병원에 대한 만족도는 국경을 넘어 이제는 외국까지 전파되어 건강관광(medical tour) 시대로 진행되고 있는 긍정적인 측면이다.

이는 시너지효과(synergy effect)로써 한국의 건강기기(medical instrument) 수출에도 긍정적인 효과를 나타낼 수 있으며, 수출의존도가 높은 한국경제에 도움이 될 수 있는 측면이다.

그림 1-3 건강기관 이용 경험 문항별 응답 비율(외래서비스)

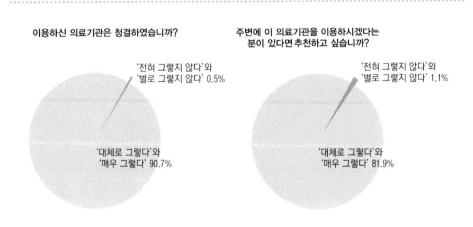

출처: 보건복지부, 건강서비스경험조사, 2017

앞서 네덜란드(Netherlands)의 2018년 2월 사례와 같이 블록체인(Blockchain) 출산과 산후조리에 대한 확인의 서비스(service) 등이 향후에도 중요해질 것으로 판단된다. 이는 디지털경제학에서도 중요한 가치인 공정성을 보장하고, 시간을 줄이는 긍정적인 효과 등이 있기 때문이다. 물론 이와 같은 시스템의 정착을 위해서는 해킹을 방지하고 안전관리를 비롯한 철저한 보안도 중요한 상황이다.

수요에 대한 구조적인 변화뿐 아니라 기술적인 변화는 정보에 의한 역할의 증가 및 경쟁적인 요소의 감소, 불평등성의 증가에 의하여 진행해 나갈 수 있다. 즉 앞에서도 지적한 바와 같이 블록체인 기반의 기술을 포함한 4차 산업혁명으로의 진행은 이와 같이 인간에 대한 편리성을 제공해 줄 수도 있지만, 잘못하면 정보의 독점으로 완전경쟁시장에서 독과점시장으로 진행될 수 있는 것이다. 이는 소비자들에게 완전경쟁시장에서 보다 높은 가격으로 구매할 수 있는 물품의 수량에서 더 적은 생산량을 구입할 수밖에 없는 상황에 직면하게 되는 것이며, 소비자들은 더 적은 수요량을 선택할 수밖에 없는 것이다. 또한 특정 산업에서 사회적으로 바람직하지 못한 생산량의 증가가 이루어질 수 있는 외부비경제성 측면을 비롯한 도덕적 해이와 역 선택 문제 등으로부터 비롯되는 정보의 비대칭과 관련된 문제들이 발생할 수도 있는 것이다. 외부비경제성의 문제는 주로 공공성을 지닌 재화를 연구하는 재정학의 영역에서 심도 있게 다루어지기도 한다.

〈그림 1-4〉의 건강기관 이용 경험 문항별 응답 비율(입원서비스)(건강서비스경험조사, 2017)을 살펴보면, 외래서비스 이용자들의 건강기관 청결과 이용 추천에 대하여 매우 긍정적인 반응을 알 수 있다.

이는 병원에서의 2차 감염의 우려가 한국 병원에서는 없다는 긍정적인 의미로, 외래서비스와 입원서비스 모두에 해당되고 있다. 그리고 건강기관 이용 추천은 건강서비스에 대한 만족도가 상당히 높은 수준임을 나타내 주고 있는데, 이것 또한 외래서비스와 입원서비스 모두에 포함되고 있다. 이는 한국 건강 수준과 서비스가 세계적으로 매우 높은 편이며 동시에 앞서 만족도 설문에서도 살펴본 바와 같이 비용 측면에서도 만족스러운 수준이라는 것이다. 이는 의약품에서도 마찬가지의 상황이다. 이와 같이 높은 수준의 건강 수준과 서비스, 그리고 의약품에 대한 비용 수준도 만족스러운 상태에서 네덜란드(Netherlands)의 2018년 2월 사례와 같이 블록체인(Blockchain) 기반의 기술을 접목시킬 경우 스마트계약의 기술로 인

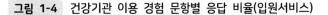

그림 1-4　건강기관 이용 경험 문항별 응답 비율(입원서비스)

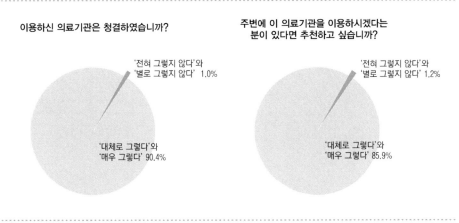

출처: 보건복지부, 건강서비스경험조사, 2017

하여 더욱 신속하고 편리한 서비스를 제공해 줄 수도 있다.

따라서 디지털경제학적인 측면에서는 기업들의 생산과 동시에 소비자들의 수요현상까지 고려해야 하는 것이다. 이는 시장경제의 가장 효율적인 수단인 가격의 메커니즘(mechanism)을 통하여 이루어지게 되는 것이다.

즉 기업들은 이윤 극대화가 기본적인 동기이고 이는 가격의 시스템에 의하여 효율적으로 책정되어 공급량을 늘리고 줄이기도 하는 것이다. 이 또한 가격이라는 정보시스템에 의하여 시장에서 효율적으로 작동되는 것이다. 그리고 특정 산업에 대한 진입(entry)과 탈퇴(withdrawal)의 경우에도 가격이라는 효율적인 시장메커니즘의 정보를 통하여 이루어지게 되는 것이다.

〈그림 1-5〉의 안전에 따른 경험 문항별 응답 비율(외래에 의한 서비스)(건강서비스경험조사, 2017)을 살펴보면 외래서비스 이용자들의 경우 진료 전에 의료진의 신분에 대한 확인에 대하여 매우 만족하고 있으며, 건강기관 이용에 대하여 감염에 대한 불안감이 전혀 없었음이 만족도 조사에서 나타난 것이다.

디지털경제학적인 측면에서도 경쟁적인 시스템으로 효율성이 높다는 것을 의미하고 있다. 이는 또한 가격시스템이 잘 작동하여 비용체계에서도 투명성과 효율성이 동시에 존재하고 있기 때문에 가능한 것이다. 그리고 정보에 대한 시스템 측면에서도 안전성이 매우 높은 수준임을 증명하고 있다. 또한 한국의 건강서비

그림 1-5 안전에 따른 경험 문항별 응답 비율(외래에 의한 서비스)

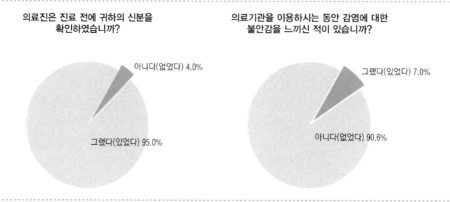

의료진은 진료 전에 귀하의 신분을
확인하였습니까?

아니다(없었다) 4.0%

그랬다(있었다) 95.0%

의료기관을 이용하시는 동안 감염에 대한
불안감을 느끼신 적이 있습니까?

그랬다(있었다) 7.0%

아니다(없었다) 90.6%

출처: 보건복지부, 건강서비스경험조사, 2017

스 체계는 EU와 같은 서부유럽 국가들과 비교해도 전혀 뒤지지 않는 신속 정확한 건강시스템을 갖추고 있는 것으로 정평이 나 있기도 하다.

건강서비스에 블록체인 기반의 기술이 접목된 사례로 살펴본 네덜란드 (Netherlands)의 2018년 2월의 경우에서와 같이 네덜란드는 다른 유럽 국가들 중에서도 이러한 블록체인 기반의 기술로 인하여 공공시스템 구축을 하려고 하는 데에 있어서 앞선 나라들 중에 하나이다. 이는 공공시스템 정보의 투명성과 외부적인 비경제성 등이 존재하지 않을 때 가능한 것이다.

건강서비스에 대하여도 정책 효율성을 제고시키기 위해서는 재정정책의 효율적인 집행이 필요하며 금융시스템에 의한 결제시스템 등이 신속 정확하게 이루어지면 더욱 시너지효과가 발생할 수 있는 것이다.

이는 각종 산업의 효율성 제고를 위한 정책적인 측면에서 위기대응능력을 높여야 하는 것이 필수적이며 동시에 관리를 잘 해 나가야 함은 물론이다. 정부 정책의 가장 중요한 점은 각 산업에 있어서 효율성과 형평성을 달성하는 데에 있다.

정부는 각 산업들이 효율적으로 가격 메커니즘에 의하여 잘 작동되어 수요와 공급이 잘 유지되고 이를 통하여 각 계층의 사람들 모두 만족스럽게 활용할 수 있도록 계획되어져야 한다는 것이다. 이와 같은 시스템이 가장 효율적으로 잘 작동하는 사례가 바로 수준 높은 한국의 건강서비스 시장인 것이다.

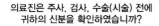

그림 1-6 안전에 따른 경험 문항별 응답 비율(입원에 의한 서비스)

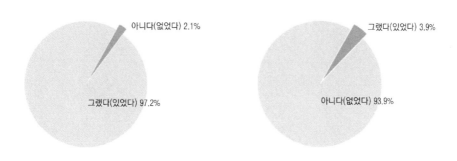

의료진은 주사, 검사, 수술(시술) 전에
귀하의 신분을 확인하였습니까?

의료기관을 이용하시는 동안 낙상하거나(침대에서 떨어지거나),
다른 환자의 낙상을 목격하신 적이 있었습니까?

아니다(없었다) 2.1%

그랬다(있었다) 3.9%

그랬다(있었다) 97.2%

아니다(없었다) 93.9%

출처: 보건복지부, 건강서비스경험조사, 2017

〈그림 1-6〉의 안전에 따른 경험 문항별 응답 비율(입원에 의한 서비스)(건강서비스경험조사, 2017)을 살펴보면 입원서비스 이용자들의 경우 진료 전에 의료진의 신분에 대한 확인에 대하여 매우 만족하고 있으며, 건강기관 이용 동안 낙상(침대에서 떨어지거나) 또는 다른 환자의 낙상을 목격한 적이 있는 지와 관련하여 전혀 불안감이 없었음을 알 수 있었다. 이는 국내 병원들이 건강정보와 건강기술의 정확성 및 투명성과 동시에 안전성을 매우 강조하고 시스템을 잘 갖추어 왔기 때문으로 판단된다.

이와 같은 하드웨어적인 시스템과 동시에 앞에서도 살펴본 바와 같은 네덜란드 사례에서와 같이 태어날 때부터 블록체인 기반의 기술을 활용하여 인간의 전 생애에 걸쳐서 삶에 대하여 풍요로움과 편리성을 제고해 준다는 취지는 한국 정부도 눈여겨 볼 필요성이 있다. 또한 이들 시스템이 안전하게 어떻게 잘 작동하는지도 잘 벤치마킹(benchmarking) 해 나가야 한다.

정부는 시장에서의 실패가 발생되기 않도록 가별히 주익해야 한다. 이는 정보체계에 있어서 비대칭의 문제와 도덕적 해이, 역 선택 그리고 외부적인 효과 등이 발생할 때 주로 발생하게 된다. 외부적인 효과 중에서는 주로 외부적인 비경제성이 달성될 때 일어난다. 그리고 무임승차의 문제 또한 공공서비스에서 흔히 발생하여 시장의 실패가 나타나기도 한다.

그림 1-7 보건건강제도 인식 문항별 응답 비율

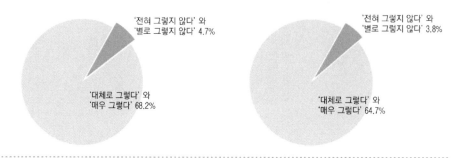

나는 우리나라의 보건의료제도를 신뢰한다.

나는 우리나라의 보건의료 정책이 다른 정책(가족, 보육, 고용, 주거 등)보다 더 중요하다고 생각한다.

'전혀 그렇지 않다' 와 '별로 그렇지 않다' 4.7%

'대체로 그렇다' 와 '매우 그렇다' 68.2%

'전혀 그렇지 않다' 와 '별로 그렇지 않다' 3.8%

'대체로 그렇다' 와 '매우 그렇다' 64.7%

출처: 보건복지부, 건강서비스경험조사, 2017

〈그림 1-7〉의 보건건강제도 인식 문항별 응답 비율(건강서비스경험조사, 2017)을 살펴보면, 보건건강제도에 대한 신뢰성과 보건건강의 정책이 다른 가족과 보육, 고용, 주거 등의 정책에 비하여 더 중요하다는 응답이 훨씬 높은 것을 알 수 있다.

이는 앞서 살펴본 바와 같이 보건건강 정책에 대한 중요성의 인식은 저출산 고령화의 영향으로 건강(health)에 대한 국민들의 관심도가 상당히 높은 편이고, 웰빙(well-being)에 대한 추구 및 건강한 수명에 대한 기대가 높기 때문이다.

따라서 지금과 같은 한국 병원의 세계적인 경쟁력과 효율성을 유지할 때 시장의 실패가 발생하지 않을 것이다. 또한 예를 들어 로봇시술과 같이 한국이 상대적으로 경쟁력을 지니고 있는 분야가 있거나 미국을 비롯한 선진국에서 보다 높은 기술을 보유하고 있는 건강기술이 있을 경우에는 서로 간의 협력관계를 유지하는 것도 인간의 삶과 건강의 질의 개선 및 유지를 위해 도움이 될 것으로 판단된다.

앞서 소개한 네덜란드의 사례와 같이 블록체인 기반의 기술을 잘 활용하면 정부 및 금융기관 모두 행정 처리에 필요했던 여러 가지 비용(cost)을 감소시킬 수 있었던 것을 알 수 있다. 이는 국민들이 건강서비스를 활용하는 데에 보다 편리성을 제공해 줄 수 있을 것이다. 이와 같은 시스템이 국내적으로 정착되고 건강서비스에도 도움이 되도록 활용하려면 보다 안전성이 제고된 시스템 구축이 필요할 것으로 판단되고 있다.

정보의 비대칭적인 문제와 독과점 체제 등과 관련하여 정부의 해결책은 무엇

일까? 정부는 이와 같은 시장의 실패 요인을 제거하여 파레토 효율적인 상태를 이끌어 내야 한다. 이는 국민들의 복지와 행복 수준을 최상으로 끌어올릴 수 있는 것이기 때문인 것이다.

따라서 정보의 비대칭적인 문제점이 있는 경제 체제는 파레토 최적 상태로 연결시키기 어려운 구조를 갖게 된다. 따라서 이와 같은 정보의 비대칭적인 문제와 독과점 체제 등에 따른 경제주체들과 소비자들의 피해를 최소화하기 위하여 정부는 시장의 실패 요인을 제거해 나가야 하는 것이다.

〈그림 1−8〉의 간호사 서비스에 의한 경험 문항별 응답 비율(외래적인 서비스)(건강서비스경험조사, 2017)을 살펴보면, 담당 간호사로부터 예의 있는 대우와 진료 절차 등과 관련하여 알기 쉬운 설명 등의 친절도 등과 관련된 문항별 응답 비율로써 그렇지 않은 것에 비하여 매우 높은 만족도를 알 수 있었다. 이와 같은 간호사 서비스가 높은 수준을 유지하고 있는 것은 한국의 건강 수준과 기술이 세계 최고 수준을 유지하는 데에 있어서 도움이 될 것으로 판단된다.

앞서 네덜란드의 블록체인 기반의 기술을 통한 산후조리와 관련된 서비스를 소개한 바와 같이 잘 도입하면 다른 분야에 비하여 편리성과 신속성 등에서 가장 잘 실생활에 도입되고 확산될 수 있는 분야이다. 실제로 네덜란드의 경우에도 다른 분야에 비하여 신속하게 잘 전개되고 있는 상황이다.

현실경제에서 정보는 어떠한가? 사실 정보의 불완전성 문제 때문에 경제주체

그림 1-8 간호사 서비스에 의한 경험 문항별 응답 비율(외래적인 서비스)

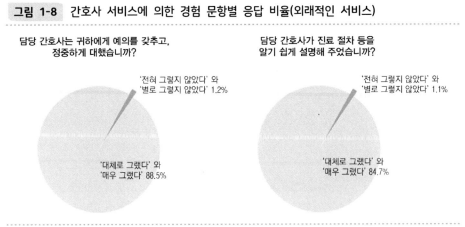

출처: 보건복지부, 건강서비스경험조사, 2017

들 간에 있어서 완전한 정보에 대한 공유에 대한 논의가 현실경제에서는 쉬운 것은 아니다. 이러한 정보의 불완전성 문제가 발생하면 금융을 비롯한 각종 산업에서 문제가 발생할 수도 있는 위험(risk) 요소도 있다.

이는 국가 전체에서 파레토의 비최적성과 시장 균형가격 형성의 실패로 귀결될 수 있다. 예를 들어 가격을 세금(tax)으로 연결시킨다면 어떤 사람은 무임승차자(free rider) 기회만을 엿보고 세금을 내지 않으려는 경향이 발생할 수 있다. 이는 공공재(public goods)의 경우가 이에 해당할 수 있다.

〈그림 1-9〉에는 공공재의 경우 시장 균형가격의 문제점이 나타나 있다. 이는 무임승차자 문제점과 연결된다. 즉 공공재의 경우 어떤 소비자는 Y축에서 g만큼을 지불하려고 하고, 어떤 소비자는 h만큼 지불의사가 있고 다른 소비자는 i만큼 그리고 또 다른 소비자는 m만큼을 지불하려고 할 수 있다는 것이다.

이는 수요곡선(demand curve)과 무차별곡선(indifference curve)이 일치하는 a점과 b점, c점, d점에 각각 해당한다. k라는 수량을 소비하는 데 각자가 지불하려는 가격이 다르다는 것이 공공재의 특징이며, 따라서 공공재의 시장수요곡선(market demand curve)은 수직으로 합하여야 한다는 것이다. 여기서는 d점을 지나가는 수요곡선이 시장수요곡선에 해당한다.

그림 1-9 공공재의 경우 시장의 균형가격과 시장수요곡선

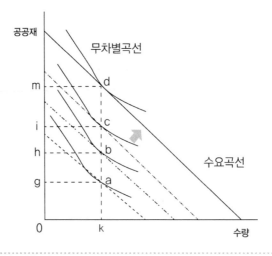

이는 세금의 경우로 이루어지는 지출의 공공재의 경우 더 이해하기 쉽다. 자동차 도로를 건설하는데 어떤 소비자는 자주 이용하기 때문에 절실히 필요하여 세금을 좀 더 납세하고서 라도 건설되기를 희망할 수 있고, 어떤 소비자는 자동차를 이용하지 않고 대중교통을 이용하기 때문에 세금을 납세하고 자동차 도로를 건설하는 것에 소극적일 수도 있기 때문에 세금을 통한 자동차 도로 건설에 세금을 납세하려는 금액에도 차이가 날 수밖에 없는 것이다.

〈그림 1−10〉에는 건강서비스 만족도(보건소, 13세 이상 인구) 전체와 동·읍면부 중 읍면부(사회조사, 수록기간: 2년 2008~2016)가 나타나 있다. 이 책의 통계 중 보건복지부 및 통계청 등의 자료갱신일은 2018.03.12 또는 2018.03.21이다.

건강서비스 만족도 전체와 동·읍면부 중 읍면부 모두 매우 만족과 약간 만족이 절대적인 비중으로 높음을 알 수 있다. 따라서 한국의 건강서비스(보건소) 체계가 잘 발달되어 있음을 알 수 있다.

네덜란드 사례에서와 같이 보험회사와 정부(government) 모두 행정적인 처리에서 블록체인 기반의 기술을 통하여 여러 가지 비용(cost)을 당히 줄일 수 있었던 것으로 알려지고 있다.

이와 같이 건강서비스의 경우 세계에서 가장 발달된 수준의 건강 기술을 보유하고 있으며, 건강서비스(보건소)까지 잘 발달된 체계를 가지고 있는 한국에서 블록체인과 같은 우수한 IT(information technology)기술을 바탕으로 하는 건강서비스

그림 **1-10** 건강서비스 만족도 전체와 동·읍면부 중 읍면부

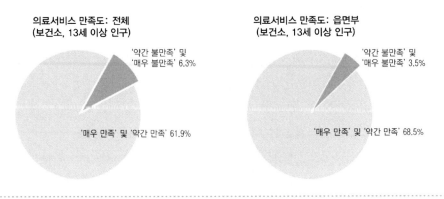

출처: 통계청, 사회조사, 수록기간: 2년 2008~2016

그림 1-11 사적재의 경우 시장의 균형가격과 시장수요곡선

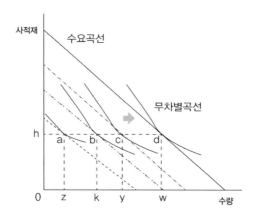

출처: 통계청, 사회조사, 수록기간: 2년 2008~2016

와 연결된 체계까지 갖추면 소비자들이 더욱 편리하고 신속하게 업무처리를 해 나갈 수 있을 것으로 판단된다.

〈그림 1-11〉의 사적재(private goods)의 경우 소비자들이 직면하는 시장은 완전경쟁시장체제로 주어진 가격의 가격에 대한 수용자(price taker)로 행동하게 된다. 시장가격이 h로 주어졌을 때, 어떤 소비자는 z만큼의 수량에 대하여 구매하고 어떤 소비자는 k만큼 구매하고, 다른 소비자는 y만큼 그리고 또 다른 소비자는 w만큼 구매한다고 가정하자. 이들 소비자들이 직면하는 가격 h에 의하여 각각의 수요곡선(demand curve)과 무차별곡선(indifference curve)이 일치하는 a점과 b, c, d점에서 구매결정을 하게 되는 것이다.

사적재의 경우 시장수요곡선(market demand curve)은 d점을 지나가는 수요곡선(demand curve)이 시장수요곡선이 된다. 사적재의 경우는 공공재의 경우와 달리 주어진 가격 수준, 즉 동일한 수준에서 모든 소비자들이 구매하기 때문에 수평으로 합하여 구할 수 있는 것이다.

이와 같이 완전경쟁시장이 될 수 있는 조건에는 완전한 정보(perfect information)가 시장(market)에 존재하여야 하는 것이며, 이와 같은 완전한 정보가 경제주체 모두에게 제공되지 않으면 독과점(monopoly and oligopoly)체제로 바뀔 수 있는 것이다.

제2절 | 지식정보화 경제 및 사회

〈그림 1-12〉에는 건강서비스 만족도(보건소, 13세 이상 인구) 경제활동 취업과 주관적 만족감(사회조사, 수록기간: 2년 2008~2016)이 나타나 있다. 건강서비스 만족도 경제활동 취업과 주관적 만족감 모두 매우 만족과 약간 만족이 절대적인 비중으로 높음을 알 수 있다. 이에 따라 한국의 건강서비스(보건소) 체계가 잘 발달되어 있음을 반영하고 있다.

네덜란드의 사례를 통하여 알 수 있는 바와 같이 블록체인 기반의 기술을 도입한 결과 산모가 종이를 통한 서류작성을 통해 보험회사에 청구하는 번거로운 과정 없이 신속하게 처리가 가능했던 것이다.

역 선택 및 도덕적 해이 문제도 디지털경제학과 관련하여 매우 중요하다. 예를 들어 건강보험 가입자들 중에서 건강한 사람과 그렇지 못한 사람이 있을 경우 건강하지 못한 사람들이 건강보험에 많이 가입하고 보험회사가 이를 제대로 알지 못할 때 보험회사의 경영에 있어서는 좋을 수 없는 영향이 있을 수도 있는 것이다.

도덕적 해이는 어떤 목적을 달성한 후에는 원래 계약과 다른 행위를 하려고 하는 것과 같은 행위로 인하여 누구에게든 피해를 줄 수 있는 것을 의미한다.

그림 1-12 건강서비스 만족도 경제활동 취업과 주관적 만족감

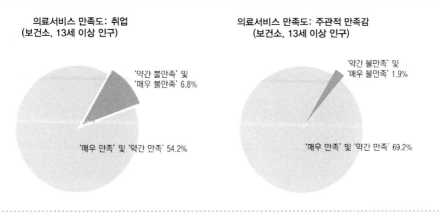

출처: 통계청, 사회조사, 수록기간: 2년 2008~2016

표 1-1	역 선택 및 도덕적 해이의 적용
	주요내용
역 선택 및 도덕적 해이의 적용	역 선택 및 도덕적 해이 문제도 디지털경제학과 관련하여 매우 중요하다. 예를 들어 건강보험 가입자들 중에서 건강한 사람과 그렇지 못한 사람이 있을 경우 건강하지 못한 사람들이 건강보험에 많이 가입하고 보험회사가 이를 제대로 알지 못할 때 보험회사의 경영에 있어서는 좋을 수 없는 영향이 있을 수도 있는 것이다.
	도덕적 해이는 어떤 목적을 달성한 후에는 원래 계약과 다른 행위를 하려고 하는 것과 같은 행위로 인하여 누구에게든 피해를 줄 수 있는 것을 의미한다.

〈그림 1-13〉의 의사에 의한 서비스 경험 문항별 응답 비율(외래적인 서비스)(건강서비스경험조사, 2017)을 살펴보면 담당 의사의 건강서비스 이용자에 대한 예의 및 정중함과 담당 의사의 진료 또는 치료 결과에 대하여 만족도가 높다는 측면이다.

네덜란드의 사례와 같이 블록체인 기반의 기술을 활용할 경우 스마트계약의 과정으로부터 자동적으로 각각의 항목들을 확인하는 시스템으로 신속도와 안전도(사기 발생의 감소)도 높아져 가족들과 보험회사, 산후조리사들 모두를 통한 만족도 개선으로 나타나고 있음을 네덜란드의 정부가 설명하고 있다.

현재와 같은 지식정보화 사회 및 지식경제시대에는 정보 자체가 어마어마한 가치를 지닐 수 있는 무형재산인 것이다. 따라서 건강 정보와 건강 기술 자체만으로도 외국에 수출할 수도 있을 정도로 막대한 재화이기도 하다.

그림 1-13 의사에 의한 서비스 경험 문항별 응답 비율(외래적인 서비스)

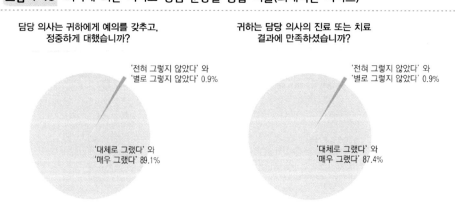

담당 의사는 귀하에게 예의를 갖추고, 정중하게 대했습니까?

'전혀 그렇지 않았다' 와 '별로 그렇지 않았다' 0.9%

'대체로 그랬다' 와 '매우 그랬다' 89.1%

귀하는 담당 의사의 진료 또는 치료 결과에 만족하셨습니까?

'전혀 그렇지 않았다' 와 '별로 그렇지 않았다' 0.9%

'대체로 그랬다' 와 '매우 그랬다' 87.4%

출처: 보건복지부, 건강서비스경험조사, 201

표 1-2	지식정보화 사회 및 지식경제시대
	주요내용
지식정보화 사회 및 지식경제시대	현재와 같은 지식정보화 사회 및 지식경제시대에는 정보 자체가 어마어마한 가치를 지닐 수 있는 무형재산인 것이다. 따라서 건강 정보와 건강 기술 자체만으로도 외국에 수출할 수도 있을 정도로 막대한 재화이기도 하다.

〈그림 1-14〉의 의사에 의한 서비스 경험 문항별 응답 비율(입원에 의한 서비스)(건강서비스경험조사, 2017)을 살펴보면 담당 의사의 건강서비스 이용자에 대한 예의 및 정중함과 담당 의사의 진료 또는 치료 결과에 대한 만족도가 외래서비스와 같이 상당히 높은 수준임이 나타나 있다.

네덜란드의 사례와 같이 이와 같이 세계적으로 수준 높은 건강 기술과 건강서비스에 블록체인을 기반으로 하는 기술이 결합되면 병원을 이용하는 외래 및 입원 이용자들에게 더욱 편리함과 만족감을 제고시켜 줄 것으로 기대된다. 네덜란드 정부의 경우 블록체인을 기반으로 하는 기술을 산모(아주 많지 않은)들로 하여금 시범적인 서비스를 실시한 결과를 발표한 것이다. 추후 네덜란드 정부의 경우 이와 같은 시범적인 서비스를 점진적으로 확대할 방침임을 나타내고 있다. 한국의 경우에도 앞서 전문가들이 지적한 바와 같이 블록체인을 기반으로 하는 기술의 정보 및 운영의 기술 등에서 안전성을 완비한 후 이와 같은 서비스를 시범적으로라도 검토해 볼 필요가 있다.

그림 1-14 의사에 의한 서비스 경험 문항별 응답 비율(입원에 의한 서비스)

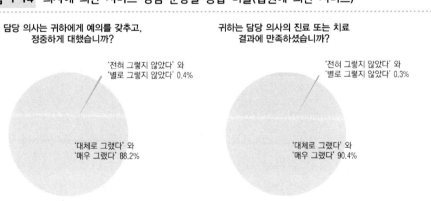

출처: 보건복지부, 건강서비스경험조사, 2017

그림 1-15 건강서비스 만족도 전체 및 동부

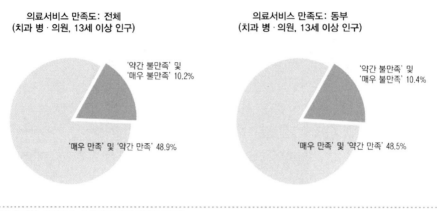

출처: 통계청, 사회조사, 수록기간: 2년 2008~2016

〈그림 1-15〉의 건강서비스 만족도(치과 병·의원, 13세 이상 인구) 전체 및 동부 (사회조사, 수록기간: 2년 2008~2016)에서 매우와 약간에 걸친 만족이 전체 및 동·읍 면부 중 동부에서 약간 불만족 및 매우 불만족에 비하여 4배 이상 상당히 높은 수준임을 알 수 있다.

블록체인을 기반으로 하는 기술은 IT기술의 발달에 의하여 4차 산업혁명의 중심적인 역할을 하고 있다. 이는 가상화폐(암호화폐)를 기반으로 할 경우에는 비트코인(bitcoin)에서 이더리움(ethereum)으로 발전해 나가고 있다. 정보보안의 안전장치가 잘 갖추어지고 작동될 경우 치과 병·의원에서 사용된다면 훨씬 만족도가 높은 건강서비스 체계도 가능할 것으로 판단된다.

지식과 기술정보에 대한 시장에서의 가격형성은 어떨까? 대부분의 경우 준공 공재적인 성격을 갖기도 하고, 여기서 발생하는 수익의 공정한 배분도 당연히 어려울 수 있다. 무임승차자(free rider)를 비롯하여 역 선택 및 도덕적 해이 등으로 인하여 시장실패의 현상이 발생할 수 있다. 이것은 현대 사회 및 경제에 있어서는 지식과 기술정보의 가치(value)가 막대할 수 있으므로 이를 소유한 산업에 있어서 이들 기업을 통한 불완전성의 경쟁, 즉 이들 기업이 완전경쟁체제에서 불완전경쟁체제로 이어질 수 있는 것이다. 따라서 이는 과점에서 독점까지 이르는 과정으로 나타날 수 있는 것이다.

표 1-3	지식과 기술정보가 주는 현대 사회 및 경제에 있어서의 영향력
	주요내용
지식과 기술정보가 주는 현대 사회 및 경제에 있어서의 영향력	지식과 기술정보에 대한 시장에서의 가격형성은 어떨까? 대부분의 경우 준공공 재적인 성격을 갖기도 하고, 이에 따라 여기서 발생하는 수익의 공정한 배분도 당연히 어려울 수 있다. 무임승차자(free rider)를 비롯하여 역 선택 및 도덕적 해이 등으로 인하여 시장실패의 현상이 발생할 수 있다. 이것은 현대 사회 및 경제에 있어서는 지식과 기술정보의 가치(value)가 막대할 수 있으므로 이를 소유한 산업에 있어서 이들 기업을 통한 불완전성의 경쟁, 즉 이들 기업이 완전경쟁체제에서 불완전경쟁체제로 이어질 수 있는 것이다. 따라서 이는 과점에서 독점까지 이르는 과정으로 나타날 수 있는 것이다.
	지식과 기술정보가 주는 현대 사회 및 경제에 있어서의 파급력은 상상이 어려울 정도로 빅데이터(big data)를 통하여 생성될 수도 있다. 세계 각국의 국민들은 고령화 사회에 접어들면서 좀 더 안전한 음식과 좀 더 안전한 생활 및 편리성 등을 매우 중요시하고 있다. 따라서 당연히 고급의 건강 기술과 건강 서비스가 점점 더 필요해지고 있는 것이다. 이는 이전의 산업화시대의 국가적인 자본의 축적과 정보다 건강을 포함한 개개인들의 삶의 질, 즉 생활수준에 있어서의 개선과 정보와 지식적인 열망이 이전의 사회에서보다 더 중요해지고 있는 것이 사실이다.

또한 지식과 기술정보가 주는 현대 사회 및 경제에 있어서의 파급력은 상상이 어려울 정도로 빅데이터(big data)를 통하여 생성될 수도 있다. 세계 각국의 국민들은 고령화 사회에 접어들면서 좀 더 안전한 음식과 좀 더 안전한 생활 및 편리성 등을 매우 중요시하고 있다. 따라서 당연히 고급의 건강 기술과 건강 서비스가 점점 더 필요해지고 있는 것이다. 이는 이전의 산업화시대의 국가적인 자본의 축적과정보다 건강을 포함한 개개인들의 삶의 질, 즉 생활수준에 있어서의 개선과 정보와 지식적인 열망이 이전의 사회에서보다 더 중요해지고 있는 것이 사실이다.

〈그림 1-16〉의 건강서비스 만족도(치과 병·의원, 13세 이상 인구) 성별 중 남자와 여자(사회조사, 수록기간: 2년 2008~2016)에서 매우와 약간의 만족측면이 전체 및 동·읍면부 중 동부에서 약간 불만족 및 매우 불만족에 비하여 전체 및 동부에서와 같이 4배 이상 상당히 높은 수준임을 알 수 있다.

이와 같은 건강서비스에 대한 높은 호응에 블록체인 기반의 기술이 정보체계에서 완벽한 보안 시스템을 갖추고 응용되어 적용되었을 경우 더욱 만족도가 제고될 수 있을 것으로 기대된다. 앞서 설명한 바와 같이 비트코인(bitcoin)에서 이더

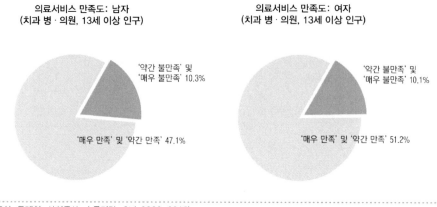

그림 1-16 건강서비스 만족도 성별 중 남자와 여자

출처: 통계청, 사회조사, 수록기간: 2년 2008~2016)

리움(ethereum)으로 발전해 나가면서 스마트 계약(smart contract)의 작성과 이와 같
은 기술기반을 통한 분산의 앱 개발과 배포를 가능하게 하는 플랫폼(platform)에
해당하고 있다. 네덜란드 사례에서와 같이 스마트 계약(smart contract)에 있어서
기존의 종이에 의존하던 형식에서 변화가 가능하고 신속성 등이 높아질 수 있는
것이다.

　지식과 기술정보에 대한 시장에서의 가격형성은 어떨까? 대부분의 경우 준공
공재적인 성격을 갖기도 하고, 이에 따라 여기서 발생하는 수익의 공정한 배분도
당연히 어려울 수 있다. 무임승차자(free rider)를 비롯하여 역 선택 및 도덕적 해이
등으로 인하여 시장실패의 현상이 발생할 수 있다. 이것은 현대 사회 및 경제에
있어서는 지식과 기술정보의 가치(value)가 막대할 수 있으므로 이를 소유한 산업
에 있어서 이들 기업을 통한 불완전성의 경쟁, 즉 이들 기업이 완전경쟁체제에서
불완전경쟁체제로 이어질 수 있는 것이다. 따라서 이는 과점에서 독점까지 이르
는 과정으로 나타날 수 있는 것이다.

　또한 지식과 기술정보가 주는 현대 사회 및 경제에 있어서의 파급력은 상상이
어려울 정도로 빅데이터(big data)를 통하여 생성될 수도 있다. 세계 각국의 국민
들은 고령화 사회에 접어들면서 좀 더 안전한 음식과 좀 더 안전한 생활 및 편리
성 등을 매우 중요시하고 있다. 따라서 당연히 고급의 건강 기술과 건강 서비스

가 점점 더 필요해지고 있는 것이다. 이는 이전의 산업화시대의 국가적인 자본의 축적과정보다 건강을 포함한 개개인들의 삶의 질, 즉 생활수준에 있어서의 개선과 정보와 지식적인 열망이 이전의 사회에서보다 더 중요해지고 있는 것이 사실이다.

보통 생활수준은 1인당 GDP에 의하여 알아보는데, 2018년 하반기 룩셈부르크(Luxembourg)와 스위스(Switzerland), 아이슬란드(Iceland) 등이 가장 높은 수준을 보이고 있다. 한국도 1차 산업혁명으로부터 4차 산업혁명에 이르기까지 과정을 거치면서 1인당 GDP가 상당히 늘어난 국가로 분류된다. 이는 1900년대 후반으로 들어오면서 아시아지역의 1인당 GDP증가율이 과거에 비하여 상당히 높아진 것과도 일맥상통한다. 이는 건강 기술의 향상과 식생활 개선, 복지 증진 등 여러 가지 요인이 복합적으로, 삶의 질의 개선과 평균 수명의 연장 등이 동시에 일어난 것으로 판단된다.

표 1-4 지식과 기술정보가 주는 현대 사회 및 경제에 있어서의 파급효과

	주요내용
지식과 기술정보가 주는 현대 사회 및 경제에 있어서의 파급효과	지식과 기술정보에 대한 시장에서의 가격형성은 어떨까? 대부분의 경우 준공공재적인 성격을 갖기도 하고, 여기서 발생하는 수익의 공정한 배분도 당연히 어려울 수 있다. 무임승차자(free rider)를 비롯하여 역 선택 및 도덕적 해이 등으로 인하여 시장실패의 현상이 발생할 수 있다. 이것은 현대의 사회 및 경제에 있어서는 지식과 기술정보의 가치(value)가 막대할 수 있으므로 이를 소유한 산업에 있어서 이들 기업을 통한 불완전성의 경쟁. 즉 이들 기업이 완전경쟁체제에서 불완전경쟁체제로 이어질 수 있는 것이다. 따라서 이는 과점에서 독점까지 이르는 과정으로 나타날 수 있는 것이다.
	지식과 기술정보가 주는 현대 사회 및 경제에 있어서의 파급력은 상상이 어려울 정도로 빅데이터(big data)를 통하여 생성될 수도 있다. 세계 각국의 국민들은 고령화 사회에 접어들면서 좀 더 안전한 음식과 좀 더 안전한 생활 및 편리성 등을 매우 중요시하고 있다. 따라서 당연히 고급의 건강 기술과 건강 서비스가 점점 더 필요해지고 있는 것이다. 이는 이전의 산업화시대의 국가적인 자본의 축적과정보다 건강을 포함한 개개인들의 삶의 질. 즉 생활수준에 있어서의 개선과 정보와 지식적인 열망이 이전의 사회에서보다 더 중요해지고 있는 것이 사실이다.
	보통 생활수준은 1인당 GDP에 의하여 알아보는데, 2018년 하반기 현재 룩셈부르크(Luxembourg)와 스위스(Switzerland), 아이슬란드(Iceland) 등이 가장 높은 수준을 보이고 있다.

그림 1-17 건강서비스 만족도 연령 중 13~19세와 40~49세

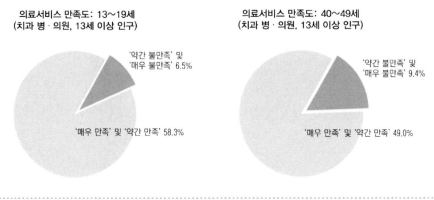

의료서비스 만족도: 13~19세
(치과 병·의원, 13세 이상 인구)

'약간 불만족' 및
'매우 불만족' 6.5%

'매우 만족' 및 '약간 만족' 58.3%

의료서비스 만족도: 40~49세
(치과 병·의원, 13세 이상 인구)

'약간 불만족' 및
'매우 불만족' 9.4%

'매우 만족' 및 '약간 만족' 49.0%

출처: 통계청, 사회조사, 수록기간: 2년 2008~20

〈그림 1-17〉의 건강서비스 만족도(치과 병·의원, 13세 이상 인구) 연령 중 13~19세와 40~49세(사회조사, 수록기간: 2년 2008~2016)에서 매우와 약간의 만족적인 측면이 13~19세와 40~49세에서 약간 불만족 및 매우 불만족에 비하여 5~9배 이상 높게 나타나 있다. 13~19세와 40~49세 사이에는 연령의 편차가 크므로 전체 연령에서 만족도가 상당히 높음을 알 수 있다.

이와 같이 건강서비스와 건강기술이 세계적인 추세와 더불어 건강 환경(medical environment)체계에 있어 4차 산업혁명 중 가장 활용가치가 높은 블록체인 기반의 기술과 관련하여 중앙의 개입과 관련 없는 가운데 자동적으로 작용하는 디지털(digital) 가치(value)를 만들 수 있고 가상화폐(암호화폐, cryptocurrency)로 거래가 가능하게 되면 건강서비스가 더욱 차원 높은 수준에서 이용자들에게 제공될 수 있음이 나타나고 있다.

1차 산업혁명 이후 4차 산업혁명에 이르기까지 국민들이 받는 실질임금은 보다 더 가파르게 성장추세를 나타내고 있다. 이는 부의 재분배와 시장경제체제 발달의 진전 등이 이루어진 것으로 국민들의 생활수준 향상에도 기여한 것으로 판단된다.

또한 인간의 기대 수명에 대한 개선정도도 2000년대 이후 선진국과 이머징마켓 등 세계적으로 지속적으로 늘어나고 있는 상황이다. 이는 인구 고령화로 연결

표 1-5	재정정책과 4차 산업혁명

	주요내용
재정정책과 4차 산업혁명	1차 산업혁명 이후 4차 산업혁명에 이르기까지 국민들이 받는 실질임금은 보다 더 가파르게 성장추세를 나타내고 있다. 이는 부의 재분배와 시장경제체제 발달의 진전 등이 이루어진 것으로 국민들의 생활수준 향상에도 기여한 것으로 판단된다.
	인간의 기대 수명에 대한 개선정도도 2000년대 이후 선진국과 이머징마켓 등 세계적으로 지속적으로 늘어나고 있는 상황이다. 이는 인구 고령화로 연결되어 이전보다 높은 수준의 건강 기술과 건강 서비스에 대한 수요가 증대될 것으로 판단되는 이유이기도 하다. 그리고 정부의 측면에서는 이와 같은 건강 기술 분야에 대한 재정지출이 늘어날 수 있는 것이다. 실제로 건강 기술과 서비스의 경우에도 로봇, 블록체인을 비롯한 4차 산업혁명과 연계되어 더욱 발전해 나갈 수 있다.

되어 이전보다 높은 수준의 건강 기술과 건강 서비스에 대한 수요가 증대될 것으로 판단되는 이유이기도 하다. 그리고 정부의 측면에서는 이와 같은 건강 기술 분야에 대한 재정지출이 늘어날 수 있는 것이다. 실제로 건강 기술과 서비스의 경우에 로봇, 블록체인을 비롯한 4차 산업혁명과 연계되어 더욱 발전해 나갈 수 있다.

〈그림 1 − 18〉의 건강서비스 만족도(치과 병·의원, 13세 이상 인구) 교육정도 중·초졸 이하 및 대졸 이상(사회조사, 수록기간: 2년 2008~2016)에서 매우와 약간의 만족적인 측면이 초졸 이하 및 대졸 이상에서 약간 불만족 및 매우 불만족에 비하여 5~6배 이상 높게 나타나 있다. 교육정도 중·초졸 이하 및 대졸 이상 사이에는 학력의 편차가 크므로 전체적으로 학력 수준에서 편차가 없이 고르게 만족도가 상당히 높음을 알 수 있다.

이와 같이 세계적으로도 우수한 건강기술과 건강서비스 만족도를 지니고 있는 가운데 건강적인 환경과 관련하여 IT기술이 접목되면서 이용자들의 만족도 제고에 도움이 될 수 있는 측면이 있다.

이는 IT기술이 세계적으로도 우수한 건강기술과 건강서비스에 접목되면서 디지털(digital) 가치의 창출에 대하여 인센티브(incentive)가 발생할 수 있다는 것인데, 앞에서 설명한 블록체인 기반의 기술이 대표적인 예에 해당한다. 물론 블록체인 기반의 기술의 정보 보안에 있어서 완벽한 안전장치가 있어야 이용자들의 안

그림 1-18 건강서비스 만족도 교육정도 중·초졸 이하 및 대졸 이상

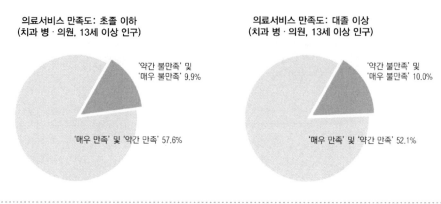

의료서비스 만족도: 초졸 이하
(치과 병·의원, 13세 이상 인구)

'약간 불만족' 및
'매우 불만족' 9.9%

'매우 만족' 및 '약간 만족' 57.6%

의료서비스 만족도: 대졸 이상
(치과 병·의원, 13세 이상 인구)

'약간 불만족' 및
'매우 불만족' 10.0%

'매우 만족' 및 '약간 만족' 52.1%

출처: 통계청, 사회조사, 수록기간: 2년 2008~2016

전성도 보장할 수 있다.

이와 같이 디지털경제학에 있어서 지식적인 측면과 과학적인 방법론이 연결되는 블록체인 기반의 기술과 같은 4차 산업혁명은 지식적인 측면에 있어서 가치를 증진시키는 역할을 하고 있다. 이는 사람들의 지식 창출에 대하여 단순한 축적만

표 1-6 4차 산업혁명 시대에 지식적인 측면과 과학적인 방법론

	주요내용
4차 산업혁명 시대에 지식적인 측면과 과학적인 방법론	디지털경제학에 있어서 지식적인 측면과 과학적인 방법론이 연결되는 블록체인 기반의 기술과 같은 4차 산업혁명은 지식적인 측면에 있어서 가치를 증진시키는 역할을 하고 있다. 이는 사람들의 지식 창출에 대하여 단순한 축적만이 아니라 이러한 지식이 인류에게 가치가 있는 지 검증 시스템(system)을 제공하여 신뢰성을 제고시켜 주고 있다. 이는 블록체인 기반의 기술과 같은 4차 산업혁명이 완벽한 정보망을 형성하고 난 이후에는 건강정보 체계에 있어서도 효율성(efficiency) 제고 측면에서 도움을 줄 수 있다는 것이다.
	IT기술은 과학적으로 불확실성에 대한 합리적인 예측 방법론을 제공하여 주기도 한다. 이는 기업들에게 있어서 생산성의 향상이라는 방법론적으로 커다란 경제적인 부가가치를 제공하여 주고 있는 것이다. . 즉 이러한 정보통신의 기술이 과학적인 측면에 도움을 주어 경제적으로 투입 대비 산출에 있어서 보다 큰 가치 창출을 할 수 있도록 제공해주고 있다는 것이다.

이 아니라 이러한 지식이 인류에게 가치가 있는 지 검증 시스템(system)을 제공하여 신뢰성을 제고시켜 주고 있다. 이는 블록체인 기반의 기술과 같은 4차 산업혁명이 완벽한 정보망을 형성하고 난 이후에는 건강정보 체계에 있어서도 효율성(efficiency) 제고 측면에서 도움을 줄 수 있다는 것이다.

이와 같은 IT기술은 과학적으로 불확실성에 대한 합리적인 예측 방법론을 제공하여 주기도 한다. 이는 기업들에게 있어서 생산성의 향상이라는 방법론적으로 커다란 경제적인 부가가치를 제공하여 주고 있는 것이다. 즉 이러한 정보통신의 기술이 과학적인 측면에 도움을 주어 경제적으로 투입 대비 산출에 있어서 보다 큰 가치 창출을 할 수 있도록 제공해주고 있다는 것이다.

〈그림 1-19〉의 2차, 3차, 4차 산업혁명과 시간경로 및 산출과 같이 시간 경과에 따른 산출량 증대 속도에 차이가 발생하고 있다. A와 B의 시간경로를 비교할 때, A보다는 B에서 2차와 3차, 4차 산업혁명(fourth industrial revolution) 간의 차이가 확대됨을 알 수 있다. 특히 A에서 2차와 3차 간(gap) 및 3차와 4차 산업혁명 간의 차이 보다 B에서 2차와 3차 간(gap) 및 3차와 4차 산업혁명 간의 차이가 더 벌어짐을 알 수 있다. 즉 2차 산업혁명과 3차 산업혁명 차이와 3차 산업혁명과 4차 산업혁명 간의 차이를 비교할 때 시간이 경과할수록 간격이 더 벌어짐을 의미하고 있다.

그림 1-19 2차, 3차, 4차 산업혁명과 시간경로 및 산출

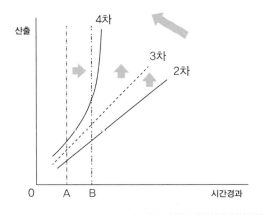

출처: 통계청, 사회조사, 수록기간: 2년 2008~2016

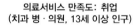

그림 1-20 건강서비스 만족도 경제활동 중 취업과 주관적 만족감

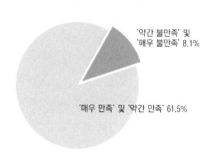

출처: 통계청, 사회조사, 수록기간: 2년 2008~2016

〈그림 1－20〉의 건강서비스 만족도(치과 병·의원, 13세 이상 인구) 경제활동 중 취업과 주관적 만족감(사회조사, 수록기간: 2년 2008~2016)에서 매우 만족 및 약간 만족이 약간 불만족 및 매우 불만족에 비하여 4~7배 이상 높게 나타나 있다. 여기에는 나타나 있지는 않지만 건강서비스 만족도(치과 병·의원, 13세 이상 인구)(사회조사, 수록기간: 2년 2008~2016)에서 경제활동 중 실업 및 비경제활동에서 매우 만족 및 약간 만족이 52.2%이었고, 약간 불만족 및 매우 불만족이 10.1%를 나타낸 것과 같이 한국의 건강기술과 건강서비스 수준이 상당히 높은 것을 알 수 있다.

세계에서 처음으로 사진 촬영 작가가 꽃의 사진에 대하여 이더리움(ethereum)을 기반으로 하는 블록체인(Blockchain)과 결합시켜 공개하여 판매하려고 하였던 프로젝트(project)가 성사되었다.

이와 같이 다양한 방면에서 프로젝트들이 시도되고 있는 블록체인을 기반으로 하는 기술을 통하여 사업 영역이 확대되고 정보보안이 완벽히 구현되면 건강서비스에도 적용되고 확대될 수 있을 것으로 판단된다.

정보통신기술의 발달은 경제적인 측면 뿐 아니라 개개인들의 삶의 질도 개선시키는 중요한 역할을 하고 있다. 그리고 한 나라에서 IT기술이 발달되면 다른 나라에도 긍정적인 파급효과를 나타내고 있다. 이는 무역(trade)를 통한 지식정보 체계의 수출과 수입이 가능하기 때문이다. 따라서 병원의 경우에도 IT기술이 접목된 최신식 건강기술과 시스템이 수출되기도 하고 수입될 수도 있는 것이다.

표 1-7   IT기술과 지식정보

	주요내용
IT기술과 지식정보	정보통신기술의 발달은 경제적인 측면 뿐 아니라 개개인들의 삶의 질도 개선시키는 중요한 역할을 하고 있다. 그리고 한 나라에서 IT기술이 발달되면 다른 나라에도 긍정적인 파급효과를 나타내고 있다. 이는 무역(trade)를 통한 지식정보 체계의 수출과 수입이 가능하기 때문이다. 따라서 병원의 경우에도 IT기술이 접목된 최신식 건강기술과 시스템이 수출되기도 하고 수입될 수도 있는 것이다.
	IT기술의 지식정보에 대한 접목은 국가적인 단위에서 그리고 기업적인 단위에서 모두 일어날 수 있다. IT기술이 지식경제를 한 차원 높은 수준으로 이끌고 경제적인 측면에서 효율성과 지식의 축적이 일어나게 하고, 경제시스템에서 분배의 공평성도 증진시킬 수 있다.
	정보가치를 인터넷을 통하여 누구나 공공재(public goods)와 같이 무료로 이용하여 활용한다면 부의 공정한 분배에도 도움을 줄 수 있다는 측면이다. 실제로 정보통신기술이 접목되면서 아마존(Amazon)과 같이 세계 초일류의 기업이 탄생될 수 있었던 것이다.

이와 같은 IT기술의 지식정보에 대한 접목은 국가적인 단위에서 그리고 기업적인 단위에서 모두 일어날 수 있다. IT기술이 지식경제를 한 차원 높은 수준으로 이끌고 경제적인 측면에서 효율성과 지식의 축적이 일어나게 하고, 경제시스템에서 분배의 공평성도 증진시킬 수 있다.

이러한 정보가치를 인터넷을 통하여 누구나 공공재(public goods)와 같이 무료로 이용하여 활용한다면 부의 공정한 분배에도 도움을 줄 수 있다는 측면이다. 실제로 정보통신기술이 접목되면서 아마존(Amazon)과 같이 세계 초일류의 기업이 탄생될 수 있었던 것이다.

〈그림 1-21〉의 건강서비스 만족도(병·의원, 13세 이상 인구) 전국 전체 계와 동·읍면부 중 읍면부(사회조사, 수록기간: 2년 2008~2016)에서 매우와 약간의 만족적인 측면이 약간 불만족 및 매우 불만족에 비하여 8~11배 이상 높게 나타나 있다. 이는 앞서 살펴본 건강서비스 만족도(치과 병·의원, 13세 이상 인구)(사회조사, 수록기간: 2년 2008~2016)에서와 같이 한국의 건강기술과 건강서비스 수준이 매우 우수함을 나타내고 있는 것이다.

자기의 SNS계정으로 게재하는 글에 대하여 호응도로 보상받게 하는 시스템으

그림 1-21 건강서비스 만족도 전국 전체 계와 동·읍면부 중 읍면부

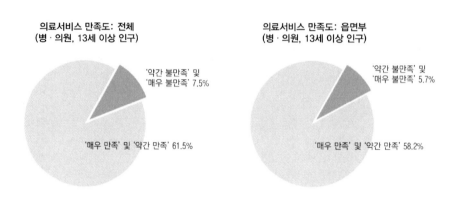

출처: 통계청, 사회조사, 수록기간: 2년 2008~201

로 글 게재에 대하여 보다 나은 콘텐츠 생산에 노력이 뒤따르는 경우가 발생할 수 있다. 만일 이것을 읽는 사람들이 콘텐츠 투표를 통해 만족도를 표시하면 보상시스템이 작동되고 보다 나은 콘텐츠가 만들어지고 유통되면 최상의 SNS 생태계를 만들어 나가게 된다.

이와 같은 생각을 블록체인 기반의 기술을 통하여 구현한 것이 글 게재의 대가로 암호화폐가 제공된 사례가 발생하고 있다. 독자들의 경우 '좋아요'라고 누르게 되거나 댓글 추가로 글을 평가하면 보상시스템이 제공되는 시스템인 것이다.

거래소 상장을 통하여 거래되게 되면, 가치(value)가 또한 오르고 내리게 된다. 이러한 사업적인 영역은 앞에서도 소개한 바와 같이 다양한 방면에서 시도되고 있는 것이다.

이와 같이 블록체인 기반의 기술의 활용도는 다양하게 전개되고 있는 것이다. 건강서비스의 경우에도 정보보안과 안전성이 잘 갖추어지고 블록체인 기반의 기술을 잘 활용하면 이전 보다 수준 높게 건강서비스의 수준을 한 차원 더 높이는 계기가 될 것으로 판단된다.

chapter 02

후생과 거시경제

제1절 | 디지털경제학과 후생

　디지털경제학은 후생경제학(welfare economics) 그리고 유사한 학문으로 보건경제학(health economics) 분야에도 많은 업적을 쌓고 있다. 이는 역 선택과 도덕적 해이와 같은 이슈를 통하여 이용자들의 심리와 경제적인 가치관, 지식 및 정보에 대한 이해 및 연구 활동을 통하여 기여해 나가고 있는 것이다.

　디지털경제학은 이러한 역 선택과 도덕적 해이 뿐 아니라 불완전성의 시장에 따른 경쟁 시스템의 저해로 인하여 파레토상태에 있어서 비효율성까지 다루어 나가고 있다. 이는 전통적인 경제학의 가격 메커니즘이 시장에서 잘 작동되기 어려운 문제까지 다루고 있는 것이다.

　그리고 디지털경제학은 분배시스템의 효율성과 관련하여서까지 다루어 나가고 있다. 따라서 디지털경제학은 재정학의 분야에서와 같이 공공재와 같은 서비스에 대하여도 많은 업적을 나타내고 있다.

이는 재정학의 업적으로 외부효과와 관련하여 외부비경제성과 같은 사회적으로 낭비적인 요소까지 다루는 바와 같이 디지털경제학에서도 이와 같이 외부비경제성과 무임승차자(free rider) 문제 등에 많은 학문적인 기여를 하고 있는 것이다.

표 2-1 디지털경제학과 역 선택 및 도덕적 해이의 적용

	주요내용
디지털경제학과 역 선택 및 도덕적 해이의 적용	디지털경제학은 후생경제학(welfare economics) 그리고 유사한 학문으로 보건경제학(health economics) 분야에도 많은 업적을 쌓고 있다. 이는 역 선택과 도덕적 해이와 같은 이슈를 통하여 이용자들의 심리와 경제적인 가치관, 지식 및 정보에 대한 이해 및 연구 활동을 통하여 기여해 나가고 있는 것이다.
	디지털경제학은 이러한 역 선택과 도덕적 해이 뿐 아니라 불완전성의 시장에 따른 경쟁 시스템의 저해로 인하여 파레토상태에 있어서 비효율성까지 다루어 나가고 있다. 이는 전통적인 경제학의 가격 메커니즘이 시장에서 잘 작동되기 어려운 문제까지 다루고 있는 것이다.
	디지털경제학은 분배시스템의 효율성과 관련하여서까지 다루어 나가고 있다. 따라서 디지털경제학은 재정학의 분야에서와 같이 공공재와 같은 서비스에 대하여도 많은 업적을 나타내고 있다.

그림 2-1 역 선택과 도덕적 해이, 시장의 불완전성

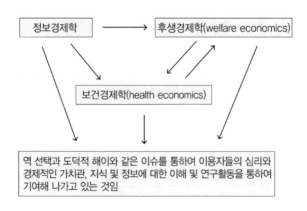

그림 2-2 파레토상태에 있어서 비효율성과 분배시스템의 효율성

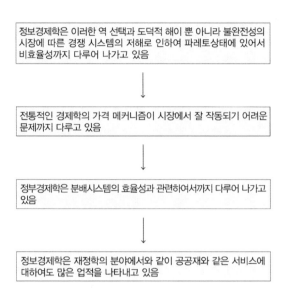

정보경제학은 이러한 역 선택과 도덕적 해이 뿐 아니라 불완전성의 시장에 따른 경쟁 시스템의 저해로 인하여 파레토상태에 있어서 비효율성까지 다루어 나가고 있음

전통적인 경제학의 가격 메커니즘이 시장에서 잘 작동되기 어려운 문제까지 다루고 있음

정부경제학은 분배시스템의 효율성과 관련하여서까지 다루어 나가고 있음

정보경제학은 재정학의 분야에서와 같이 공공재와 같은 서비스에 대하여도 많은 업적을 나타내고 있음

출처: 보건복지부, 건강서비스경험조사, 2017

〈그림 2－3〉의 건강서비스 만족도(병·의원, 13세 이상 인구) 전국 성별 중 남자와 여자(사회조사, 수록기간: 2년 2008~2016)에서 매우와 약간의 만족감이 약간 불만족 및 매우 불만족에 비하여 6배 이상 높게 나타나 있다.

앞서 자기의 SNS계정으로 게재하는 글에 대하여 호응도로 보상받게 하는 시스템으로 글 게재에 대하여 보다 나은 콘텐츠 생산에 노력이 뒤따르는 경우가 발생할 수 있는 사례를 살펴보았다. 이와 같은 유형(type)의 앱의 경우 2018년 상반기를 기준으로 살펴볼 때 상당히 증가추세를 보이고 있다.

따라서 블록체인 기반의 기술을 잘 활용하고 정보보안과 안전성이 완전하게 구축되어 건강서비스에 적용할 경우 이용자들의 만족도 제고와 건강서비스 수준을 한 차원 높게 만들 것으로 판단된다.

정보가치의 생산이 4차 산업혁명 시대에 빅 데이터(big data)의 증가로 상당히 증가하고 있다. 하지만 시장이 완전경쟁체제를 갖추지 못하면 이와 같은 정보와 지식 생산 및 더 나아가 상품의 생산까지도 비효율성을 나타내게 된다.

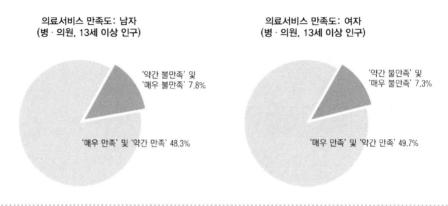

그림 2-3 건강서비스 만족도 전국 성별 중 남자와 여자

출처: 통계청, 사회조사, 수록기간: 2년 2008~2016

이는 불완전한 경쟁시스템에 따라 독과점 기업들이 생산을 줄여서 가격을 높이게 하고 소비자들은 비싼 가격에 적은 양의 수량만을 소비할 수밖에 없기 때문에 파레토 효율성을 나타낼 수 없는 것이다.

표 2-2 정보가치와 효율성 및 완전경쟁체제

	주요내용
정보가치와 효율성 및 완전경쟁체제	정보가치의 생산이 4차 산업혁명 시대에 빅 데이터(big data)의 증가로 상당히 증가하고 있다. 하지만 시장이 완전경쟁체제를 갖추지 못하면 이와 같은 정보와 지식 생산 및 더 나아가 상품의 생산까지도 비효율성을 나타내게 된다. 이는 불완전한 경쟁시스템에 따라 독과점 기업들이 생산을 줄여서 가격을 높이게 하고 소비자들은 비싼 가격에 적은 양의 수량만을 소비할 수밖에 없기 때문에 파레토 효율성을 나타낼 수 없는 것이다.
	정보라는 가치(value)도 마찬가지이다. 일부 정보에 있어서 독과점 현상이 발생하게 되면 이와 같은 정보에 대하여 독점적인 지위를 가지고 있는 기업은 막대한 부(wealth)를 축적해 나갈 수 있는 것이다. 이에 따라 소비자들은 이전보다 더 비싼 가격을 지불해 정보의 가치를 구매하게 되는 불합리한 측면이 발생되는 것이다.
	완전경쟁체제가 완비되면 소비자의 잉여가 있게 되어 소비자들은 이득을 취해 나갈 수 있다. 만일 그렇지 못하면 시장의 실패 현상이 발생되게 된다. 이는 외부적인 효과, 즉 외부비경제성을 나타내게 되어 사회적으로 바람직하지 못하게 생산량이 늘어날 수 있음을 시사하고 있다.

정보라는 가치(value)도 마찬가지이다. 일부 정보에 있어서 독과점 현상이 발생하게 되면 이와 같은 정보에 대하여 독점적인 지위를 가지고 있는 기업은 막대한 부(wealth)를 축적해 나갈 수 있는 것이다. 이에 따라 소비자들은 이전보다 더 비싼 가격을 지불해 정보의 가치를 구매하게 되는 불합리한 측면이 발생되는 것이다.

완전경쟁체제가 완비되면 소비자의 잉여가 있게 되어 소비자들은 이득을 취해 나갈 수 있다. 만일 그렇지 못하면 시장의 실패 현상이 발생되게 된다. 이는 외부적인 효과, 즉 외부비경제성을 나타내게 되어 사회적으로 바람직하지 못하게 생산량이 늘어날 수 있음을 시사하고 있다.

그림 2-4 완전경쟁체제와 효율성의 관계

```
┌─────────────────────────────────────────────────────────────┐
│ 정보가치의 생산이 4차 산업혁명 시대에 빅데이터(big data)의 증가로  │
│ 상당히 증가                                                    │
└─────────────────────────────────────────────────────────────┘
                              │
                              ▼
┌─────────────────────────────────────────────────────────────┐
│ 시장이 완전경쟁체제를 갖추지 못하면 이와 같은 정보와 지식 생산 및  │
│ 더 나아가 상품의 생산까지도 비효율성을 나타내게 됨               │
└─────────────────────────────────────────────────────────────┘
                              │
                              ▼
┌─────────────────────────────────────────────────────────────┐
│ 불완전한 경쟁시스템에 따라 독과점 기업들이 생산을 줄여서 가격을   │
│ 높이게 하고 소비자들은 비싼 가격에 적은 양의 수량만을 소비할 수   │
│ 밖에 없기 때문에 파레토 효율성을 나타낼 수 없는 것임             │
└─────────────────────────────────────────────────────────────┘
```

그림 2-5 정보가치의 효과

```
┌─────────────────────────────────────────────────────────────┐
│ 일부 정보에 있어서 독과점 현상이 발생되게 되면 이와              │
│ 같은 정보에 대하여 독점적인 지위를 가지고 있는 기업은           │
│ 막대한 부(wealth)를 축적해 나갈 수 있음                        │
└─────────────────────────────────────────────────────────────┘
                              │
                              ▼
┌─────────────────────────────────────────────────────────────┐
│ 소비자들은 이전보다 더 비싼 가격을 지불해 정보의 가치를          │
│ 구매하게 되는 불합리한 측면이 발생되는 것임                     │
└─────────────────────────────────────────────────────────────┘
```

그림 2-6   완전경쟁체제와 외부적인 효과

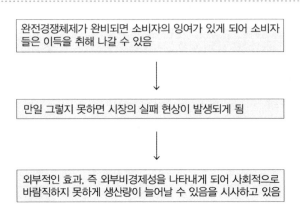

그림 2-7   무임승차자 문제와 완전경쟁시장

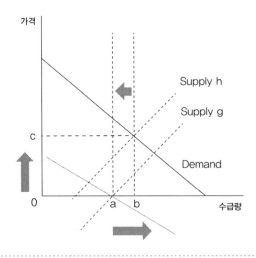

〈그림 2-7〉은 무임승차자(free rider) 문제와 완전경쟁시장(perfectly competitive market)과 관련된 것이다. 무임승차가 공공재(public goods)에 존재하게 되면, 사회적으로 바람직한 생산량 수준에 미달되는 수량(quantity)만큼 공급되는 문제점을 가지게 된다.

만일 무임승차와 관련하여 사람들이 누구나 가격을 지불하지 않고 재화(commodity)

에 대하여 구매하려고만 한다면 결국 생산(production)이 중단되게 되는 것이다. 따라서 수량측면에서 a와 같이 수요곡선이 X축과 만나는 점 또는 a수준 보다 적은 수준만 생산되고 극단적으로 영(0)의 수준, 즉 생산이 중단될 수도 있는 것이다. a수준에서 생산은 생산곡선(Supply g)이 지나가고 있어서 수요곡선과 만나는 수준이 된다. 한편 생산이 중단된다는 것은 한계생산비용(marginal cost)이 영(0)의 수준이 된다는 것을 의미하기도 한다.

만일 사적재 또는 민간재(private goods)가 되고 완전경쟁시장에 동일한 재화가 놓이게 된다면, 수요자들은 시장에서 형성된 가격을 받아들이는 가격 순응자(price taker) 입장에 놓이게 된다.

이 경우에 사회적으로 바람직한 생산량 수준이 b라고 하면, 소비자들은 시장에서 c만큼의 가격을 지불하고 b라는 수요량과 공급량 수준에서 수요곡선(Demand)과 공급곡선(Supply h)이 교차하게 된다. 따라서 수요량과 공급량은 늘어나고 가격은 시장에서 균형가격(equilibrium price)으로 적정수준에서 형성되는 것이다.

〈그림 2-8〉의 건강서비스 만족도(병·의원, 13세 이상 인구) 전국 연령 중 13~19세 및 65세 이상(사회조사, 수록기간: 2년 2008~2016)에서 매우와 약간에 해당하는 만족의 경우가 약간 불만족 및 매우 불만족에 비하여 12배에서 14배 이상 높게 나타나 있다.

그림 2-8 건강서비스 만족도 전국 연령 중 13~19세 및 65세 이상

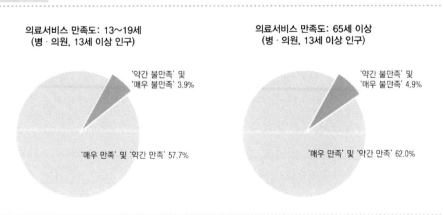

의료서비스 만족도: 13~19세
(병·의원, 13세 이상 인구)

의료서비스 만족도: 65세 이상
(병·의원, 13세 이상 인구)

'약간 불만족' 및
'매우 불만족' 3.9%

'약간 불만족' 및
'매우 불만족' 4.9%

'매우 만족' 및 '약간 만족' 57.7%

'매우 만족' 및 '약간 만족' 62.0%

출처: 통계청, 사회조사, 수록기간: 2년 2008~2016

블록체인(Blockchain) 기반의 기술을 사용하면 첫째, 개인키로 불리는 private key와 공개키로 불리는 public key, 암호문(cryptography)으로 구성되어 있어서 인가를 받은 사람들만 취급이 가능한 상황이다. 즉 변조와 위조가 불가능하다는 장점을 지니고 있다.

둘째, 거래(trading)와 관련하여 투명성(transparency)이 보장되어 개인의 정보가 유출될 가능성이 현저히 낮게 형성된다는 장점이다. 이러한 장점으로 세계적으로 상당히 높은 수준으로 인정받고 있는 건강기술 수준과 건강서비스를 4차 산업혁명의 IT기술과 접목시키고 정보보완 등에 완벽한 체계(system)를 갖출 경우 보다 진일보한 한 차원 더 높은 건강기술과 건강서비스의 출현이 가능할 것으로 판단된다.

정보가 가져다주는 사회적인 수익과 관련하여서는 개인에게 제공되는 수익과 다를 수 있다. 어떤 경우에는 사회적인 수익이 더 클 수도 있고, 물론 반대의 경우도 있다. 즉 따로 따로 격리되어 존재할 경우에는 발생하지 않던 사회적인 비용(social cost)이 함께 존재하므로 인하여 발생하는 경우도 있다.

이는 사회적인 수익이 사회적인 비용으로 인하여 줄어들게 되는 현상을 설명할 수 있다. 반면에 따로 따로 격리되어 존재할 경우에는 발생하지 않던 추가적인 수익이 함께 존재하므로 인하여 발생하는 경우도 있다. 이는 사회적인 수익이 더 커질 수 있음을 의미하는 것이다.

이와 같이 정보가치와 사회적인 수익은 다양하게 전개될 수 있다. 그리고 정보가치(merit)는 시간이 갈수록 중요도가 더해질 것으로 예측된다. 이는 4차 산업혁명이 진행되면서 정보의 가치가 더욱 증대되고 빅 데이터의 효용가치가 점점 더 증대되는 것과 무관하지 않은 것이다.

따라서 이와 같은 정보의 가치가 잘 발휘되도록 하는 공감대(consensus)가 무엇보다 중요해지고 있다. 이는 생산자와 소비자 등 경제주체들이 모두 정보(information)의 가치(value)에 대하여 잘 인식해야 하는 토대로 중요한 것이다. 이로 인해 국민들의 생활에서 있어서 편리함과 동시에 안정성을 제고해 주고 국민들의 후생 수준에서 파레토 최적으로 이어질 수 있는 것이다.

한편 기업들은 정보의 불완전성에 의하여 더 큰 이익을 누릴 수 있는 유인을 갖고 있다. 하지만 소비자들에게 있어서 이전 보다 적은 수량의 공급과 더 비싼 가격을 지불할 수 있는 경우가 발생할 수 있으므로 사회적으로 바람직하지 않은 것이다.

이와 같은 정보의 비대칭성은 정보의 투명성이 부족한 경우에 발생하게 된다. 이 경우에 소수의 독점 및 과점의 기업들이 정보를 독점할 경우 이들의 시장에 대한 지배력은 강화될 수밖에 없는 특징이 존재한다.

표 2-3 정보가치와 사회적인 수익

	주요내용
정보가치와 사회적인 수익	정보가 가져다주는 사회적인 수익과 관련하여서는 개인에게 제공되는 수익과 다를 수 있다. 어떤 경우에는 사회적인 수익이 더 클 수도 있고, 물론 반대의 경우도 있다. 즉 따로 따로 격리되어 존재할 경우에는 발생하지 않던 사회적인 비용(social cost)이 함께 존재하므로 인하여 발생하는 경우도 있다.
	사회적인 수익이 사회적인 비용으로 인하여 줄어들게 되는 현상을 설명할 수 있다. 반면에 따로 따로 격리되어 존재할 경우에는 발생하지 않던 추가적인 수익이 함께 존재하므로 인하여 발생하는 경우도 있다. 이는 사회적인 수익이 더 커질 수 있음을 의미하는 것이다.
	기업들은 정보의 불완전성에 의하여 더 큰 이익을 누릴 수 있는 유인을 갖고 있다. 하지만 소비자들에게 있어서 이전 보다 적은 수량의 공급과 더 비싼 가격을 지불할 수 있는 경우가 발생할 수 있으므로 사회적으로 바람직하지 않은 것이다.
	이와 같은 정보의 비대칭성은 정보의 투명성이 부족한 경우에 발생하게 된다. 이 경우에 소수의 독점 및 과점의 기업들이 정보를 독점할 경우 이들의 시장에 대한 지배력은 강화될 수밖에 없는 특징이 존재한다.

그림 2-9 정보와 사회적인 수익 및 비용

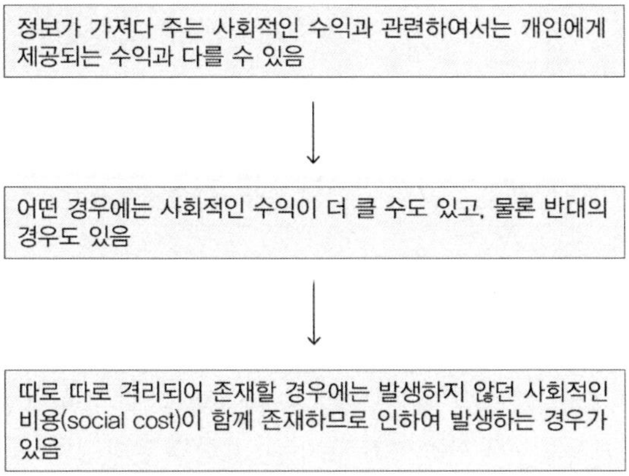

정보가 가져다 주는 사회적인 수익과 관련하여서는 개인에게 제공되는 수익과 다를 수 있음

↓

어떤 경우에는 사회적인 수익이 더 클 수도 있고, 물론 반대의 경우도 있음

↓

따로 따로 격리되어 존재할 경우에는 발생하지 않던 사회적인 비용(social cost)이 함께 존재하므로 인하여 발생하는 경우가 있음

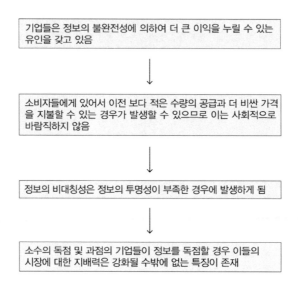

그림 2-10 사회적인 수익과 사회적인 비용에 따른 영향

사회적인 수익이 사회적인 비용으로 인하여 줄어들게 되는 현상이
발생 가능

↓

따로 따로 격리되어 존재할 경우에는 발생하지 않던 추가적인
수익이 함께 존재하므로 인하여 발생하는 경우도 있음

↓

사회적인 수익이 더 커질 수 있음을 의미하는 것

그림 2-11 정보의 불완전성과 정보의 비대칭성, 정보의 투명성 부족의 영향

기업들은 정보의 불완전성에 의하여 더 큰 이익을 누릴 수 있는
유인을 갖고 있음

↓

소비자들에게 있어서 이전 보다 적은 수량의 공급과 더 비싼 가격
을 지불할 수 있는 경우가 발생할 수 있으므로 이는 사회적으로
바람직하지 않음

↓

정보의 비대칭성은 정보의 투명성이 부족한 경우에 발생하게 됨

↓

소수의 독점 및 과점의 기업들이 정보를 독점할 경우 이들의
시장에 대한 지배력은 강화될 수밖에 없는 특징이 존재

정보의 가치는 4차 산업혁명 시대에는 빅 데이터를 통하여 상상을 초월하는
수준에까지 이르고 있다. 역사적으로 1차 산업혁명부터 4차 산업혁명까지 혁신적
인 인물들은 그들 나름대로 수익창출모델을 만들어 모두 성공한 사람들이다. 1차

산업혁명 시대를 거치면서 철강을 비롯한 제조업의 기업가들이 풍미하던 시대였다면 3차 및 4차 산업혁명 시대에는 IT를 중심으로 하는 정보통신 혁명의 컴퓨터와 전자상거래 분야를 비롯한 무형재산과 관련된 산업이 중심적인 역할을 하고 있다.

따라서 정보의 가치는 결코 단일 산업으로도 작지 않으며 향후에도 그 비중이 더 확대될 수도 있다. 이는 디지털혁명(digital revolution)을 넘어 바이오혁명(bio revolution)으로 융합적 방향에서 전개되고 있는 측면도 있기 때문이다. 따라서 예시로 소개를 드리고 있는 건강서비스 분야에서도 정보가치와 이에 따른 이용자들의 편리성 등은 무한대로 확대될 가능성도 내포하고 있다.

따라서 건강분야를 포함한 모든 정보는 투명성이 가장 중요하고 정보의 대칭성이 유지되도록 노력하여야 한다. 이와 같은 정보의 중요성과 관련하여 현 정부에서도 2018년 하반기 들어 개인정보의 보호를 강화하면서 동시에 익명정보에 의한 사회에 대한 부작용의 최소화를 위하여 완화시키기 위한 담론을 담아가고 있다.

〈그림 2-12〉의 건강서비스 만족도(병·의원, 13세 이상 인구) 전국 교육정도 중 중졸 및 고졸(사회조사, 수록기간: 2년 2008~2016)에서 매우와 약간의 만족감이 약간 불만족 및 매우 불만족에 비하여 5배에서 9배 정도 이상 높게 나타나 있다.

그림 2-12 건강서비스 만족도 전국 교육정도 중 중졸 및 고졸

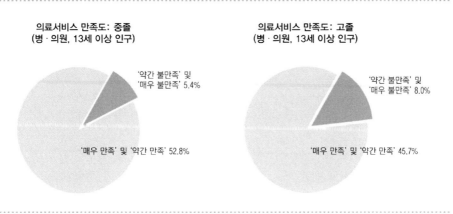

출처: 통계청, 사회조사, 수록기간: 2년 2008~2016

블록체인 기반의 기술을 활용하면 앞서 두 가지 측면에서 장점 이외에 디지털화되어(digitalized) 있는 개인적인 건강정보(information)에 대하여 인센티브 제공이 가능하다는 점을 추가할 수 있다. 인센티브는 가상화폐(암호화폐)로 블록체인 기반의 기술에서 가능하다. 따라서 건강기관들이 주도하여 진행하고 있는 개개인들의 건강과 관련된 정보와 함께 건강기록관리(medical records management)에 대하여 자율적인 의사(decision)를 통해 관리와 위탁, 활용 및 거래 등이 가능한 건강에 대한 소비자위주의 건강정보(medical information)의 통합시스템(integrated system)까지 가능할 것으로 예상된다.

파레토 비효율성이 존재할 경우 정부는 어떻게 하여야 할까? 결국 정부의 개입(intervention)이 필요하며, 정부는 파레토 효율성이 달성되도록 국가경제를 운영하게 된다.

파레토 비효율성이 있다는 것은 국민들에게 있어서 수요자들에게는 복지의 최고점(bliss)에 이르지 못하게 하는 비효율성이 있다는 것이다. 또한 생산자들에게 있어서는 자원을 충분히 활용하지 못하는 경우가 발생할 수 있다.

이에 따라 생산과 소비의 종합적인 효율성이 달성되기 어려운 측면이 발생하게 된다. 그러면 정부는 어떻게 하여야 하는가? 정부는 결국 생산부문에 개입하여 생산이 효율적으로 생산될 수 있는 능률곡선(efficiency curve) 상에서 생산이 이루어지게 해야 하고, 소비측면에 있어서는 계약곡선(contract curve) 상에서 소비가 이루어지게 하여야 한다는 것이다. 이는 경제학적으로 국가 전체적인 측면에서 생산가능곡선(production possibility curve) 상에서 소비부문의 효율성과 같은 비율(rate)로서 생산과 소비가 이루어짐을 의미한다.

표 2-4	파레토 비효율성과 정부의 개입 타당성
	주요내용
파레토 비효율성과 정부의 개입 타당성	파레토 비효율성이 존재할 경우 정부는 어떻게 하여야 할까? 결국 정부의 개입 (intervention)이 필요하며, 정부는 파레토 효율성이 달성되도록 국가경제를 운영 하게 된다.

그림 2-13 파레토 비효율성과 정부의 개입

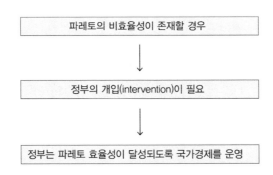

〈그림 2−14〉의 건강서비스 만족도(병·의원, 13세 이상 인구) 전국 혼인상태 중 배우자 있음 및 이혼(사회조사, 수록기간: 2년 2008~2016)에서 매우와 약간의 만족감이 약간 불만족 및 매우 불만족에 비하여 6배에서 9배 정도 이상 높게 나타나 있다.

블록체인을 기반으로 하는 기술을 건강서비스에 적용시킬 경우 앞서 언급한 장점 이외에 또 다른 장점으로는 개개인의 건강정보(health information)와 건강기록(medical records)을 통하여 혁신적인(innovative) 개발이 가능하다는 측면이다. 이를

그림 2-14 건강서비스 만족도 전국 혼인상태 중 배우자 있음 및 이혼

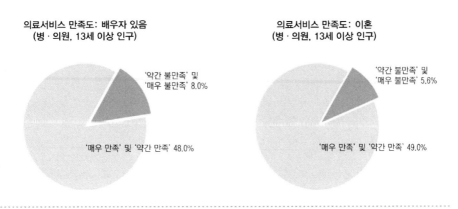

출처: 통계청, 사회조사, 수록기간: 2년 2008~2016

통하여 건강보건 및 건강분야의 산업에 있어서 지속적인 발전이 가능할 것으로 판단된다. 그리고 IT기술과 병합된 병원시스템을 포함한 건강기술의 외국수출도 가능해 질 수 있다.

물론 이는 어디까지나 기술적인 측면에서의 언급이고 건강계 현실에 적용되기에는 국내의 건강적인 현황과 관련하여 건강계의 모든 종사자들의 동의와 이해 및 비용보다 편익이 더 많은 지와 관련하여 비용편익분석방법에 의한 타당성 검토가 반드시 있어야 한다. 이는 국민들의 가장 중요한 생명과 건강이 직결되는 측면이 있기 때문이기도 하다.

제2절 ┃ 국가적인 거시경제와 복지

무역자유화를 통하여 경쟁열위의 산업에 대한 구조조정이 이들 산업에 종사하는 사람들에 대한 복지수준을 낮출 수 있을까? 이들 산업에 대한 구조조정은 결국 이들 산업에 종사하는 사람들에 대한 소득수준을 낮추거나 실업률(unemployment rate)를 높여 복지수준의 하락을 초래할 수 있다. 이는 국가적인 거시경제체제에 있어서도 부정적인 영향을 줄 수 있다. 따라서 이 경우에는 이들 산업에 대한 부작용을 최소화하기 위한 금융 및 재정정책이 뒤따라야 한다.

표 2-5 복지와 금융 및 재정정책

	주요내용
복지와 금융 및 재정정책	무역자유화를 통하여 경쟁열위의 산업에 대한 구조조정이 이들 산업에 종사하는 사람들에 대한 복지수준을 낮출 수 있을까? 이들 산업에 대한 구조조정은 결국 이들 산업에 종사하는 사람들에 대한 소득수준을 낮추거나 실업률(unemployment rate)를 높여 복지수준의 하락을 초래할 수 있다. 이는 국가적인 거시경제체제에 있어서도 부정적인 영향을 줄 수 있다. 따라서 이 경우에는 이들 산업에 대한 부작용을 최소화하기 위한 금융 및 재정정책이 뒤따라야 한다.

그림 2-15 복지와 금융 및 재정정책의 체계도

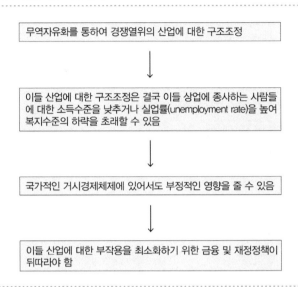

〈그림 2-16〉의 건강서비스 만족도(병·의원, 13세 이상 인구) 전국 경제활동 중 취업 및 실업, 비경제활동(사회조사, 수록기간: 2년 2008~2016)에서 매우와 약간의 만족감이 약간 불만족 및 매우 불만족에 비하여 5배에서 8배 정도 이상 높게 나타나 있다.

그림 2-16 건강서비스 만족도 전국 경제활동 중 취업 및 실업, 비경제활동

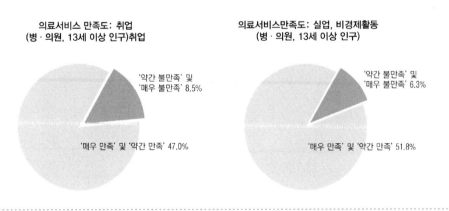

출처: 통계청, 사회조사, 수록기간: 2년 2008~2016

블록체인 기반의 기술이 건강서비스와 건강기술과 함께 동반 발전하기 위해서는 기술의 표준화(standardization) 작업이 이루어져야 한다. 즉 데이터(data)의 공개와 함께 건강데이터(medical data)가 건강기관의 외부에 전달되어 개개인들의 소유화가 이루어지고 공유화를 이루기 위하여 공개데이터의 호환성이 있어야 하고 활용가능성의 제고가 뒤따라야 한다.

정보의 편리성은 다음과 같이 몇 가지를 들 수 있다. 우선 금융에 있어서 소비자와 공급자에게 투명성 제고로 시장 메커니즘(market mechanism)이 잘 작동되도록 도와준다. 그리고 경쟁에서 불완전성을 제거하는 데에도 도움을 줄 수 있고 기업들에게 있어서 지배구조 투명성 및 건전성에 도움을 줄 수 있다.

표 2-6 정보의 편리성

	주요내용
정보의 편리성	우선 금융에 있어서 소비자와 공급자에게 투명성 제고로 시장 메커니즘(market mechanism)이 잘 작동되도록 도와준다. 그리고 경쟁에서 불완전성을 제거하는 데에도 도움을 줄 수 있고 기업들에게 있어서 지배구조 투명성 및 건전성에 도움을 줄 수 있다.

그림 2-17 정보의 편리성에 의한 관계도

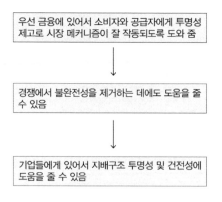

정보는 사람들에게 유익한 측면이 분명히 있다. 예를 들어 최근과 같은 전자상거래를 통하여 직접 마트나 소매 및 도매점에 방문하지 않고도 인터넷을 통하여 물건을 구입할 수 있다. 이는 그동안의 마케팅채널(marketing channel)의 혁명을 통하여 물류비용을 줄일 수 있는 장점도 있다. 정보의 투명성은 금융에 있어서는 투명성을 높여서 고객을 유치하는 기관의 입장에서도 유리성을 갖고 있으며, 고객의 측면에 있어서도 편리성과 안전성, 효율성을 가져올 수 있는 장점이 있다.

〈그림 2−18〉의 건강서비스 만족도(병·의원, 13세 이상 인구) 전국 산업 중 농림어업 및 사회간접자본, 기타서비스업(사회조사, 수록기간: 2년 2008~2016)에서 매우와 약간의 만족감이 약간 불만족 및 매우 불만족에 비하여 5배에서 22배 정도 이상 높게 나타나 있다.

앞서 언급한 블록체인 기반의 기술과 관련하여 표준화(standard)와 데이터(data)에 대한 공개(open) 등은 산업 및 개개인들을 위한 공공재(public goods)로서 기본적인 요건이다. 이와 같은 건강서비스 뿐만 아니라 금융 등 다양한 산업에서도 블록체인 기반의 기술은 시간이 지날수록 중요도가 커질 가능성도 있다.

블록체인 기반의 기술은 건강정보(medical information)를 포함한 다양한 산업계에서 적용되고 있는데, 독거노인 케어서비스에 대한 기술을 운영하는 기업체도 한국에서 생겨나는 등 블록체인 기반의 다양한 산업들의 생태계가 조성되고 있다.

그림 2-18 건강서비스 만족도 전국 산업 중 농림어업 및 사회간접자본, 기타서비스업

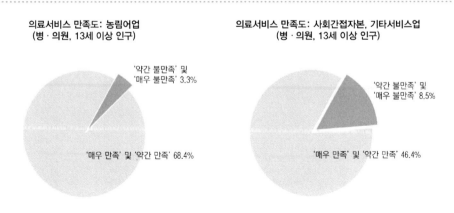

의료서비스 만족도: 농림어업
(병·의원, 13세 이상 인구)

'약간 불만족' 및 '매우 불만족' 3.3%
'매우 만족' 및 '약간 만족' 68.4%

의료서비스 만족도: 사회간접자본, 기타서비스업
(병·의원, 13세 이상 인구)

'약간 불만족' 및 '매우 불만족' 8.5%
'매우 만족' 및 '약간 만족' 46.4%

출처: 통계청, 사회조사, 수록기간: 2년 2008~2016

특정 기업이 존재할 경우 이 회사에 대한 재무적인 정보를 알기 위해서는 채권과 채무의 관계를 파악해야 한다. 즉 부채와 자기자본의 상태 등을 알아야 한다는 의미이다. 그리고 특정 기업이 보유하고 있는 파생상품의 경우 현물에 대한 위험의 헤지(hedge) 차원에서 보유하게 되므로 이와 같은 현물로써의 주식과 채권을 포함하여 파생상품의 보유현황도 투자자들에게는 중요하다.

최근 들어 국내 뿐 아니라 해외 금융자산(financial asset)에 대한 투자가 늘어나고 있다. 따라서 글로벌 증시에 대한 투자현황 등도 회사에 대한 이해관계자들은 유념해야 한다.

표 2-7 금융자산에 대한 정보

	주요내용
금융자산에 대한 정보	특정 기업이 존재할 경우 이 회사에 대한 재무적인 정보를 알기 위해서는 채권과 채무의 관계를 파악해야 한다. 즉 부채와 자기자본의 상태 등을 알아야 한다는 의미이다. 그리고 특정 기업이 보유하고 있는 파생상품의 경우 현물에 대한 위험의 헤지(hedge) 차원에서 보유하게 되므로 이와 같은 현물로써의 주식과 채권을 포함하여 파생상품의 보유현황도 투자자들에게는 중요하다.

그림 2-19 특정 기업에 대한 재무적인 정보의 중요성

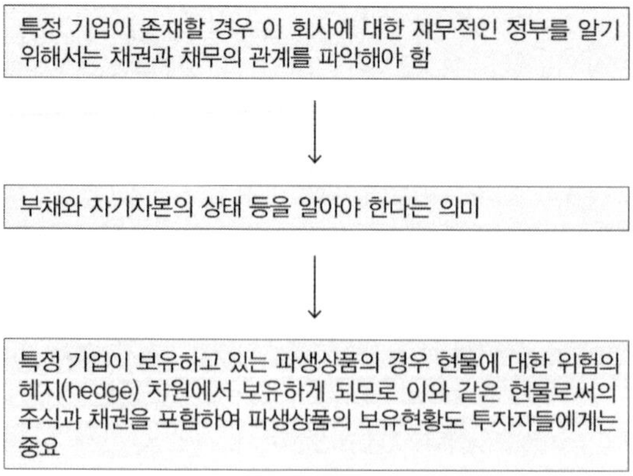

특정 기업이 존재할 경우 이 회사에 대한 재무적인 정부를 알기 위해서는 채권과 채무의 관계를 파악해야 함

↓

부채와 자기자본의 상태 등을 알아야 한다는 의미

↓

특정 기업이 보유하고 있는 파생상품의 경우 현물에 대한 위험의 헤지(hedge) 차원에서 보유하게 되므로 이와 같은 현물로써의 주식과 채권을 포함하여 파생상품의 보유현황도 투자자들에게는 중요

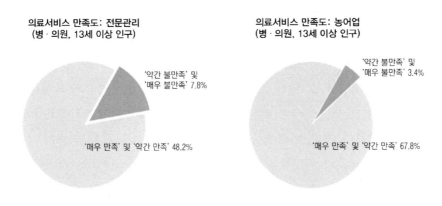

그림 2-20 건강서비스 만족도 전국 직업 중 전문관리 및 농어업

의료서비스 만족도: 전문관리
(병·의원, 13세 이상 인구)

의료서비스 만족도: 농어업
(병·의원, 13세 이상 인구)

'약간 불만족' 및 '매우 불만족' 7.8%

'매우 만족' 및 '약간 만족' 48.2%

'약간 불만족' 및 '매우 불만족' 3.4%

'매우 만족' 및 '약간 만족' 67.8%

출처: 통계청, 사회조사, 수록기간: 2년 2008~2016

〈그림 2-20〉의 건강서비스 만족도(병·의원, 13세 이상 인구) 전국 직업 중 전문관리 및 농어업(사회조사, 수록기간: 2년 2008~2016)에서 매우와 약간의 만족감이 약간 불만족 및 매우 불만족에 비하여 6배에서 22배 정도 이상 높게 나타나 있다.

이와 같은 건강서비스에 대하여 블록체인과 같은 IT기술이 병행하여 미래에는 함께 발전해 나갈 것으로 판단된다. 이는 대표적인 시너지효과(synergy effect)가 예상되는 분야 가운데 하나이다.

일반적인 사적재 또는 민간재의 시장과 같이 정보시장(information market)이 시장친화적인 체제(system)를 갖추었다고 해서 효율성을 지니고 있다고 보기는 어렵다. 그 이유는 역에 의한 선택(adverse selection)과 도덕적인 측면에서의 해이현상(moral hazard) 등이 이 시장에 여전히 존재할 수 있기 때문이다.

또한 외부불경제성(external diseconomy)와 같은 외부효과(external effect)가 이 시장에 존재하여 사회적 비용(social cost)을 발생시키고 이는 사회적으로 바람직한 생산량 수준을 넘어서는 정보 생산이 이루어질 수 있기 때문이다.

이와 다른 예로써 2018년 하반기 한국에서는 정부와 언론에서도 많은 관심을 갖고 있는 것처럼 허위 정보에 따른 피해사례가 발생하고 있는 만큼 올바른 정보가 잘 생성되고 전달되는 것도 무엇보다 중요하다.

허위 정보는 가짜의 정보로써 시장을 왜곡시킬 수 있으며 이에 따라 불필요한 자원 낭비로 인한 사회적인 비용의 초래로 국가적인 손실이 막대할 수 있다. 이는 국가적인 성장 및 분배 구조를 왜곡시킬 수 있는 사회적인 해악으로 반드시 제거되어야 하는 것이다.

정보의 비대칭성이 발생되면 금융회사들은 도덕적 해이와 역 선택 등이 발생되는 문제점에 직면할 수 있다. 또한 고객들의 경우에 있어서도 금융회사들의 상품 정보가 올바로 전달되어 사회적인 비용이 초래되지 않도록 주의하여야 한다. 이는 금융회사들의 경우 이외에서도 마찬가지이며, 이와 같은 정보의 투명성은 시장의 효율성 제고와 국민들의 파레토 최적을 위해서도 중요한 것이다.

표 2-8 정보시장에서 정보대칭성의 중요성

	주요내용
정보시장에서 정보대칭성의 중요성	일반적인 사적재 또는 민간재의 시장과 같이 정보시장(information market)이 시장친화적인 체제(system)를 갖추었다고 해서 효율성을 지니고 있다고 보기는 어렵다. 그 이유는 도덕적 해이(moral hazard)와 역 선택(adverse selection) 등이 이 시장에 여전히 존재할 수 있기 때문이다.
	또한 외부불경제성(external diseconomy)와 같은 외부효과(external effect)가 이 시장에 존재하여 사회적 비용(social cost)을 발생시키고 이는 사회적으로 바람직한 생산량 수준을 넘어서는 정보 생산이 이루어질 수 있기 때문이다.
	이와 다른 예로써 2018년 하반기 한국에서는 정부와 언론에서도 많은 관심을 갖고 있는 것처럼 허위 정보에 따른 피해사례가 발생하고 있는 만큼 올바른 정보가 잘 생성되고 전달되는 것도 무엇보다 중요하다.
	정보시장에서 고객에게 올바른 지식을 전달하는 것이 금융시장(financial market)에서도 중요해지고 있다. 이는 은행 및 증권, 보험 상품이 결합된 복잡한 구조(structure)의 새로운 상품들이 시장에 등장하고 있기 때문이다. 따라서 고객들이 올바른 정보에 입각하여 본인이 원하는 상품을 구입할 수 있도록 금융회사들도 더욱더 정보비대칭(information asymmetric)의 상태가 발생하지 않도록 주의하여야 한다. 즉 이와 관련하여 금융회사들은 비효율성이 발생되지 않도록 하여야 하며, 잘못된 정보가 전달될 경우에 따른 위험을 줄여나가는 노력을 해 나가야 한다.

그림 2-21 정보시장과 외부효과

일반적인 사적재 또는 민간재의 시장과 같이 정보시장(information market)이 시장친화적인 체제(system)를 갖추었다고 해서 효율성을 지니고 있다고 보기는 어려움

↓

도덕적 해이(moral hazard)와 역 선택(adverse selection) 등이 이 시장에 여전히 존재할 수 있기 때문임

↓

외부불경제성(external diseconomy)과 같은 외부효과(external effect)가 이 시장에 존재하여 사회적 비용(social cost)을 발생시키고 이는 사회적으로 바람직한 생산량 수준을 넘어서는 정보 생산이 이루어질 수 있기 때문임

↓

허위 정부에 따른 피해사례가 발생하고 있는 만큼 올바른 정보가 잘 생성되고 전달되는 것이 무엇보다 중요

이와 같은 정보시장에서 고객에게 올바른 지식을 전달하는 것이 금융시장 (financial market)에서도 중요해지고 있다. 이는 은행 및 증권, 보험 상품이 결합된 복잡한 구조(structure)의 새로운 상품들이 시장에 등장하고 있기 때문이다. 따라서 고객들이 올바른 정보에 입각하여 본인이 원하는 상품을 구입할 수 있도록 금융 회사들도 더욱더 정보비대칭(information asymmetric)의 상태가 발생하지 않도록 주의를 기울여야 함은 물론이다. 즉 이와 관련하여 금융회사들은 비효율성이 발생되지 않도록 하여야 하며, 잘못된 정보가 전달될 경우에 따른 위험을 줄여나가는 노력을 해 나가야 한다. 이는 금융산업의 국제경쟁력 강화와 선진화를 위해서도 꼭 필요한 것이다.

그림 2-22 정보시장에서 정보대칭성의 중요성에 대한 체계도

정보시장에서 고객에게 올바른 지식을 전달하는 것이 금융시장 (financial martket)에서도 중요해지고 있다. 이는 은행 및 증권, 보험 상품이 결합된 복잡한 구조(structure)의 새로운 상품 들이 시장에 등장하고 있기 때문임

↓

고객들이 올바른 정보에 입각하여 본인이 원하는 상품을 구입할 수 있도록 금융회사들도 더욱더 정보비대칭(information asymmetric) 의 상태가 발생하지 않도록 주의하여야 함

↓

금융회사들은 비효율성이 발생되지 않도록 하여야 하며, 잘못된 정보가 전달될 경우에 따른 위험을 줄여나가는 노력을 해 나가야 함

〈그림 2−23〉의 건강서비스 만족도(병·의원, 13세 이상 인구) 전국 종사상의 지위 중 고용주 및 자영자(사회조사, 수록기간: 2년 2008~2016)에서 매우와 약간의 만족감 이 약간 불만족 및 매우 불만족에 비하여 7배 정도 이상 높게 나타나 있다.

그림 2-23 건강서비스 만족도 전국 종사상의 지위 중 고용주 및 자영자

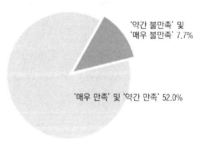

의료서비스 만족도: 고용주
(병·의원, 13세 이상 인구)

의료서비스 만족도: 자영자
(병·의원, 13세 이상 인구)

'약간 불만족' 및 '매우 불만족' 7.0%

'매우 만족' 및 '약간 만족' 50.2%

'약간 불만족' 및 '매우 불만족' 7.7%

'매우 만족' 및 '약간 만족' 52.0%

출처: 통계청, 사회조사, 수록기간: 2년 2008~2016

표준화(standardization)와 데이터 공개(data open)를 통하여 데이터의 활용가능성이 열린다면 건강계와 IT산업이 합하여진 새로운 혁신적인 헬스케어사업 서비스(innovative health care business service)가 구축되는 것이고 이에 기반 되는 도구들이 마련되어 건강서비스산업에도 이전과는 차원이 다른 혁신적인 생산성(productivity)이 가능할 것으로 관련 종사자들은 예상하고 있다.

디지털경제학에서도 경제적인 측면 이외에 정치적인 측면도 매우 중요하다. 이는 정치를 통하여 국민들이 원하는 정부가 탄생하게 되면 이와 걸맞은 정책을 통해 경제정책이 바뀌어 나갈 수 있기 때문이다.

또한 정부의 경우 기업들이 과점(oligopoly) 또는 더 나아가 독점(monopoly) 체제가 되면 소비자들은 적은 수량에 더 높은 가격 구조에 직면하게 되는 피해를 받을 수 있기 때문에 더욱더 공정거래 또는 반독점을 위한 정책을 취하게 된다.

미국의 경우 반독점(anti-trust)과 관련하여 정부의 역할이 활발하며, 일본과 한국의 경우에도 공정거래위원회를 중심으로 활발한 역할이 전개 중에 있다. 한편 정보의 경우에 있어서는 2018년 하반기 들어 정부에서도 익명성을 가진 허위 내용에 대한 정보 피해에 대하여 많은 관심을 갖고 이에 대한 적절한 조치를 강구해 나가고 있는 상황이다.

표 2-9 디지털경제학과 정부의 역할

	주요내용
디지털경제학과 정부의 역할	디지털경제학에서도 경제적인 측면 이외에 정치적인 측면도 매우 중요하다. 이는 정치를 통하여 국민들이 원하는 정부가 탄생하게 되면 이와 걸맞은 정책을 통해 경제정책이 바뀌어 나갈 수 있기 때문이다.
	정부의 경우 기업들이 과점(oligopoly) 또는 더 나아가 독점(monopoly) 체제가 되면 소비자들은 적은 수량에 더 높은 가격 구조에 직면하게 되는 피해를 받을 수 있기 때문에 더욱더 공정거래 또는 반독점을 위한 정책을 취하게 된다.

그림 2-24 디지털경제학과 정부 역할의 체계도

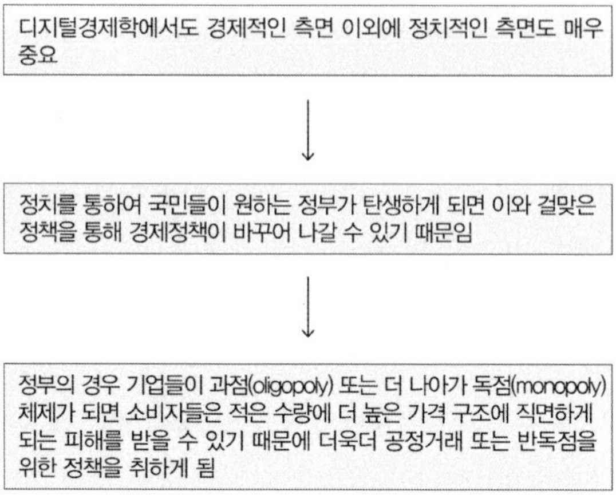

디지털경제학에서도 경제적인 측면 이외에 정치적인 측면도 매우 중요

↓

정치를 통하여 국민들이 원하는 정부가 탄생하게 되면 이와 걸맞은 정책을 통해 경제정책이 바꾸어 나갈 수 있기 때문임

↓

정부의 경우 기업들이 과점(oligopoly) 또는 더 나아가 독점(monopoly) 체제가 되면 소비자들은 적은 수량에 더 높은 가격 구조에 직면하게 되는 피해를 받을 수 있기 때문에 더욱더 공정거래 또는 반독점을 위한 정책을 취하게 됨

미국의 경우 반독점(anti trust)과 관련하여 정부의 역할이 활발하며, 일본과 한국의 경우에도 공정거래위원회를 중심으로 활발한 역할이 전개 중에 있다. 한편 정보의 경우에 있어서는 2018년 하반기 들어 정부에서도 익명성을 가진 허위 내용에 대한 정보 피해에 대하여 많은 관심을 갖고 이에 대한 적절한 조치를 강구해 나가고 있는 상황이다.

〈그림 2-25〉의 건강서비스 만족도(병·의원, 13세 이상 인구) 전국 종사상의 지위 중 임금근로자 및 주관적 만족감(사회조사, 수록기간: 2년 2008~2016)에서 매우와 약간의 만족감이 약간 불만족 및 매우 불만족에 비하여 5배에서 9배 정도 이상 높게 나타나 있다.

보험정보(insurance information) 및 건강(medical)의 접근이 쉽지 않은 데이터 분야에서 새로운 서비스에 대한 개발(development)에 어려움을 갖는 스타트업(start up, 미국 실리콘밸리에서 시작된 창업초기기업을 지칭하는 용어) 또는 자금상의 어려움으로 해외시장(overseas market)으로 진출하지 못하였던 기업들의 경우 가상화폐(virtual currency)와 블록체인(Blockchain) 기반의 기술을 활용하여 사업상의 곤란한 문제점들을 해결해 나가는 사례들이 나타나고 있다.

건강서비스와 보험정보는 블록체인 기반의 기술을 활용하면 시너지 효과를 거

그림 2-25 건강서비스 만족도 전국 종사상의 지위 중 임금근로자 및 주관적 만족감

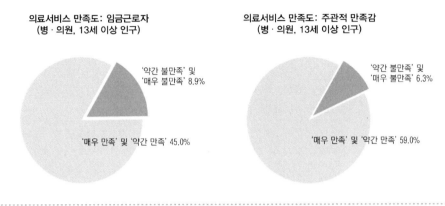

의료서비스 만족도: 임금근로자
(병·의원, 13세 이상 인구)

'약간 불만족' 및
'매우 불만족' 8.9%

'매우 만족' 및 '약간 만족' 45.0%

의료서비스 만족도: 주관적 만족감
(병·의원, 13세 이상 인구)

'약간 불만족' 및
'매우 불만족' 6.3%

'매우 만족' 및 '약간 만족' 59.0%

출처: 통계청, 사회조사, 수록기간: 2년 2008~2016

둘 수 있는 분야이다. 이는 앞서 소개한 유럽의 사례에서도 알 수 있는 바와 같이 향후에도 이와 같은 건강서비스 분야와 블록체인의 기반이 가상화폐(암호화폐)와 연결되어 발전해 나가고 있는 금융 전반에 걸쳐서 효율성의 증대로 이어질 가능성이 높아지고 있는 측면이 크다는 점이다.

완전경쟁체제가 독과점적인 체제보다 소비자 측면에서 유리함은 앞에서도 지적한 바와 같다. 따라서 정부의 입장에서는 정보의 불완전성에 대하여 시정하려는 노력을 하여 정보의 불완전성에 따른 독과점적인 피해를 소비자들이 받지 않게 하려 노력하고 있다. 정보시장에서도 경쟁체제로 인한 정보의 투명성 제고를 하려는 측면이다. 이는 도덕적 해이와 역 선택에 따른 불합리성을 제거하려는 노력과도 연결되어 있다.

정보시장(information market)에서도 외부효과가 발생하게 되면 두 가지 측면에서 불합리성이 발생할 수 있다. 첫째는 독과점적인 이윤을 독과점적인 기업들이 가지길 수 있다는 것이다. 두 번째는 완전경쟁시장 체제를 저해하여 소비자들이 이전 보다 적은 수량에 대하여 이전 보다 높은 가격을 지불하고 상품을 구매할 수 있다는 측면이다. 이는 분배의 경제학적인 측면에서도 중요하며, 경제구성원들에게 공정성과 형평성을 제고할 수 있는 것이다. 따라서 정부에서도 독과점적인 시장구조보다는 완전경쟁시장 체제가 구성될 수 있도록 노력하고 있다.

표 2-10	완전경쟁시장체제와 독과점시장체제 및 정보시장
	주요내용
완전경쟁시장체제와 독과점시장체제 및 정보시장	완전경쟁체제가 독과점적인 체제보다 소비자 측면에서 유리함은 앞에서도 지적한 바와 같다. 따라서 정부의 입장에서는 정보의 불완전성에 대하여 시정하려는 노력을 하여 정보의 불완전성에 따른 독과점적인 피해를 소비자들이 받지 않게 하려 노력하고 있다. 정보시장에서도 경쟁체제로 인한 정보의 투명성 제고를 하려는 측면이다. 이는 도덕적 해이와 역 선택에 따른 불합리성을 제거하려는 노력과도 연결되어 있다.
	정보시장(information market)에서도 외부효과가 발생하게 되면 두 가지 측면에서 불합리성이 발생할 수 있다. 첫째는 독과점적인 이윤을 독과점적인 기업들이 가져갈 수 있다는 것이다. 두 번째는 완전경쟁시장 체제를 저해하여 소비자들이 이전 보다 적은 수량에 대하여 이전 보다 높은 가격을 지불하고 상품을 구매할 수 있다는 측면이다. 이는 분배의 경제학적인 측면에서도 중요하며, 경제구성원들에게 공정성과 형평성을 제고할 수 있는 것이다.

그림 2-26 정보시장과 외부효과

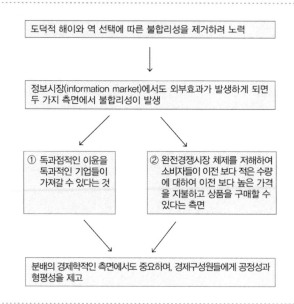

그림 2-27 정보시장에서 경쟁체제의 중요성

완전경쟁체제가 독과점적인 체제보다 소비자 측면에서 유리

↓

정부의 입장에서는 정보의 불완전성에 대하여 시정하려는 노력을 하여 정보의 불완전성에 따른 독과점적인 피해를 소비자들이 받지 않게 하려 노력

↓

정보시장에서도 경쟁체제로 인한 정보의 투명성 제고를 하려는 측면

그림 2-28 건강서비스 만족도 전국 가구소득 중 100만원 미만 및 400~500만원 미만

의료서비스 만족도: 100만원 미만
(병·의원, 13세 이상 인구)

'약간 불만족' 및 '매우 불만족' 5.5%

'매우 만족' 및 '약간 만족' 60.7%

의료서비스 만족도: 400~500만원 미만
(병·의원, 13세 이상 인구)

'약간 불만족' 및 '매우 불만족' 7.2%

'매우 만족' 및 '약간 만족' 47.1%

출처: 통계청, 사회조사, 수록기간: 2년 2008~2016)

〈그림 2−28〉의 건강서비스 만족도(병·의원, 13세 이상 인구) 전국 가구소득 중 100만원 미만 및 400~500만원 미만(사회조사, 수록기간: 2년 2008~2016)에서 매우와 약간의 만족감이 약간 불만족 및 매우 불만족에 비하여 6배에서 11배 정도 이상 높게 나타나 있다.

이는 기존의 개인정보에 대한 보호의 정책(policy) 또는 기술(technology)로는 해결할 수 없거나 힘들었던 서비스(service)의 진전이 한 번에 이루어질 수 있음을 나타내고 있는 것이다. 또한 사업에 대한 모형(model)도 확장이 가능한 해결(solution)의 방안으로 블록체인의 기반 기술이 활용될 수 있는 사례들인 것이다.

1. 정보가 불완전하다 혹은 비대칭적이라는 의미는 무엇일까?

   📝 정답

   이는 경쟁이 불완전해질 수 있고 공정한 경쟁이 저해되어 완전경쟁시장에서 독과점의 시장으로 흐를 수 있다는 것이다. 즉 소수에 의하여 시장이 지배되어 가격 혹은 임대료 등의 인상과 같은 가격변수들에서 종전보다 비싸지고 물량은 줄어들게 되어 소비자들의 피해가 예상될 수 있는 시장으로 갈 수 있다는 것이다.

2. 디지털경제학적인 측면에서는 기업들의 생산과 동시에 소비자들의 수요현상까지 동시에 고려해야 한다. 이와 관련된 시장경제체계에 대하여 설명하시오.

   📝 정답

   이는 시장경제의 가장 효율적인 수단인 가격의 메커니즘(mechanism)을 통하여 이루어지게 되는 것이다.

3. 정보의 비대칭적인 문제와 독과점 체제 등과 관련하여 정부의 해결책은 무엇일까?

   📝 정답

   정부는 이와 같은 시장의 실패 요인을 제거하여 파레토 효율적인 상태를 이끌어 내야 한다. 이는 국민들의 복지와 행복 수준을 최상으로 끌어올릴 수 있는 것이기 때문인 것이다.

4. 역 선택 및 도덕적 해이 문제가 디지털경제학에서 왜 중요한가? 예를 들어 설명하시오.

   📝 정답

   예를 들어 건강보험 가입자들 중에서 건강한 사람과 그렇지 못한 사람이 있을 경우 건강하지 못한 사람들이 건강보험에 많이 가입하고 보험회사가 이를 제대로 알지 못할 때 보험회사의 경영에 있어 좋지 않게 될 수도 있다는 것이다.

5. 지식과 기술정보에 대한 시장에서의 가격형성은 어떨까?

📋 정답

대부분의 경우 준공공재적인 성격을 갖기도 하고, 이에 따라 여기서 발생하는 수익의 공정한 배분도 당연히 어려울 수 있다. 무임승차자(free rider)를 비롯하여 역 선택 및 도덕적 해이 등으로 인하여 시장실패의 현상이 발생할 수 있다. 이것은 현대의 사회 및 경제에 있어서는 지식과 기술정보의 가치(value)가 막대할 수 있으므로 이를 소유한 산업에 있어서 이들 기업을 통한 불완전성의 경쟁, 즉 이들 기업이 완전경쟁체제에서 불완전경쟁체제로 이어질 수 있는 것이다. 따라서 이는 과점에서 독점까지 이르는 과정으로 나타날 수 있는 것이다.

6. 재정정책과 4차 산업혁명에 대하여 설명하시오.

📋 정답

1차 산업혁명 이후 4차 산업혁명에 이르기까지 국민들이 받는 실질임금은 보다 더 가파르게 성장추세를 나타내고 있다. 이는 부의 재분배와 시장경제체제 발달의 진전 등이 이루어진 것으로 국민들의 생활수준 향상에도 기여한 것으로 판단된다.

7. 4차 산업혁명 시대에 지식적인 측면과 과학적인 방법론에 대하여 설명하시오.

📋 정답

디지털경제학에 있어서 지식적인 측면과 과학적인 방법론이 연결되는 블록체인 기반의 기술과 같은 4차 산업혁명은 지식적인 측면에 있어서 가치를 증진시키는 역할을 하고 있다. 이는 사람들의 지식 창출에 대하여 단순한 축적만이 아니라 이러한 지식이 인류에게 가치가 있는 지 검증 시스템(system)을 제공하여 신뢰성을 제고시켜 주고 있다. 이는 블록체인 기반의 기술과 같은 4차 산업혁명이 완벽한 정보망을 형성하고 난 이후에는 선상성도 세세에 있어서도 효율성(efficiency) 제고 측면에서 도움을 줄 수 있다는 것이다.

8. IT기술과 지식정보 측면에서 설명하시오.

 정답

정보통신기술의 발달은 경제적인 측면 뿐 아니라 개개인들의 삶의 질도 개선시키는 중요한 역할을 하고 있다. 그리고 한 나라에서 IT기술이 발달되면 다른 나라에도 긍정적인 파급효과를 나타내고 있다. 이는 무역(trade)를 통한 지식정보 체계의 수출과 수입이 가능하기 때문이다. 따라서 병원의 경우에도 IT기술이 접목된 최신식 건강기술과 시스템이 수출되기도 하고 수입될 수도 있는 것이다.

9. 디지털경제학과 역 선택 및 도덕적 해이에 대하여 설명하시오.

정답

디지털경제학은 후생경제학(welfare economics) 그리고 유사한 학문으로 보건경제학(health economics) 분야에도 많은 업적을 쌓고 있다. 이는 역 선택과 도덕적 해이와 같은 이슈를 통하여 이용자들의 심리와 경제적인 가치관, 지식 및 정보에 대한 이해 및 연구 활동을 통하여 기여해 나가고 있는 것이다.

10. 정보가치와 효율성 및 완전경쟁체제에 대하여 설명하시오.

정답

정보가치의 생산이 4차 산업혁명 시대에 빅 데이터(big data)의 증가로 상당히 증가하고 있다. 하지만 시장이 완전경쟁체제를 갖추지 못하면 이와 같은 정보와 지식 생산 및 더 나아가 상품의 생산까지도 비효율성을 나타내게 된다. 이는 불완전한 경쟁시스템에 따라 독과점 기업들이 생산을 줄여서 가격을 높게 하고 소비자들은 비싼 가격에 적은 양의 수량만을 소비할 수밖에 없기 때문에 파레토 효율성을 나타낼 수 없는 것이다.

11. 정보가치와 사회적인 수익에 대하여 설명하시오.

📝 **정답**

정보가 가져다주는 사회적인 수익과 관련하여서는 개인에게 제공되는 수익과 다를 수 있다. 어떤 경우에는 사회적인 수익이 더 클 수도 있고, 물론 반대의 경우도 있다. 즉 따로 따로 격리되어 존재할 경우에는 발생하지 않던 사회적인 비용(social cost)이 함께 존재하므로 인하여 발생하는 경우도 있다.

이는 사회적인 수익이 사회적인 비용으로 인하여 줄어들게 되는 현상을 설명할 수 있다. 반면에 따로 따로 격리되어 존재할 경우에는 발생하지 않던 추가적인 수익이 함께 존재하므로 인하여 발생하는 경우도 있다. 이는 사회적인 수익이 더 커질 수 있음을 의미하는 것이다.

12. 파레토 비효율성과 정부의 개입 타당성에 대하여 설명하시오.

📝 **정답**

파레토 비효율성이 존재할 경우 정부는 어떻게 하여야 할까? 결국 정부의 개입(intervention)이 필요하며, 정부는 파레토 효율성이 달성되도록 국가경제를 운영하게 된다.

13. 복지와 금융 및 재정정책에 대하여 설명하시오.

📝 **정답**

무역자유화를 통하여 경쟁열위의 산업에 대한 구조조정이 이들 산업에 종사하는 사람들에 대한 복지수준을 낮출 수 있을까? 이들 산업에 대한 구조조정은 결국 이들 산업에 종사하는 사람들에 대한 소득수준을 낮추거나 실업률(unemployment rate)를 높여 복지수준의 하락을 초래할 수 있다. 이는 국가적인 거시경제체제에 있어서도 부정적인 영향을 줄 수 있다. 따라서 이 경우에는 이들 산업에 대한 부작용을 최소화하기 위한 금융 및 재정정책이 뒤따라야 한다.

14. 정보의 편리성에 대하여 설명하시오.

 정답

우선 금융에 있어서 소비자와 공급자에게 투명성 제고로 시장 메커니즘(market mechanism)
이 잘 작동되도록 도와준다. 그리고 경쟁에서 불완전성을 제거하는 데에도 도움을 줄 수 있
고 기업들에게 있어서 지배구조 투명성 및 건전성에 도움을 줄 수 있다.

15. 금융자산에 대한 정보에 대하여 설명하시오.

 정답

특정 기업이 존재할 경우 이 회사에 대한 재무적인 정보를 알기 위해서는 채권과 채무의 관
계를 파악해야 한다. 즉 부채와 자기자본의 상태 등을 알아야 한다는 의미이다. 그리고 특정
기업이 보유하고 있는 파생상품의 경우 현물에 대한 위험의 헤지(hedge) 차원에서 보유하게
되므로 이와 같은 현물로써의 주식과 채권을 포함하여 파생상품의 보유현황도 투자자들에게
는 중요하다.

16. 정보시장에서 정보대칭성의 중요성에 대하여 설명하시오.

정답

일반적인 사적재 또는 민간재의 시장과 같이 정보시장(information market)이 시장친화적
인 체제(system)를 갖추었다고 해서 효율성을 지니고 있다고 보기는 어렵다. 그 이유는 역
에 의한 선택측면(adverse selection)과 도덕적인 측면의 해이현상(moral hazard) 등이 이
시장에 여전히 존재할 수 있기 때문이다.
또한 외부불경제성(external diseconomy)와 같은 외부효과(external effect)가 이 시장에
존재하여 사회적 비용(social cost)을 발생시키고 이는 사회적으로 바람직한 생산량 수준
을 넘어서는 정보 생산이 이루어질 수 있기 때문이다.
이와 다른 예로써 2018년 하반기 한국에서는 정부와 언론에서도 많은 관심을 갖고 있는 것
처럼 허위 정보에 따른 피해사례가 발생하고 있는 만큼 올바른 정보가 잘 생성되고 전달되
는 것도 무엇보다 중요하다.

17. 디지털경제학과 정부의 역할에 대하여 설명하시오.

정답

디지털경제학에서도 경제적인 측면 이외에 정치적인 측면도 매우 중요하다. 이는 정치를 통하여 국민들이 원하는 정부가 탄생하게 되면 이와 걸맞은 정책을 통해 경제정책이 바뀌어 나갈 수 있기 때문이다.

18. 완전경쟁시장체제와 독과점시장 체제 및 정보시장에 대하여 설명하시오.

정답

완전경쟁체제가 독과점적인 체제보다 소비자 측면에서 유리함은 앞에서도 지적한 바와 같다. 따라서 정부의 입장에서는 정보의 불완전성에 대하여 시정하려는 노력을 하여 정보의 불완전성에 따른 독과점적인 피해를 소비자들이 받게 하려 노력하고 있다. 정보시장에서도 경쟁체제로 인한 정보의 투명성 제고를 하려는 측면이다. 이는 도덕적 해이와 역 선택에 따른 불합리성을 제거하려는 노력과도 연결되어 있다.

정보시장(information market)에서도 외부효과가 발생하게 되면 두 가지 측면에서 불합리성이 발생할 수 있다. 첫째는 독과점적인 이윤을 독과점적인 기업들이 가져갈 수 있다는 것이다.

두 번째는 완전경쟁시장 체제를 저해하여 소비자들이 이전 보다 적은 수량에 대하여 이전보다 높은 가격을 지불하고 상품을 구매할 수 있다는 측면이다. 이는 분배의 경제학적인 측면에서도 중요하며, 경제구성원들에게 공정성과 형평성을 제고할 수 있는 것이다.

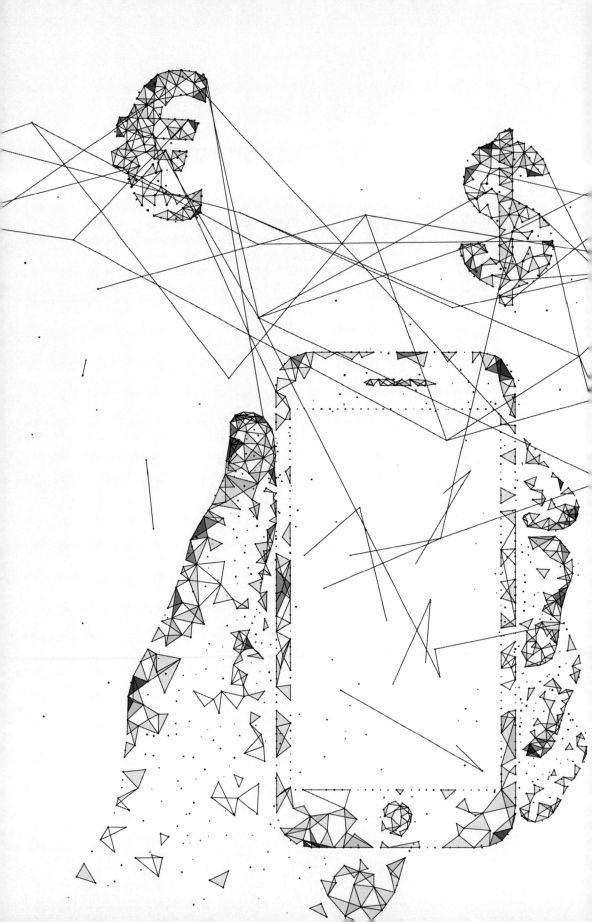

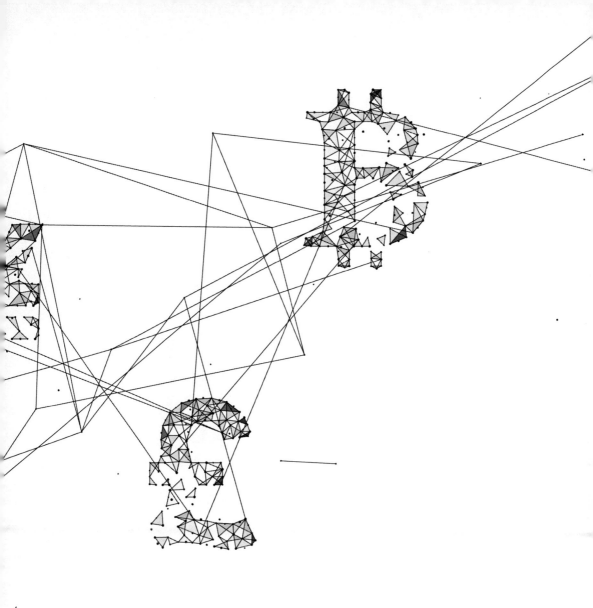

part 2

정보시장과 블록체인

chapter 03

정보시장과 데이터, 블록체인

제1절 | 정보시장의 투명성과 경쟁시스템

　기업 지배구조와 관련된 정보적인 측면에서도 정보가 불완전할 경우 주주들의 이익 극대화에 문제가 발생할 수 있다. 이는 시장의 실패문제로 연결될 수 있으며, 이와 같은 문제점으로 인하여 스튜어드십 코드(stewardship code)가 기관투자자와 관련하여 2018년 하반기에 도입되어 있는 상황이다.

　즉 기업의 운영자들이 항상 주주들의 이익향상을 위하여 노력한다고 보기 어렵기 때문에 정보의 투명성이 매우 중요한 것이다. 이는 금융과 관련하여 특히 중요한 문제인 것이다. 결론적으로 정보시장에서도 투명성과 경쟁시장의 유지가 매우 중요하다는 것이다.

	주요내용
정보시장과 시장실패	기업 지배구조와 관련된 정보적인 측면에서도 정보가 불완전할 경우 주주들의 이익 극대화에 문제가 발생할 수 있다. 이는 시장의 실패문제로 연결될 수 있으며, 이와 같은 문제점으로 인하여 스튜어드십 코드(stewardship code)가 기관투자자와 관련하여 2018년 하반기에 도입되어 있는 상황이다.
	기업의 운영자들이 항상 주주들의 이익향상을 위하여 노력한다고 보기 어렵기 때문에 정보의 투명성이 매우 중요한 것이다. 이는 금융과 관련하여 특히 중요한 문제인 것이다. 결론적으로 정보시장에서도 투명성과 경쟁시장의 유지가 매우 중요하다는 것이다.

표 3-1 정보시장과 시장실패

그림 3-1 기업 지배구조와 관련된 정보적인 측면의 관계도

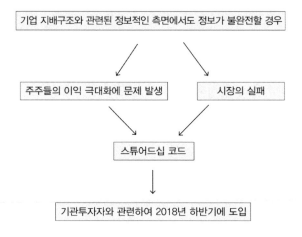

그림 3-2 정보 투명성의 중요성

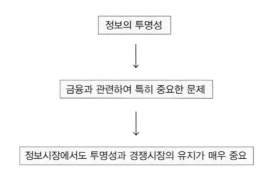

〈그림 3-3〉의 완전경쟁시장에서 독점시장으로 변화에 따른 영향에서와 같이 완전경쟁시장(perfectly competition market)에서 독점시장(monopoly) 또는 과점시장 (oligopoly market)으로 전개될 경우 생산량의 감소에 따른 가격 상승으로 독점 기업의 경우 독점적인 이윤(monopoly profit)을 취할 수 있다. 즉 독점시장에서 생산량의 감소에 따라 수요량이 b에서 a로 감소하고 이에 따라 수요곡선(demand curve)의 c 점에서 d점으로 이동하여 가격이 f수준에서 e수준으로 상승하게 되는 것이다.

그림 3-3 완전경쟁시장에서 독점시장으로 변화에 따른 영향

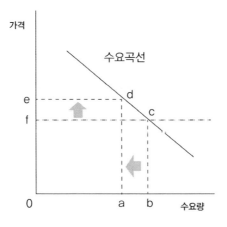

그림 3-4 정보의 투명성과 주주 이익의 관계

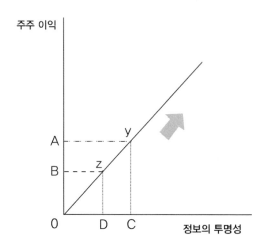

〈그림 3-4〉의 정보의 투명성과 주주 이익의 관계에서와 같이 정보가 투명해질수록(transparent) 회사의 경영이 정도로 이루어질 가능성이 크며, 경영진이 주주들의 이익증진에도 보다 기여할 수 있음이 그동안의 학계에서 제기되어 오고 있다. 즉 그림에서와 같이 정보의 투명성이 D에서 C로 제고될수록 z에서 y방향으로 이동하고 주주 이익이 B에서 A로 이동할 가능성이 높아진다는 것이다. 이와 같은 예는 금융(finance)뿐만 아니라 다른 분야에서도 적용될 가능성이 크다.

〈그림 3-5〉의 건강서비스 만족도(병·의원, 13세 이상 인구) 전국 연령×성별 중 13~19세×남자 및 65세 이상×여자(사회조사, 수록기간: 2년 2008~2016)에서 매우와 약간의 만족감이 약간 불만족 및 매우 불만족에 비하여 12배에서 15배 정도 이상 높게 나타나 있다.

의학과 생명공학 분야에 있어서 정밀기계 분야에 정통한 국내기업이 복수에 이르는 블록체인 기술에 근거를 둔 데이터(data) 공유에 따르는 특허(patent)를 획득하고 있다. 따라서 이 기업은 건강에 의한 빅(big) 데이터(data)의 유통플랫폼(platform)을 구축해 나갈 계획을 갖고 있다.

정보에 대하여 다음과 같은 몇 가지 특징을 정의할 수 있다. 첫째, 정보생산에 있어서 비용이 많이 수반된다는 점이다. 둘째, 정보제품과 관련하여 첫 번째 사본

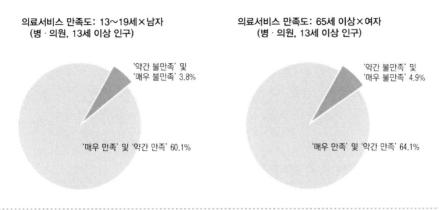

그림 3-5 건강서비스 만족도 전국 연령×성별 중 13~19세×남자 및 65세 이상×여자

의료서비스 만족도: 13~19세×남자
(병·의원, 13세 이상 인구)

'약간 불만족' 및
'매우 불만족' 3.8%

'매우 만족' 및 '약간 만족' 60.1%

의료서비스 만족도: 65세 이상×여자
(병·의원, 13세 이상 인구)

'약간 불만족' 및
'매우 불만족' 4.9%

'매우 만족' 및 '약간 만족' 64.1%

출처: 통계청, 사회조사, 수록기간: 2년 2008~2016

이 형성되면 막대한 비용이 매몰비용으로 들어가게 된다. 셋째, 이와 같이 한 번 사본이 생성되게 되면 다른 사본들은 약간의 비용으로도 생산이 가능하다. 넷째, 추가적인 복사본은 무한정하게 생산되어 나갈 수 있다.

한편 정보가치는 제품의 물리적인 특성과는 관련이 없으며 정보에 의하여 드러나는 제품에 대한 정보자체에 기인한다고 볼 수 있다. 이는 제품 생산에 따른 기능과 특성도 중요하지만 마케팅(marketing)에 근거한 제품의 효용(utility)에 대한 소개가 경영학적으로는 더 중요하다는 점이다.

정보와 관련된 제품가격에 대하여 복제품이 형성된 이후에 있어서 이 제품의 효용의 가치(value)는 이 제품에 대한 개개인들의 가치부여에 의하여 비용이 측정되고 추가적인 생산이 결정된다.

이는 현재와 같은 다품종 소량생산시대와 4차 산업혁명의 인터넷기반의 쇼핑(shopping)시대에 경제적인 가치와 생산에 대한 설명에 부합된다. 이는 정보 분야에 있어서는 결국 추가적인 혁신(innovation)적인 노력이 뒤따라야 기업체들이 지속가능한(sustainable) 생존이 가능하다는 것이다. 즉 식 (1)과 같이 경제적인 가치에 대하여 의미를 부여할 수 있다.

$$A제품의 \ 가격 \ 또는 \ 가치 = Expection(A제품의 \ 효용 \ 또는 \ 사용) \quad (1)$$

A제품의 가격 또는 가치는 A제품의 효용 또는 사용에 따른 기댓값에 의존한다
는 것이다. 이것이 A제품의 생산이 이루어지게 하는 원동력이며, 따라서 A제품
생산에 따르는 비용이 발생하게 되는 것이다.

다른 한편으로 정보의 가치는 이해 당사자의 다양한 선호도와 취향에 따라 많
은 영향을 받게 된다는 측면에서 정보관련 제품의 가격 형성에는 상당한 변화가
끊임없이 이루어질 수 있다. 따라서 건강정보의 경우에 있어서 한국과 같이 주기
적으로 만족도를 조사하는 것도 나름대로 큰 의미가 있는 것이다.[1]

표 3-2   정보가치와 디지털경제학

	주요내용
정보가치와 디지털경제학	정보에 대하여 다음과 같은 몇 가지 특징을 정의할 수 있다. 첫째, 정보생산에 있어서 비용이 많이 수반된다는 점이다. 둘째, 정보제품과 관련하여 첫 번째 사본이 형성되면 막대한 비용이 매몰비용으로 들어가게 된다. 셋째, 이와 같이 한 번 사본이 생성되게 되면 다른 사본들은 약간의 비용으로도 생산이 가능하다. 넷째, 추가적인 복사본은 무한정하게 생산되어 나갈 수 있다.
	정보가치는 제품의 물리적인 특성과는 관련이 없으며 정보에 의하여 드러나는 제품에 대한 정보자체에 기인한다고 볼 수 있다. 이는 제품 생산에 따른 기능과 특성도 중요하지만 마케팅(marketing)에 근거한 제품의 효용(utility)에 대한 소개가 경영학적으로는 더 중요하다는 점이다.
	정보와 관련된 제품가격에 대하여 복제품이 형성된 이후에 있어서 이 제품의 효용의 가치(value)는 이 제품에 대한 개개인들의 가치부여에 의하여 비용이 측정되고 추가적인 생산이 결정된다. 이는 현재와 같은 다품종 소량생산시대와 4차 산업혁명의 인터넷기반의 쇼핑(shopping)시대에 경제적인 가치와 생산에 대한 설명에 부합된다. 이는 정보 분야에 있어서는 결국 추가적인 혁신(innovation)적인 노력이 뒤따라야 기업체들의 지속가능한(sustainable) 생존이 가능하다는 것이다. 즉 식 (1)과 같이 경제적인 가치에 대하여 의미를 부여할 수 있다.
	A제품의 가격 또는 가치는 A제품의 효용 또는 사용에 따른 기댓값에 의존한다는 것이다. 이것이 A제품의 생산이 이루어지게 하는 원동력이며, 따라서 A제품 생산에 따르는 비용이 발생하게 되는 것이다.
	다른 한편으로 정보의 가치는 이해 당사자의 다양한 선호도와 취향에 따라 많은 영향을 받게 된다는 측면에서 정보관련 제품의 가격 형성에는 상당한 변화가 끊임없이 이루어질 수 있다. 따라서 건강정보의 경우에 있어서 한국과 같이 주기적으로 만족도를 조사하는 것도 나름대로 큰 의미가 있는 것이다.

---

1) Cottrell, A.(1994), "Hayek's early cycle theory re-examined". *Cambridge Journal of Economics*, vol. 18, pp. 197–212.

그림 3-6 디지털경제학의 특징

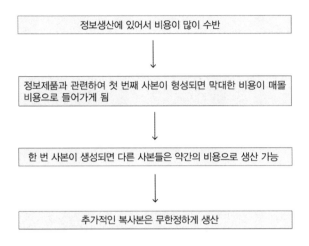

> 정보생산에 있어서 비용이 많이 수반
>
> ↓
>
> 정보제품과 관련하여 첫 번째 사본이 형성되면 막대한 비용이 매몰 비용으로 들어가게 됨
>
> ↓
>
> 한 번 사본이 생성되면 다른 사본들은 약간의 비용으로 생산 가능
>
> ↓
>
> 추가적인 복사본은 무한정하게 생산

그림 3-7 정보가치의 중요성

> 정보가치는 제품의 물리적인 특성과는 관련이 없으며 정보에 의하여 드러나는 제품에 대한 정보자체에 기안한다고 볼 수 있음
>
> ↓
>
> 제품 생산에 따른 기능과 특성도 중요하지만 마케팅(marketing)에 근거한 제품의 효용(utility)에 대한 소개가 경영학적으로는 더 중요하다는 점

그림 3-8 정보와 관련된 제품의 효용가치 체계도

> 정보와 관련된 제품가격에 대하여 복제품이 형성된 이후
>
> ↓
>
> 제품의 효용의 가치(value)는 이 제품에 대한 개개인들의 가치 부여에 의하여 비용이 측정되고 추가적인 생산이 결정

그림 3-9 정보의 가치에 대한 견해와 관련된 체계도

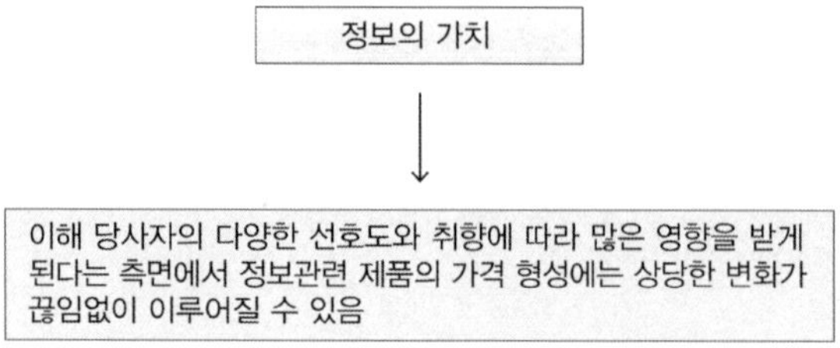

··

정보의 가치

↓

이해 당사자의 다양한 선호도와 취향에 따라 많은 영향을 받게
된다는 측면에서 정보관련 제품의 가격 형성에는 상당한 변화가
끊임없이 이루어질 수 있음

··

이와 같은 건강서비스에 대한 만족도 조사는 궁극적으로 소비자들의 건강서비스 시장에 대한 신뢰성을 제고하여 정보의 투명성에 근거한 건강서비스의 발전에 기여하는 측면이 있을 수 있다.

기술경제학에서는 일정기간 동안의 특허 보호와 이와 같은 기간의 경과에 따른 자유로운 기술의 사용에 대하여 특허권 인정이 연구되어 왔다. 이와 같이 정보와 관련된 지적재산권의 경우 엄격하게 보호되고 사회에 기여할 수 있는 부분이 구분되어 형성되고 있는 것이다.

〈그림 3 – 10〉과 〈그림 3 – 11〉에는 각각 한계적인 비용과 정보 생산의 관계 및 한계적인 편익과 정보 생산의 관계 등이 나타나 있다. 정보산업(information industry)의 경우 초기투자가 과도하게 되고 실질적으로 국민들에게 제공되는 편익은 초기에 높지 않은 것을 알 수 있다. 즉 정보산업의 경우 c점에서 처음 생산이 이루어진다고 가정할 때 한계적인 비용이 c점 부근에서 한계적인 편익에 비하여 과다하게 지출됨을 나타내고 있다. 즉 〈그림 3 – 10〉에서 한 단위의 정보생산량이 최소 c점에서 형성될 때 그 이전인 d점과 비교할 때 비용이 상당히 상승해 나가고 있음을 알 수 있다. 따라서 한계적인 비용이 a점에서 b점으로 이동하고 정보에 대한 K라는 한계적인 비용곡선을 따라 e점에서 y점으로 우상향함을 알 수 있다. M이라는 한계적인 비용곡선은 한계적인 비용과 정보생산 이외에 다른 외부효과(external effect)가 발생할 때 상향 이동할 수 있는 곡선을 의미한다. 〈그림 3 – 11〉에서는 c점이라는 같은 한 단위의 정보생산에서 한계적인 편익이 낮은 곡선을 상정해 볼 수 있음을 예시로 나타낸 것이다.

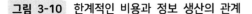

그림 3-10 한계적인 비용과 정보 생산의 관계

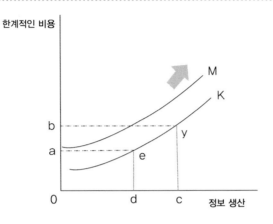

그림 3-11 한계적인 편익 및 정보 생산의 관계

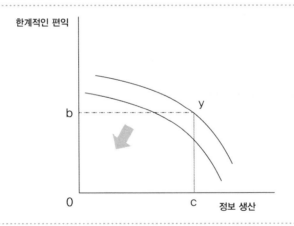

〈그림 3-12〉에서는 초기투자가 과다한 정보 생산량과 비용의 관계를 나타낸 것이다. 초기투자에서 정보의 경우 B의 C, D라는 산업에 비하여 초기투자가 가장 많이 발생할 수 있는 A라는 곡선의 형태를 상정해 볼 수 있다.

그림 3-12 초기투자가 과다한 정보 생산량과 비용의 관계

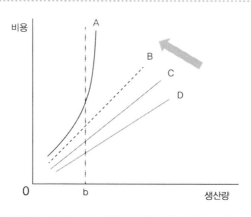

〈그림 3−13〉에서는 정보제품에 있어서 추가적인 사본들의 비용체감적인 증가를 나타낸 것이다. 즉 정보산업의 제품 특징이 추가적인 사본들의 비용체감적인 증가를 나타낼 수 있다.

〈그림 3−13〉에서와 같이 첫 단계와 두 번째 단계에서는 가파른 상승세를 보인 후 세 번째 이후 단계에서는 완만하게 증가하는 모습을 상정해 볼 수 있는 것이다. 이는 전통적인 다른 산업들과 다른 패턴(pattern)을 나타낼 수 있다는 의미이다.

그림 3-13 정보제품에 있어서 추가적인 사본들의 비용체감적인 증가

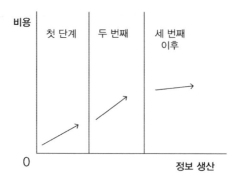

그림 3-14 건강서비스 만족도 전국 장애인복지카드 소유여부 중 '장애인 복지카드 있음' 및 '장애인 복지카드 없음'

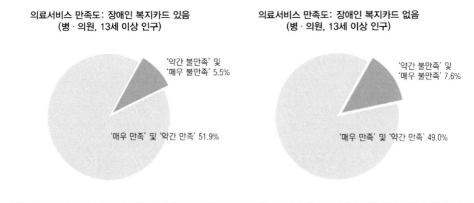

의료서비스 만족도: 장애인 복지카드 있음
(병·의원, 13세 이상 인구)

'약간 불만족' 및
'매우 불만족' 5.5%

'매우 만족' 및 '약간 만족' 51.9%

의료서비스 만족도: 장애인 복지카드 없음
(병·의원, 13세 이상 인구)

'약간 불만족' 및
'매우 불만족' 7.6%

'매우 만족' 및 '약간 만족' 49.0%

출처: 통계청, 사회조사, 수록기간: 2년 2008~2016

〈그림 3-14〉의 건강서비스 만족도(병·의원, 13세 이상 인구) 전국 장애인복지카드 소유여부 중 장애인 복지카드 있음 및 장애인 복지카드 없음(사회조사, 수록기간: 2년 2008~2016)에서 매우 만족 및 약간 만족이 약간 불만족 및 매우 불만족에 비하여 6배에서 8배 정도 이상 높게 나타나 있다.

한편 앞서 소개한 블록체인 관련 기업은 복수에 해당하는 블록체인 기반의 기술을 통하여 생명정보의 데이터제공에 대한 방법과 저장, 전송기술과 관련된 것이다.

정보와 관련된 제품의 소비와 생산은 외부적인 효과에 상당히 의존하고 있다. 정보와 관련된 제품에 대하여 수많은 정보들은 국민들의 편의에 긍정의 효과를 제공해 주고 있다. 이메일에 관련된 서비스를 생각하면 쉽게 이해할 수 있다. 이를 정보산업에 있어서의 '관계와 관련된 외부효과'라고 한다.[2]

정보산업에 관련된 제품의 사용의 경우 수많은 사람들의 기초와 취향에 따른 외부적인 영향을 많이 받게 된다. 즉 다른 사람들의 구매에 따른 효과에 대한 기술과 언급 등에 의하여 많은 영향을 받게 되는 것이다. 이는 직접적으로 혹은 간

---

2) Gibbs, W. W.(1994), "Software's chronic crisis". Scientific American, vol. 271, pp. 86-95.

접적으로 관계에 따른 외부효과에 직면하게 되는데, 소프트웨어산업을 비롯한 모바일운영과 관련된 산업(industry) 등에 대한 다양성의 분야들에 있어서 응용 및 적용성이다. 인터넷을 기반으로 하는 사업모형은 이와 같이 다양한 플랫폼에서 형성되고 있다.

표 3-3	정보와 외부효과
	주요내용
정보와 외부효과	정보와 관련된 제품의 소비와 생산은 외부적인 효과에 상당히 의존하고 있다. 정보와 관련된 제품에 대하여 수많은 정보들은 국민들의 편의에 긍정의 효과를 제공해 주고 있다. 이메일에 관련된 서비스를 생각하면 쉽게 이해할 수 있다. 이를 정보산업에 있어서의 '관계와 관련된 외부효과'라고 한다.
	정보산업에 관련된 제품의 사용의 경우 수많은 사람들의 기호와 취향에 따른 외부적인 영향을 많이 받게 된다. 즉 다른 사람들의 구매에 따른 효과에 대한 기술과 언급 등에 의하여 많은 영향을 받게 되는 것이다. 이는 직접적으로 혹은 간접적으로 관계에 따른 외부효과에 직면하게 되는데, 소프트웨어산업을 비롯한 모바일운영과 관련된 산업(industry) 등에 대한 다양성의 분야들에 있어서 응용 및 적용성이다. 인터넷을 기반으로 하는 사업모형은 이와 같이 다양한 플랫폼에서 형성되고 있다.
	이와 같이 다방면에 걸친 소비자 유형의 인터넷 기반 사용과 효용에 의하여 좌우되는 효과가 관계에 따른 외부효과에서 상당히 주요한 영향력을 형성하게 되는 것이다.

| 그림 3-15 | 정보와 관계에 따른 외부효과의 파급경로 |

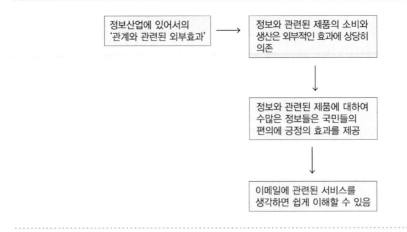

그림 3-16 정보산업에 관련된 제품의 사용과 외부효과의 관계

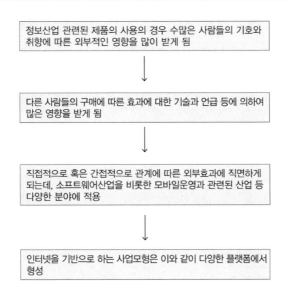

이와 같이 다방면에 걸친 소비자 유형의 인터넷 기반 사용과 효용에 의하여 좌우되는 효과가 관계에 따른 외부효과에서 상당히 주요한 영향력을 형성하게 되는 것이다.

관계에 따른 외부효과가 긍정적일 때 시장의 규모는 폭발적으로 성장한 후 서서히 정체국면을 맞이하게 된다. 이는 사람들 간의 관계성과 인터넷 활용의 증가 속도와 같이 비례하여 상승하는 것이다. 여기에 직접 및 간접적으로 관련된 것이 인터넷과 이메일 서비스를 비롯한 통신시설이 주요한 역할을 담당하게 된다.

이는 결국 규모경제효과에 연결되어 기업들은 급성장하게 될 수 있다. 이는 장기평균비용이 하락하여 최저점에서 생산이 이루어짐을 의미한다. 이러한 시장에서는 정보의 보급이 증가할수록 사용자들이 더욱 많은 편익을 제공받을 수 있게 된다. 한편 사람들의 정보와 관련된 제품의 사용과 관련 피드백이 긍정적일 경우 더욱더 강한 효과를 발휘하고 부정적일 때에는 제품 사용에 대하여 약한 결과를 초래하게 된다.

왜 이와 같은 경향이 나타날까? 이는 정보가치 뿐만 아니라 불확실성 때문이

다. 즉 정보가치는 제품의 사용에 따른 만족감에 따른 것이다. 그 결과로써 정보에서 얻은 제품에 대한 사용에 의하여 확인이 가능한 것이다. 또한·이와 같이 퍼져나가는 정보의 비용은 상당히 낮은 수준에 있다. 이는 이메일 서비스와 전화 등을 통하여 순식간에 걸쳐 전파되어 나갈 수 있기 때문이다. 따라서 이와 같은 정보와 관련하여서는 무임승차적인 문제점에 직면하게 된다. 즉 추가적인 사용자들이 아무런 노력이나 대가를 제공하지 않고서도 공공적인 서비스와 재화를 손쉽게 이용하게 될 수도 있다는 점이다.

이와 같은 공공재화적인 성격은 시장실패적인 요인으로 귀결될 수 있어서 정부에서도 주의를 기울여 나가야 한다. 이는 적정한 양만큼의 공공재화가 사회에서 생산되지 않을 수도 있는 위험(risk)를 내포하고 있기 때문이다.

표 3-4 **정보와 관계에 따른 외부효과**

	주요내용
정보와 관계에 따른 외부효과	관계에 따른 외부효과가 긍정적일 때 시장의 규모는 폭발적으로 성장한 후 서서히 정체국면을 맞이하게 된다. 이는 사람들 간의 관계성과 인터넷 활용의 증가속도와 같이 비례하여 상승하는 것이다. 여기에 직접 및 간접적으로 관련된 것이 인터넷과 이메일 서비스를 비롯한 통신시설이 주요한 역할을 담당하게 된다.
	이는 결국 규모경제효과에 연결되어 기업들은 급성장하게 될 수 있다. 이는 장기평균비용이 하락하여 최저점에서 생산이 이루어짐을 의미한다. 이러한 시장에서는 정보의 보급이 증가할수록 사용자들이 더욱 많은 편익을 제공받을 수 있게 된다. 이와 같은 관계에 따른 외부효과는 사람들의 정보와 관련된 제품의 사용과 관련 피드백이 긍정적일 경우 더욱더 강한 효과를 발휘하고 부정적일 때에는 제품 사용에 대하여 약한 결과를 초래하게 된다는 것이다.
	왜 이와 같은 경향이 나타날까? 이는 정보가치 뿐만 아니라 불확실성 때문이다. 즉 정보가치는 제품의 사용에 따른 만족감에 따른 것이다. 그 결과로써 정보에서 얻은 제품에 대한 사용에 의하여 확인이 가능한 것이다. 또한 이와 같이 퍼져나가는 정보의 비용은 상당히 낮은 수준에 있다. 이는 이메일 서비스와 전화 등을 통하여 순식간에 걸쳐 전파되어 나갈 수 있기 때문이다. 따라서 이와 같은 정보와 관련하여서는 무임승차적인 문제점에 직면하게 된다. 즉 추가적인 사용자들이 아무런 노력이나 대가를 제공하지 않고서도 공공적인 서비스와 재화를 손쉽게 이용하게 될 수도 있다는 점이다.

그림 3-17 정보효과의 정의

다방면에 걸친 소비자 유형의 인터넷 기반 사용과 효용에 의하여
좌우되는 효과가 관계에 따른 외부효과에서 상당히 주요한 영향력을
형성하게 되는 것임

↓

관계에 따른 외부효과가 긍정적일 때 시장의 규모는 폭발적으로
성장한 후 서서히 정체국면을 맞이하게 됨

↓

사람들 간의 관계성과 인터넷 활용의 증가속도와 같이 비례하여
상승하는 것임

↓

여기에 직접 및 간접적으로 관련된 것이 인터넷과 이메일 서비스를
비롯한 통신시설이 주요한 역할을 담당하게 됨

그림 3-18 관계에 따른 외부효과의 정의

규모경제효과에 연결되어 기업들은 급성장하게 될 수 있음

↓

장기평균비용이 하락하여 최저점에서 생산이 이루어짐을 의미

↓

시장에서는 정보의 보급이 증가할수록 사용자들이 더욱 많은
편익을 제공받을 수 있게 됨

↓

사람들의 정보와 관련된 제품의 사용과 관련 피드백이 긍정적일
경우 더욱더 강한 효과를 발휘하고 부정적일 때에는 제품 사용에
대하여 약한 결과를 초래하게 됨

그림 3-19 정보가치와 비용

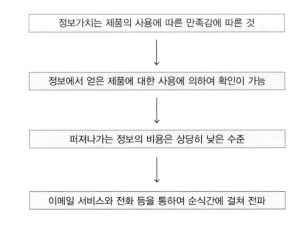

```
┌─────────────────────────────────────────────┐
│      정보가치는 제품의 사용에 따른 만족감에 따른 것       │
└─────────────────────────────────────────────┘
                        ↓
┌─────────────────────────────────────────────┐
│    정보에서 얻은 제품에 대한 사용에 의하여 확인이 가능     │
└─────────────────────────────────────────────┘
                        ↓
┌─────────────────────────────────────────────┐
│       퍼져나가는 정보의 비용은 상당히 낮은 수준         │
└─────────────────────────────────────────────┘
                        ↓
┌─────────────────────────────────────────────┐
│   이메일 서비스와 전화 등을 통하여 순식간에 걸쳐 전파     │
└─────────────────────────────────────────────┘
```

그림 3-20 정보 활용에 따른 무임승차적인 문제점

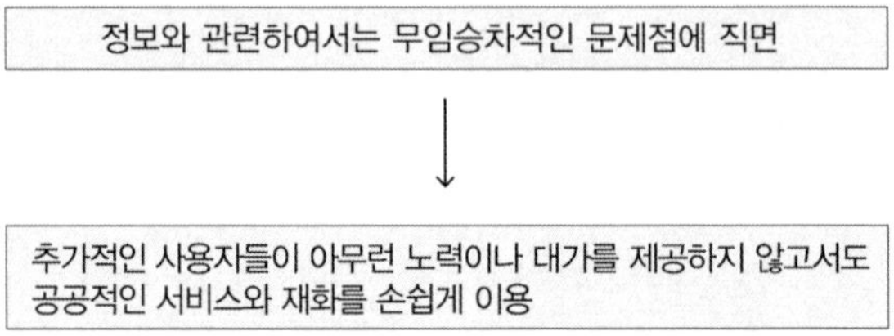

```
┌─────────────────────────────────────────────┐
│     정보와 관련하여서는 무임승차적인 문제점에 직면        │
└─────────────────────────────────────────────┘
                        ↓
┌─────────────────────────────────────────────┐
│  추가적인 사용자들이 아무런 노력이나 대가를 제공하지 않고서도 │
│       공공적인 서비스와 재화를 손쉽게 이용            │
└─────────────────────────────────────────────┘
```

　한편 4차 산업혁명 시대에는 영화와 건강서비스 등과 같은 모든 산업의 전 분야에 걸쳐서 이른바 '입소문 마케팅'이 매우 중요한 것으로 평가받고 있다. 이는 대중에게 널리 알려지는 '인터넷 마케팅'도 중요하지만 직접적으로 소비자들이 신뢰하는 구매자들을 통한 후기 또는 직접 이용에 따른 구두로서의 의사전달(communication)이 보다 큰 위력을 발휘하고 있기 때문이다.

　〈그림 3-21〉에는 지불비용과 관계에 의한 형성의 크기가 나타나 있다. 이는 관계에 의한 형성의 크기가 커지는 초기에 더욱 효과가 증폭되어 긍정적인 반응(response)의 경우 가속적인 속도로 수요가 증대되면서 공급이 더욱더 증대될 수 있음을 나타내고 있다. 반면에 부정적인 반응이 나타날 경우에는 수요의 효과가 약해지면서 생산에서도 약한 반응이 비례적으로 나타난다는 것을 의미한다.

그림 3-21 지불비용과 관계에 의한 형성의 크기

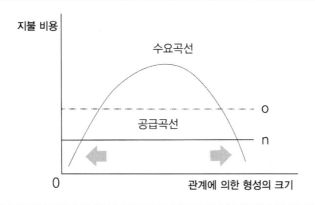

〈그림 3 – 22〉에는 장기평균비용의 하락과 규모경제가 나타나는 경우가 나타나 있다. 장기평균비용곡선이 두 개가 있는데, 각각 M선과 K선의 경우 생산량(Q) 이 Z와 Y, X로 증가해감에 따라 각각 S와 T, U, V로 이동하면서 감소의 폭이 완만해짐을 알 수 있다. 세로축의 비용(C)도 이에 따라 감소의 폭이 완만해짐을 나타내고 있다. 그리고 생산량(Q)이 X점을 지나면서는 규모의 경제 효과(effect)가 나타나면서 최저점(lowest point)에서 생산이 이루어질 수 있음을 의미한다.

그림 3-22 장기평균비용의 하락과 규모경제가 나타나는 경우

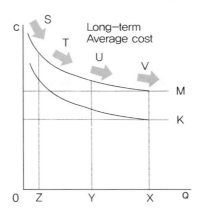

정보에 따른 초기 인터넷의 활용 속도와 긍정적인 효과

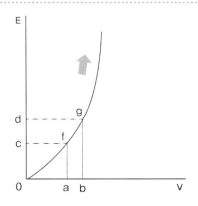

〈그림 3−23〉에는 정보에 따른 초기 인터넷의 활용 속도와 긍정적인 효과(E) 가 나타나 있다. 즉 인터넷의 활용 속도(V)에서 a점에서 b점으로 증가해갈수록 긍정적인 전파의 효과가 c점에서 d점으로 이동하는 것을 의미한다. 이는 원점(0) 을 지나는 선에서는 f점에서 g점으로의 이동을 나타낸다.

〈그림 3−24〉의 건강서비스 만족도(약국 및 한약국 포함, 13세 이상 인구) 전국 전 체 계(사회조사, 수록기간: 2년 2008~2016)에서 매우와 약간의 만족감이 약간 불만족 및 매우 불만족에 비하여 7.5배 높게 나타나 있다.

그림 3-24 건강서비스 만족 전국 전체 계

의료서비스 만족도(약국 및 한약국 포함, 13세 이상 인구) 전체

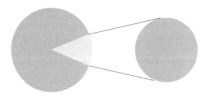

'매우 만족' 및 '약간 만족'　　　'약간 불만족' 및 '매우 불만족'
33.0%　　　　　　　　　　4.4%

출처: 통계청, 사회조사, 수록기간: 2년 2008~2016

한편 건강정보와 관련해 앞서 언급한 기업의 경우 특허(patent)는 여러 블록체인 기반의 기술을 통하여 유전체(genome) 데이터(data)들을 생성하고 저장 및 전송 방법들과 관련되어 있다.

제2절 │ 정보 데이터와 블록체인 기술 적용

데이터의 기록이 지속적인 증가 추세를 보이고 있으며 거래와 관련된 이력에 대하여 안전성을 높게 유지시키도록 하게 하는 기술과 관련 디지털의 원장과 관련 블록체인의 기술이 건강서비스분야에서 잠재적인 변화를 가져올 것으로 예상되고 있다.

이와 같은 블록체인 기반의 기술은 건강에 대한 수익과 비용과 관련된 편익비용분석 및 건강과 관련된 데이터의 관리 등에서 신속성과 상호적인 운용 그리고 공급망관리의 효과에 대한 검사체계에서 강점을 지니고 있다. 또한 블록체인 기반의 기술은 빅데이터에 대한 유지비용을 줄일 수 있으며 동시에 데이터에 대한 정확성 및 보안성을 강화시켜줄 수 있다.

표 3-5 블록체인 기반의 기술의 강점

	주요내용
를복제인 기반의 기술의 강점	데이터의 기록이 지속적인 증가 추세를 보이고 있으며 거래와 관련된 이력에 대하여 안전성을 높게 유지시키도록 하게 하는 기술과 관련 디지털의 원장과 관련 블록체인의 기술이 건강서비스분야에서 잠재적인 변화를 가져올 것으로 예상되고 있다.
	블록체인 기반의 기술은 건강에 대한 수익과 비용과 관련된 편익비용분석 및 건강과 관련된 데이터의 관리 등에서 신속성과 상호적인 운용 그리고 공급망관리의 효과에 대한 검사체계에서 강점을 지니고 있다. 또한 블록체인 기반의 기술은 빅데이터에 대한 유지비용을 줄일 수 있으며 동시에 데이터에 대한 정확성 및 보안성을 강화시켜줄 수 있다.

그림 3-25 블록체인의 기술과 건강서비스분야의 관계도

데이터의 기록이 지속적인 증가 추세

↓

거래와 관련된 이력에 대하여 안전성을 높게 유지시키도록 하게 하는 기술과 관련 디지털의 원장과 관련 블록체인의 기술이 의료서비스 분야에서 잠재적인 변화를 가져올 것으로 예상

그림 3-26 블록체인 기반의 기술의 강점 관련 관계도

블록체인 기반의 기술은 건강에 대한 수익과 비용과 관련된 편익비용분석 및 건강과 관련된 데이터의 관리 등에서 신속성과 상호적인 운용 그리고 공급망관리의 효과에 대한 검사체계에서 지님

↓

블록체인 기반의 기술은 빅데이터에 대한 유지비용을 줄일 수 있으며 동시에 데이터에 대한 정확성 및 보안성을 강화시켜줄 수 있음

블록체인 기반의 기술이 건강서비스 발달에 영향을 줄 부문은 다섯 가지로 요약할 수 있다. 첫째, 시계열적인 의무 기록에 있어서 환자들에 대한 기록에 대하여 안전성과 연결성 및 접근가능성을 향상시킬 수 있다. 둘째, 자동적인 건강보험에 대한 청구가 가능한 스마트한 계약시스템을 사용할 수 있다. 셋째, 환자와 상호적인 운용시스템으로 환자가 보다 쉽게 의무 기록에 접근하고 효율적이며 안전하게 데이터에 접근해 나갈 수 있다. 넷째, 건강분야에 대한 시약부터 건강기기에 이르기까지 구매단계에서부터 환자에게 적용되는 전 구간에 걸쳐서 IT기술을 통하여 관리가 효율적으로 잘 이루어져서 비용절감 효과까지 이룰 수 있다. 이와 같은 블록체인 기반의 기술을 적용하면 건강서비스와 병행하여 금융서비스가 동반하여 발전해 나갈 수 있다. 앞서 다른 나라의 사례에서와 같이 의무기록과 병행하여 보험서비스가 발전해 나가는 것도 동일한 맥락으로 이해할 수 있다.

표 3-6	블록체인 기반의 기술과 건강서비스
	주요내용
블록체인 기반의 기술과 건강서비스	블록체인 기반의 기술이 건강서비스 발달에 영향을 줄 부문은 다섯 가지로 요약할 수 있다. 첫째, 시계열적인 의무 기록에 있어서 환자들에 대한 기록에 대하여 안전성과 연결성 및 접근가능성을 향상시킬 수 있다. 둘째, 자동적인 건강보험에 대한 청구가 가능한 스마트한 계약시스템을 사용할 수 있다. 셋째, 환자와 상호적인 운용시스템으로 환자가 보다 쉽게 의무 기록에 접근하고 효율적이며 안전하게 데이터에 접근해 나갈 수 있다. 넷째, 건강분야에 대한 시약부터 건강기기에 이르기까지 구매단계에서부터 환자에게 적용되는 전 구간에 걸쳐서 IT기술을 통하여 관리가 효율적으로 잘 이루어져서 비용절감 효과까지 이룰 수 있다. 이와 같은 블록체인 기반의 기술을 적용하면 건강서비스와 병행하여 금융서비스가 동반하여 발전해 나갈 수 있다. 앞서 다른 나라의 사례에서와 같이 의무기록과 병행하여 보험서비스가 발전해 나가는 것도 동일한 맥락으로 이해할 수 있다.

그림 3-27 블록체인 기반의 기술이 건강서비스에 발전을 가져올 수 있는 요인의 체계

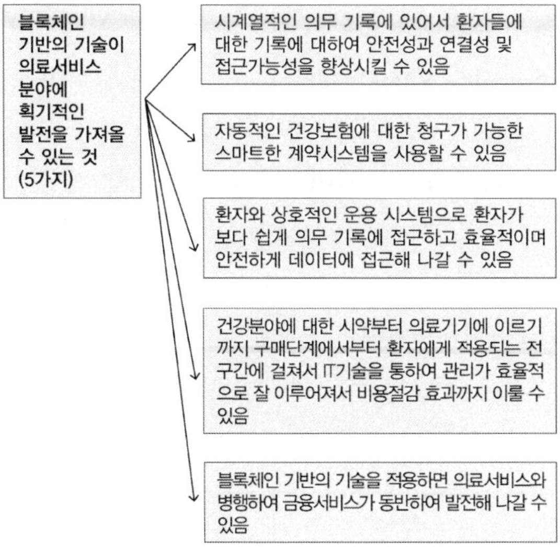

그림 3-28 블록체인 기반의 기술과 빅데이터에 대한 유지비용의 관계

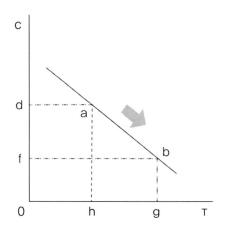

〈그림 3–28〉에는 블록체인 기반의 기술과 빅데이터에 대한 유지비용의 관계가 나타나 있다. 블록체인 기반의 기술 확장은 T로 가로축이며, 빅데이터에 대한 유지비용은 세로축의 C로 표기되어 있다.

여기서 곡선상의 a점에서 b점으로 이동함에 따라 블록체인 기반의 기술은 h점에서 g점 만큼 확장성을 가짐을 나타내고 있다. 이에 따라 빅데이터에 대한 유지비용은 d점에서 f점으로 낮아짐을 알 수 있다.

〈그림 3–29〉에는 블록체인 기반의 기술과 데이터에 대한 정확성 및 보안성의 관계가 나타나 있다. 즉 블록체인 기반의 기술(Z)은 데이터에 대한 정확성 및 보안성(S)을 강화시켜줄 수 있음을 알 수 있다. 이는 M과 N이라는 곡선의 형태에서 알 수 있는데, M선에서 t점에서 w점으로 블록체인 기반의 기술이 발전할수록, 즉 a점에서 b점으로 이동할수록 데이터에 대한 정확성 및 보안성은 c점에서 d점으로 강화됨을 알 수 있다.

그림 3-29 블록체인 기반의 기술과 데이터에 대한 정확성 및 보안성의 관계

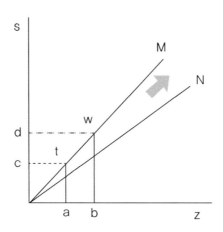

〈그림 3-30〉의 건강서비스 만족도(약국 및 한약국 포함, 13세 이상 인구) 전국 동·읍면부 중 동부(사회조사, 수록기간: 2년 2008~2016)에서 매우 만족 및 약간 만족이 약간 불만족 및 매우 불만족에 비하여 7.7배 높게 나타나 있다.

그림 3-30 건강서비스 만족도 전국 동·읍면부 중 동부

의료서비스 만족도(약국 및 한약국 포함, 13세 이상 인구) 동부

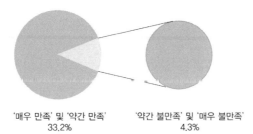

'매우 만족' 및 '약간 만족'
33.2%

'약간 불만족' 및 '매우 불만족'
4.3%

출처: 통계청, 사회조사, 수록기간: 2년 2008~2016

한편 건강정보와 관련하여 한국의 유관 업체에서 유전체에 대한 데이터(data)를 해킹(hacking)이나 위조 또는 변조에 대해 안정성을 유지하고 용량의 증가 및 자료에 대한 유통측면에서 확대시킬 수 있는 플랫폼의 구축과 관련된 기술이 발전하고 있다.

chapter 04

블록체인의 확대와 건강관리 정보

제1절 ┃ 블록체인의 확대와 활용

블록체인이 무엇인가? 이는 전자의 형식을 갖춘 전자금융에 의하여 보편적으로 활용되고 있는 지원적인 측면에서의 집과 같은 존재이다. 이와 같은 통화체계를 갖춘 블록체인이 확대되면서 건강관리 분야의 의사와 관련 종사자들에게 있어서도 관심이 증대되고 있다.

이는 의사와 전문가들 집단에서 공동의 작업이 가능한 측면과 이를 도와주는, 새롭게 응용되고 있는 프로그램의 인터페이스에 있어서의 서비스 운영의 서비스 체계의 프로세스로 진화해 나가고 있다. 이와 같은 과정은 비용 절감과 판매자 및 구매자 간에 있어서 신뢰성 제고 그리고 자료에 대한 공유측면에 도움을 주고 있다.

표 4-1   블록체인의 확대와 건강전문가의 활용 증대

	주요내용
블록체인의 확대와 건강전문가의 활용 증대	블록체인이 무엇인가? 이는 전자의 형식을 갖춘 전자금융에 의하여 보편적으로 활용되고 있는 지원적인 측면에서의 집과 같은 존재이다. 이와 같은 통화체계를 갖춘 블록체인이 확대되면서 건강관리 분야 의사와 관련 종사자들에게 있어서도 관심이 증대되고 있다.
	이는 의사와 전문가들 집단에서 공동의 작업이 가능한 측면과 이를 도와주는, 새롭게 응용되고 있는 프로그램의 인터페이스에 있어서의 서비스 운영의 서비스 체계의 프로세스로 진화해 나가고 있다. 이와 같은 과정은 비용 절감과 판매자 및 구매자 간에 있어서 신뢰성 제고 그리고 자료에 대한 공유측면에 도움을 주고 있다.

그림 4-1   블록체인의 확대와 건강전문가의 활용 증대의 관계

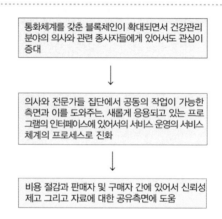

블록체인에 대하여 잘 알려진 바와 같이 규제와 감사의 관점을 통하여 살펴보면 각각의 항목들은 분산된 원장을 통하여 추가될 수 있는 반면에 삭제는 불가능하다는 점이다. 즉 P2P방식으로 블록체인을 통하여 공유하는 수많은 정보들에 대하여 감사 및 추적이 가능하게 되는 이른바 디지털 지문 기능이 있다는 것이다. 따라서 원장의 정보는 빠른 속도로 전파되어 나갈 수 있고 신뢰가 가능한 거래 클라우드 시스템을 만들어내서 자료에 대한 손실방지를 도모할 수 있다. 이는 하나의 곳에 모든 정보가 몰렸을 경우에 발생할 수 있는 장애의 위험 요인을 제거할 수 있으며, 거래에 있어서 서로의 자료에 대한 일방향의 불균형적인 요소를 제거해 나갈 수 있는 것이다.

표 4-2 블록체인의 장점 및 활용가능성 증대

	주요내용
블록체인의 장점 및 활용가능성 증대	블록체인에 대하여 잘 알려진 바와 같이 규제와 감사의 관점을 통하여 살펴보면 각각의 항목들은 분산된 원장을 통하여 추가될 수 있는 반면에 삭제는 불가능하다는 점이다. 즉 P2P방식으로 블록체인을 통하여 공유하는 수많은 정보들에 대하여는 감사 및 추적이 가능하게 되는 이른바 디지털 지문 기능이 있다는 것이다. 따라서 원장의 정보는 빠른 속도로 전파되어 나갈 수 있고 신뢰가 가능한 거래 클라우드 시스템을 만들어내서 자료에 대한 손실방지를 도모할 수 있다. 이는 하나의 곳에 모든 정보가 몰렸을 경우에 발생할 수 있는 장애의 위험 요인을 제거할 수 있으며, 거래에 있어서 서로의 자료에 대한 일방향의 불균형적인 요소를 제거해 나갈 수 있는 것이다.
	보안의 측면에서 암호화 기능은 복잡한 과정을 거쳐 자료 보호를 단행할 수 있다. 즉 사용자가 프로토콜 및 비공개와 공개에 의하여 상대방 간의 지정하는 형태로의 합의점을 통하여 투명성과 관련된 요구사항 및 개개인들의 정보에 대한 보호기능을 갖출 수 있다. 즉 자료의 요소적인 수준부터 정보보호가 가능하다는 것이다. 또한 접근이 가능한 전문가는 프로토콜 정의에 따른 적합한 권한사용이 가능하며 자료에 대한 접근이 가능하게 되는 것이다.

그림 4-2 블록체인의 장점 및 활용가능성 증대의 영향 (1)

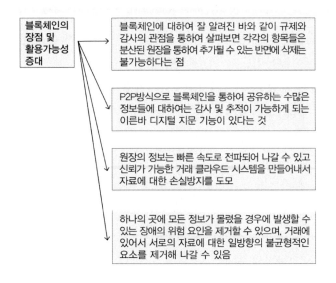

그림 4-3 블록체인의 장점 및 활용가능성 증대의 영향 (2)

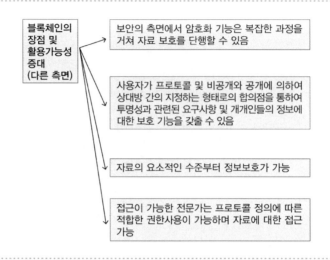

보안의 측면에서 암호화 기능은 복잡한 과정을 거쳐 자료 보호를 단행할 수 있다. 즉 사용자가 프로토콜 및 비공개와 공개에 의하여 상대방 간의 지정하는 형태로의 합의점을 통하여 투명성과 관련된 요구사항 및 개개인들의 정보에 대한 보호기능을 갖출 수 있다. 즉 자료의 요소적인 수준부터 정보보호가 가능하다는 것이다. 또한 접근이 가능한 전문가는 프로토콜 정의에 따른 적합한 권한사용이 가능하며 자료에 대한 접근이 가능하게 되는 것이다.

〈그림 4-4〉에는 블록체인 기반의 기술 확대와 의사 및 건강전문가의 관심도 증대가 나타나 있다. 통화체계를 갖춘 블록체인 기반의 기술이 그림 가로의 m축 방향으로 확대되면서 건강관리 분야의 의사와 관련 종사자들에게 있어서 관심이 h축 방향으로 증대되고 있다.

즉 k점의 z에서 p점의 y로의 블록체인 기반의 기술이 확대되면서 의사 및 건강전문가들의 관심도도 a에서 b로 증대될 수 있는 것이다. 이와 같은 블록체인 기반의 기술 확대가 급격하게 증대될수록 S선에서 S'선 및 S''선으로 가파르게 의사 및 건강전문가의 관심도 증대로 나타날 수도 있다.

그림 4-4 블록체인의 확대와 의사 및 건강전문가의 관심도 증대

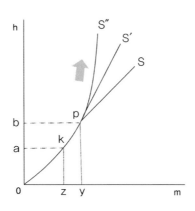

〈그림 4-5〉에는 블록체인의 확대와 비용 절감 가능성이 나타나 있다. 블록체인 기반의 기술이 확대될수록 가로축의 a방향으로 이동하고, 이에 따라 세로축의 b방향으로 비용 절감효과가 나타날 수 있다.

즉 T'선을 따라 블록체인 기반의 기술이 e점에서 f점으로 확대될수록 비용은 h점에서 g점으로 줄어들 수 있다는 것이다. 이는 T'선을 따라 c점에서 d점으로

그림 4-5 블록체인의 확대와 비용 절감 가능성 관계도

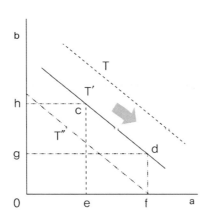

그림 4-6　건강서비스 만족도 전국 성별 중 남자

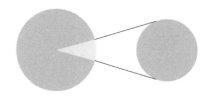

의료서비스 만족도(약국 및 한약국 포함, 13세 이상 인구) 남자

'매우 만족' 및 '약간 만족'
31.1%

'약간 불만족' 및 '매우 불만족'
5.6%

출처: 통계청, 사회조사, 수록기간: 2년 2008~2016

이동할 때 발생하는 것이다. 또한 T선과 T''선 모두에서도 이와 같은 현상이 발생할 수 있다.

〈그림 4-6〉의 건강서비스 만족도(약국 및 한약국 포함, 13세 이상 인구) 전국 성별 중 남자(사회조사, 수록기간: 2년 2008~2016)에서 매우와 약간의 만족감이 약간 불만족 및 매우 불만족에 비하여 5.6배 높게 나타나 있다.

한국에서도 유전체 및 건강의 정보활동과 관련된 특허(patent)와 관련하여 여러 종류에 해당하는 데이터(data)를 활용하며 거래하는 공유의 방법들에 대한 기술이 이미 기업 단위에서 확보되어 있다. 이는 블록체인의 플랫폼을 통하여 가상화폐(virtual currency)로 이용하여 데이터를 공유하고 거래할 수 있도록 하는 것이다.

미국을 포함하여 호주와 네덜란드, 유럽연합의 공급체인이 자체적인 건강관리를 위한 블록체인 기반의 기술을 통한 여러 프로그램 개발에 속도를 내고 있다. 여기에는 컨설팅회사를 포함하고 이와 연관된 회사들이 블록체인의 개발을 위하여 블록체인의 기술자와 분석가들을 채용해 나가고 있는 것도 하나의 일환이다.

향후 생명과학 뿐 아니라 건강관리 분야가 앞으로 블록체인에서 가장 유망한 분야가 될 것으로 미국을 중심으로 여러 국가들에서 전망하고 있다. 이와 같은 생명과학 및 건강관리에 응용되는 블록체인 기술에는 상대방과의 운용체계 공유에 근거한 건강관리가 중요한데 2017년 이후 꾸준히 이와 같은 기술에 대한 솔루션 제공이 이루지고 있다. 이와 같은 블록체인에서 적합한 소프트웨어를 통하여 공개(public) 블록체인의 거래를 살펴볼 수 있는 장점을 지니고 있다.

표 4-3 블록체인을 통한 생명과학 및 건강관리

	주요내용
블록체인을 통한 생명과학 및 건강관리	미국을 포함하여 호주와 네덜란드. 유럽연합의 공급체인이 자체적인 건강관리를 위한 블록체인 기반의 기술을 통한 여러 프로그램 개발에 속도를 내고 있다. 여기에는 컨설팅회사를 포함하고 이와 연관된 회사들이 블록체인의 개발을 위하여 블록체인의 기술자와 분석가들을 채용해 나가고 있는 것도 하나의 일환이다.
	향후 생명과학 뿐 아니라 건강관리 분야가 앞으로 블록체인에서 가장 유망한 분야가 될 것으로 미국을 중심으로 여러 국가들에서 전망하고 있다. 이와 같은 생명과학 및 건강관리에 응용되는 블록체인 기술에는 상대방과의 운용체계 공유에 근거한 건강관리가 중요한데 2017년 이후 꾸준히 이와 같은 기술에 대한 솔루션 제공이 이루지고 있다. 이와 같은 블록체인에서 적합한 소프트웨어를 통하여 공개(public) 블록체인의 거래를 살펴볼 수 있는 장점을 지니고 있다.

그림 4-7 블록체인을 통한 생명과학 및 건강관리의 연계성 (1)

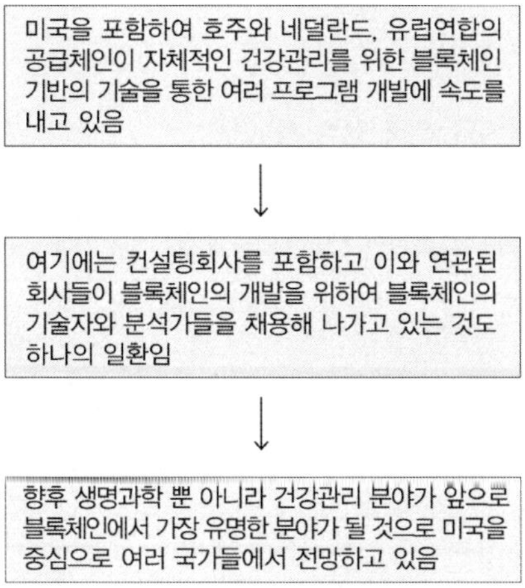

> **그림 4-8** 블록체인을 통한 생명과학 및 건강관리의 연계성 (2)

생명과학 및 건강관리에 응용되는 블록체인 기술에는 상대방과의
운용체계 공유에 근거한 건강관리가 중요한데 2017년 이후 꾸준히
이와 같은 기술에 대한 솔루션 제공이 이루어지고 있음

↓

블록체인에서 적합한 소프트웨어를 통하여 공개(public) 블록체인의
거래를 살펴볼 수 있는 장점을 지니고 있음

〈그림 4−9〉의 건강서비스 만족도(약국 및 한약국 포함, 13세 이상 인구) 전국 성별 중 여자(사회조사, 수록기간: 2년 2008~2016)에서 매우와 약간의 만족감이 약간 불만 족 및 매우 불만족에 비하여 11배 높게 나타나 있다.

한국의 생명과학 및 건강관리와 관련된 기술의 경우에도 블록체인 기반의 기 술을 활용해 유전체 및 건강의 정보활동과 관련된 자료(data)에 대한 구매자가 가 상화폐를 통하여 사용료를 지불하게 되면 스마트(smart) 계약서로 인하여 자동적 으로 중개되는 플랫폼의 수수료 및 제공자에 대한 보상으로서 분배하게 되는 시 스템을 갖추고 있다.

> **그림 4-9** 건강서비스 만족도 전국 성별 중 여자

의료서비스 만족도(약국 및 한약국 포함, 13세 이상 인구) 여자

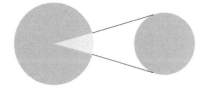

'매우 만족' 및 '약간 만족'
35.1%

'약간 불만족' 및 '매우 불만족'
3.2%

출처: 통계청, 사회조사, 수록기간: 2년 2008~2016

제2절 ∣ 블록체인과 정보

블록체인에서 블록의 경우 건강관리와 관련하여 P2P 방식의 네트워킹을 통하여 컴퓨터들의 모음으로 복제가 가능하게 된다. 이와 같이 P2P 방식의 네트워킹을 통한 컴퓨터들을 노드로 칭한다.

블록체인에서 암호의 과정은 컴퓨터 네트워크의 노드를 통하여 안전성 및 상호관계성을 가진다. 이와 같이 분산되어 저장된 변조방지의 기능을 갖춘 자료는 자료의 추가 및 저장에 있어서 보호 및 안전성을 유지하게 된다.

노드에 따른 거래 추가가 블록체인에서 발생하려면 네트워킹 노드들의 합의가 필요하다. 이는 비트코인의 금융관련 블록체인의 개념들이 건강서비스 분야의 블록체인의 개념과 관련되어 이루어지고 있다.

표 4-4 **금융관련 블록체인과 건강서비스 분야의 블록체인 개념**

	주요내용
금융관련 블록체인과 건강서비스 분야의 블록체인 개념	블록체인에서 블록의 경우 건강관리와 관련하여 P2P 방식의 네트워킹을 통하여 컴퓨터들의 모음으로 복제가 가능하게 된다. 이와 같이 P2P 방식의 네트워킹을 통한 컴퓨터들을 노드로 칭한다.
	블록체인에서 암호의 과정은 컴퓨터 네트워크의 노드를 통하여 안전성 및 상호관계성을 가진다. 이와 같이 분산되어 저장된 변조방지의 기능을 갖춘 자료는 자료의 추가 및 저장에 있어서 보호 및 안전성을 유지하게 된다.
	노드에 따른 거래 추가가 블록체인에서 발생하려면 네트워킹 노드들의 합의가 필요하다. 이는 비트코인의 금융관련 블록체인의 개념들이 건강서비스 분야의 블록체인의 개념과 관련되어 이루어지고 있다.

그림 4-10 금융관련 블록체인과 건강서비스 분야의 블록체인 체계도

```
┌─────────────────────────────────────────────┐
│ 블록체인에서 블록의 경우 건강관리와 관련하여 P2P 방식의      │
│ 네트워킹을 통하여 컴퓨터들의 모음으로 복제가 가능           │
└─────────────────────────────────────────────┘
                        │
                        ▼
┌─────────────────────────────────────────────┐
│ 금융관련 블록체인과 의료서비스 분야의 블록체인의 개념         │
└─────────────────────────────────────────────┘
                        │
                        ▼
┌─────────────────────────────────────────────┐
│ P2P 방식의 네트워킹을 통한 컴퓨터들을 노드로 칭함          │
└─────────────────────────────────────────────┘
```

그림 4-11 블록체인에서 암호의 과정

```
┌─────────────────────────────────────────────┐
│ 블록체인에서 암호의 과정은 컴퓨터 네트워크의 노드를 통하여     │
│ 안전성 및 상호관계성을 가짐                          │
└─────────────────────────────────────────────┘
                        │
                        ▼
┌─────────────────────────────────────────────┐
│ 분산되어 저장된 변조방지의 기능을 갖춘 자료는 자료의 추가      │
│ 및 저장에 있어서 보호 및 안전성을 유지하게 됨             │
└─────────────────────────────────────────────┘
                        │
                        ▼
┌─────────────────────────────────────────────┐
│ 노드에 따른 거래 추가가 블록체인에서 발생하려면 네트워킹       │
│ 노드들의 합의가 필요                               │
└─────────────────────────────────────────────┘
                        │
                        ▼
┌─────────────────────────────────────────────┐
│ 비트코인의 금융관련 블록체인의 개념들이 의료서비스 분야의       │
│ 블록체인의 개념과 관련되어 이루어지고 있음               │
└─────────────────────────────────────────────┘
```

그림 4-12 건강서비스 만족도 전국 경제활동 중 취업

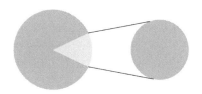

의료서비스 만족도(약국 및 한약국 포함, 13세 이상 인구) 취업

'매우 만족' 및 '약간 만족'
33.2%

'약간 불만족' 및 '매우 불만족'
5.3%

출처: 통계청, 사회조사, 수록기간: 2년 2008~2016

〈그림 4-12〉의 건강서비스 만족도(약국 및 한약국 포함, 13세 이상 인구) 전국 경제활동 중 취업(사회조사, 수록기간: 2년 2008~2016)에서 매우 만족 및 약간 만족이 약간 불만족 및 매우 불만족에 비하여 6.3배 높게 나타나 있다.

한국의 유전체 및 건강관리에 관한 기업의 기술과 블록체인과 관련하여 소개하면, 자료이용에 대한 유통과 제공에 대한 동의에서 개개인들은 최초의 자료 제공 시점과 자료에 대한 거래(trading)의 경우 추가적인 보상(reward)을 받는 것으로 계획되어져 있는 수준에 이르고 있다.

건강에 대한 관리측면에 있어서 블록체인의 개발 증진은 이와 관련된 금융 분야와 함께 기술의 혁신을 통하여 빠르고 가속적으로 발달하고 있다. 이는 건강관리와 핀테크(fintech)의 발전이 함께 이루어져가고 있음을 의미한다. 미국의 기업들의 경우 건강관리와 관련된 블록체인 관리의 새로운 개발에 있어서 쉬운 방식의 타입을 개발해 나가고 있기도 하다. 또한 클라우드 본연의 기능과 보안성을 강화하는 방향으로 진일보해 나가고 있다.

우선 건강관리와 관련해서는 시점상의 보건 및 진찰 분야의 기록과 관련되어 있다. 즉 이는 시간의 경과와 함께 건강 현장에서 건강에 대한 관리적인 측면의 환자에 대한 기록측면에서 안정성 제고가 이루어지고 있는지와 연계된 것이다.

표 4-5	건강에 대한 관리측면에 있어서 블록체인의 개발 증진
	주요내용
건강에 대한 관리측면에 있어서 블록체인의 개발 증진	건강에 대한 관리측면에 있어서 블록체인의 개발 증진은 이와 관련된 금융 분야와 함께 기술의 혁신을 통하여 빠르고 가속적으로 발달하고 있다. 이는 건강관리와 핀테크(fintech)의 발전이 함께 이루어져가고 있음을 의미한다. 미국의 기업들의 경우 건강관리와 관련된 블록체인 관리의 새로운 개발에 있어서 쉬운 방식의 타입을 개발해 나가고 있기도 하다. 또한 클라우드 본연의 기능과 보안성을 강화하는 방향으로 진일보해 나가고 있다.
	우선 건강관리와 관련해서는 시점상의 보건 및 건강 분야의 기록과 관련되어 있다. 즉 이는 시간의 경과와 함께 건강 현장에서 건강에 대한 관리적인 측면의 환자에 대한 기록측면에서 안정성 제고가 이루어지고 있는지와 연계된 것이다.

그림 4-13 건강에 대한 관리측면에 있어서 블록체인의 개발 증진의 체계

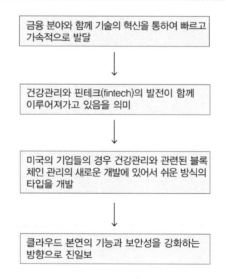

〈그림 4-14〉에서와 같이 건강에 대한 관리측면에 있어서 블록체인의 개발 증진(de)의 영향을 살펴보면, 금융 분야의 발전, 특히 가상화폐(virtual currency) 시장의 동반 발전과 함께 기술혁신을 통하여 더욱 발전되고 있음이 나타나 있다. 즉

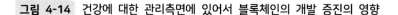

그림 4-14 건강에 대한 관리측면에 있어서 블록체인의 개발 증진의 영향

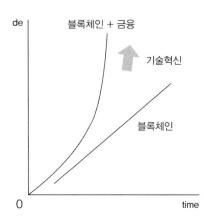

가로축의 시간(time)의 흐름에 따라 블록체인 기반의 기술을 통하여 건강관리와 핀테크(fintech)의 발전이 함께 이루어져가고 있음을 의미하는 것이다.

〈그림 4-15〉의 건강서비스 만족도(약국 및 한약국 포함, 13세 이상 인구) 전국 경제활동 중 실업 및 비경제활동(사회조사, 수록기간: 2년 2008~2016)에서 매우와 약간의 만족감이 약간 불만족 및 매우 불만족에 비하여 10.8배 높게 나타나 있다.

그림 4-15 건강서비스 만족도 전국 경제활동 중 실업 및 비경제활동

의료서비스 만족도(약국 및 한약국 포함, 13세 이상 인구)
실업 및 비경제활동

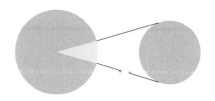

'매우 만족' 및 '약간 만족'
32.5%

'약간 불만족' 및 '매우 불만족'
3.0%

출처: 통계청, 사회조사, 수록기간: 2년 2008~2016

한국의 유전체와 관련된 정보와 건강부문에서의 정보에 대한 소유권의 소유가 개인들에게 제공될 수 있는 기술을 이미 확보하고 있는 것으로 알려져 있다. 즉 건강관리에 관한 빅(big) 데이터(data)에 대한 생성부터 저장 및 조회, 활용측면에서 각각의 단계마다 개인들에게 소유권 행사 가능성이 생길 수 있다는 것이다.

1. 정보시장과 시장실패에 대하여 설명하시오.

 정답

기업 지배구조와 관련된 정보적인 측면에서도 정보가 불완전할 경우 주주들의 이익 극대화에 문제가 발생할 수 있다. 이는 시장의 실패문제로 연결될 수 있으며, 이와 같은 문제점으로 인하여 스튜어드십 코드(stewardship code)가 기관투자자와 관련하여 2018년 하반기에 도입되어 있는 상황이다.

2. 정보가치와 디지털경제학에 대하여 설명하시오.

정답

정보에 대하여 다음과 같은 몇가지 특징을 정의할 수 있다. 첫째, 정보생산에 있어서 비용이 많이 수반된다는 점이다. 둘째, 정보제품과 관련하여 첫 번째 사본이 형성되면 막대한 비용이 매몰비용으로 들어가게 된다. 셋째, 이와 같이 한 번 사본이 생성되게 되면 다른 사본들은 약간의 비용으로도 생산이 가능하다. 넷째, 추가적인 복사본은 무한정하게 생산되어 나갈 수 있다.

정보가치는 제품의 물리적인 특성과는 관련이 없으며 정보에 의하여 드러나는 제품에 대한 정보자체에 기인한다. 이는 제품 생산에 따른 기능과 특성도 중요하지만 마케팅(marketing)에 근거한 제품의 효용(utility)에 대한 소개가 경영학적으로는 더 중요하다는 점을 지적하고 있는 것이다.

3. 정보산업에 있어서의 '관계와 관련된 외부효과'에 대하여 구체적으로 설명하시오.

정답

정보와 관련된 제품의 소비와 생산은 외부적인 효과에 상당히 의존하고 있다. 정보와 관련된 제품에 대하여 수많은 정보들은 국민들의 편의에 긍정의 효과를 제공해 주고 있다. 이 메일에 관련된 서비스를 생각하면 쉽게 이해할 수 있다. 이를 정보산업에 있어서의 '관계와 관련된 외부효과'라고 한다.

정보산업에 관련된 제품의 사용의 경우 수많은 사람들의 기호와 취향에 따른 외부적인 영향을 많이 받게 된다. 즉 다른 사람들의 구매에 따른 효과에 대한 기술과 언급 등에 의하

여 많은 영향을 받게 되는 것이다. 이는 직접적으로 혹은 간접적으로 관계에 따른 외부효과에 직면하게 되는데, 소프트웨어산업을 비롯한 모바일운영과 관련된 산업(industry) 등의 다양성 측면의 분야에 이른다. 인터넷을 기반으로 하는 사업모형은 이와 같이 다양한 플랫폼에서 형성되고 있다. 다방면에 걸친 소비자 유형의 인터넷 기반 사용과 효용에 의하여 좌우되는 효과가 관계에 따른 외부효과에서 상당히 주요한 영향력을 형성하게 되는 것이다.

4. 블록체인 기반의 기술의 강점은 무엇인지 설명하시오.

📝 정답

블록체인 기반의 기술은 건강에 대한 수익과 비용과 관련된 편익비용분석 및 건강과 관련된 데이터의 관리 등에서 신속성과 상호적인 운용 그리고 공급망관리의 효과에 대한 검사체계에서 강점을 지니고 있다. 또한 블록체인 기반의 기술은 빅데이터에 대한 유지비용을 줄일 수 있으며 동시에 데이터에 대한 정확성 및 보안성을 강화시켜줄 수 있다.

5. 블록체인 기반의 기술이 건강서비스 발달에 영향을 줄 부문은 무엇인가에 대하여 설명하시오.

📝 정답

블록체인 기반의 기술이 건강서비스 발달에 영향을 줄 부문은 다섯 가지로 요약할 수 있다. 첫째, 시계열적인 의무 기록에 있어서 환자들에 대한 기록에 대하여 안전성과 연결성 및 접근가능성을 향상시킬 수 있다. 둘째, 자동적인 건강보험에 대한 청구가 가능한 스마트한 계약시스템을 사용할 수 있다. 셋째, 환자와 상호적인 운용시스템으로 환자가 보다 쉽게 의무기록에 접근하고 효율적이며 안전하게 데이터에 접근해 나갈 수 있다. 넷째, 건강분야에 대한 시약부터 건강기기에 이르기까지 구매단계에서부터 환자에게 적용되는 전 구간에 걸쳐서 IT기술을 통하여 관리가 효율적으로 잘 이루어져서 비용절감 효과까지 이룰 수 있다. 이와 같은 블록체인 기반의 기술을 적용하면 건강서비스와 병행하여 금융서비스가 동반하여 발전해 나갈 수 있다. 앞서 다른 나라의 사례에서와 같이 의무기록과 병행하여 보험서비스가 발전해 나가는 것도 동일한 맥락으로 이해할 수 있다.

6. 블록체인의 확대와 건강전문가의 활용 증대에 대하여 설명하시오.

정답

블록체인은 전자의 형식을 갖춘 전자금융에 의하여 보편적으로 활용되고 있는 지원적인 측면에서의 집과 같은 존재이다. 이와 같은 통화체계를 갖춘 블록체인이 확대되면서 건강관리 분야의 의사와 관련 종사자들에게 있어서도 관심이 증대되고 있다.

이는 의사와 전문가들 집단에서 공동의 작업이 가능한 측면과 이를 도와주는, 새롭게 응용되고 있는 프로그램의 인터페이스에 있어서의 서비스 운영의 서비스 체계의 프로세스로 진화해 나가고 있다. 이와 같은 과정은 비용 절감과 판매자 및 구매자 간에 있어서 신뢰성 제고 그리고 자료에 대한 공유측면에 도움을 주고 있다.

7. 블록체인의 장점 및 활용가능성 증대에 대하여 설명하시오.

정답

블록체인에 대하여 잘 알려진 바와 같이 규제와 감사의 관점을 통하여 살펴보면 각각의 항목들은 분산된 원장을 통하여 추가될 수 있는 반면에 삭제는 불가능하다는 점이다. 즉 P2P 방식으로 블록체인을 통하여 공유하는 수많은 정보들에 대하여는 감사 및 추적이 가능하게 되는 이른바 디지털 지문 기능이 있다는 것이다. 따라서 원장의 정보는 빠른 속도로 전파되어 나갈 수 있고 신뢰가 가능한 거래 클라우드 시스템을 만들어내서 자료에 대한 손실 방지를 도모할 수 있다. 이는 하나의 곳에 모든 정보가 몰렸을 경우에 발생할 수 있는 장애의 위험 요인을 제거할 수 있으며, 거래에 있어서 서로의 자료에 대한 일방향의 불균형적인 요소를 제거해 나갈 수 있는 것이다.

보안의 측면에서 암호화 기능은 복잡한 과정을 가쳐 자료 보호를 단행할 수 있다. 즉 사용자가 프로토콜 및 비공개와 공개에 의하여 상대방 간의 지정하는 형태로의 합의점을 통하여 투명성과 관련된 요구사항 및 개개인들의 정보에 대한 보호기능을 갖출 수 있다. 즉 자료의 요소적인 수준부터 정보보호가 가능하다는 것이다. 또한 접근이 가능한 전문가는 프로토콜 정의에 따른 적합한 권한사용이 가능하며 자료에 대한 접근이 가능하게 되는 것이다.

8. 블록체인을 통한 생명과학 및 건강관리에 대하여 설명하시오.

정답

미국을 포함하여 호주와 네덜란드, 유럽연합의 공급체인이 자체적인 건강관리를 위한 블록체인 기반의 기술을 통한 여러 프로그램 개발에 속도를 내고 있다. 여기에는 컨설팅회사를 포함하고 이와 연관된 회사들이 블록체인의 개발을 위하여 블록체인의 기술자와 분석가들을 채용해 나가고 있는 것도 하나의 일환이다.

향후 생명과학 뿐만 아니라 건강관리 분야가 앞으로 블록체인에서 가장 유망한 분야가 될 것으로 미국을 중심으로 여러 국가들에서 전망하고 있다. 이와 같은 생명과학 및 건강관리에 응용되는 블록체인 기술에는 상대방과의 운용체계 공유에 근거한 건강관리가 중요한데 2017년 이후 꾸준히 이와 같은 기술에 대한 솔루션 제공이 이루지고 있다. 이와 같은 블록체인에서 적합한 소프트웨어를 통하여 공개(public) 블록체인의 거래를 살펴볼 수 있는 장점을 지니고 있다.

9. 금융관련 블록체인과 건강서비스 분야의 블록체인의 개념에 대하여 설명하시오.

정답

블록체인에서 블록의 경우 건강관리와 관련하여 P2P 방식의 네트워킹을 통하여 컴퓨터들의 모음으로 복제가 가능하게 된다. 이와 같이 P2P 방식의 네트워킹을 통한 컴퓨터들을 노드로 칭한다.

블록체인에서 암호의 과정은 컴퓨터 네트워크의 노드를 통하여 안전성 및 상호관계성을 가진다. 이와 같이 분산되어 저장된 변조방지의 기능을 갖춘 자료는 자료의 추가 및 저장에 있어서 보호 및 안전성을 유지하게 된다.

노드에 따른 거래 추가가 블록체인에서 발생하려면 네트워킹 노드들의 합의가 필요하다. 이는 비트코인의 금융관련 블록체인의 개념들이 건강서비스 분야의 블록체인의 개념과 관련되어 이루어지고 있다.

10. 건강에 대한 관리측면에 있어서 블록체인의 개발 증진과 핀테크 산업의 연관성에 대하여 설명하시오.

📝 정답

건강에 대한 관리측면에 있어서 블록체인의 개발 증진은 이와 관련된 금융 분야와 함께 기술의 혁신을 통하여 빠르고 가속적으로 발달하고 있다. 이는 건강관리와 핀테크(fintech)의 발전이 함께 이루어져가고 있음을 의미한다. 미국의 기업들의 경우 건강관리와 관련된 블록체인 관리의 새로운 개발에 있어서 쉬운 방식의 타입을 개발해 나가고 있기도 하다. 또한 클라우드 본연의 기능과 보안성을 강화하는 방향으로 진일보해 나가고 있다.

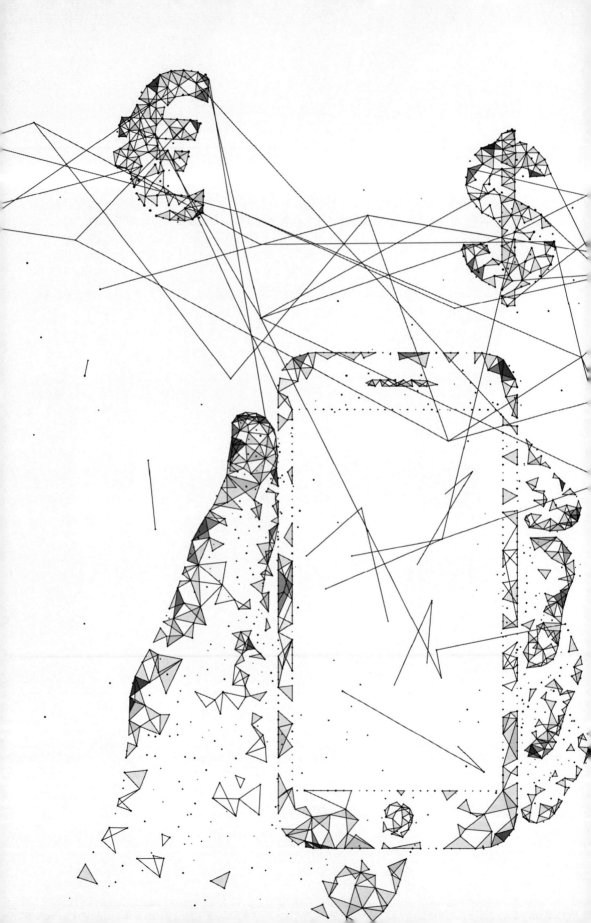

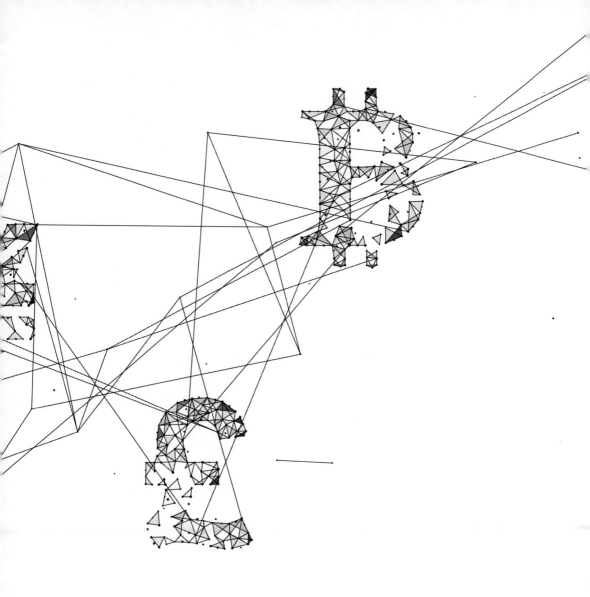

part 3

디지털경제학과 정보에 대한 블록체인의 역할

chapter 05

디지털경제학과 블록체인

제1절 | 블록체인 기반 기술의 적용상 난제

블록체인 기반의 기술이 평소에 지병이 있는 환자에 있어서 어떻게 응급처치 및 이후 관리적인 측면에 있어서 도움을 줄 수 있는가? 이는 블록체인 기반의 기술인 암호 키의 보안에 의하여 구급 의사를 통하여 기록된 세부적인 정보들이 수록된 블록체인의 건강관리에 대한 계정으로 접근할 수 있고 응급환자의 단골 병원과 주치의에게 전달될 수 있다는 것이다.

따라서 이와 같은 건강서비스에 의한 환자들에 대한 기여도와 긴급관련 자료의 교류, 임상적인 시험과 공급망에 이르기까지 블록체인 기반의 기술은 광범위하게 건강관리 측면에서 도움을 줄 수 있다.

하지만 블록체인 기반의 기술이 현실적으로 적용되고 광범위하게 확산되기에는 몇 가지 난제들이 있는 것 또한 사실이다. 첫째, 블록체인 기반의 분산되어진

관리적인 측면과 상호적인 운용, 자료에 대한 개인 정보의 보호측면에서 해결해야 하는 과제들이 남아 있다. 둘째, 블록체인 기반의 기술의 적용에 있어서 건강분야의 공공적인 블록체인의 활용 자체도 문제점으로 아직 존재하고 있다.

표 5-1　블록체인 기반의 기술과 적용상의 문제점

	주요내용
블록체인 기반의 기술과 적용상의 문제점	블록체인 기반의 기술이 평소에 지병이 있는 환자에 있어서 어떻게 응급처치 및 이후 관리적인 측면에 있어서 도움을 줄 수 있는가? 이는 블록체인 기반의 기술인 암호 키의 보안에 의하여 구급 의사를 통하여 기록된 세부적인 정보들이 수록된 블록체인의 건강관리에 대한 계정으로 접근할 수 있고 응급환자의 단골 병원과 주치의에게 전달될 수 있다는 것이다.
	건강서비스에 의한 환자들에 대한 기여도와 건강관련 자료의 교류, 임상적인 시험과 공급망에 이르기까지 블록체인 기반의 기술은 광범위하게 건강관리 측면에서 도움을 줄 수 있다.
	블록체인 기반의 기술이 현실적으로 적용되고 광범위하게 확산되기에는 몇 가지 난제들이 있는 것 또한 사실이다. 첫째, 블록체인 기반의 분산되어진 관리적인 측면과 상호적인 운용, 자료에 대한 개인 정보의 보호측면에서 해결해야하는 과제들이 남아 있다. 둘째, 블록체인 기반의 기술의 적용에 있어서 건강분야의 공공적인 블록체인의 활용 자체도 문제점으로 아직 존재하고 있다.

그림 5-1　블록체인 기반의 기술과 건강관리 정보관련 체계도

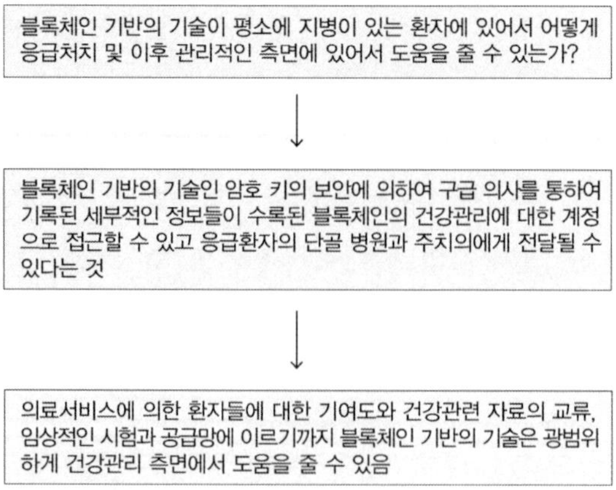

블록체인 기반의 기술이 평소에 지병이 있는 환자에 있어서 어떻게 응급처치 및 이후 관리적인 측면에 있어서 도움을 줄 수 있는가?

↓

블록체인 기반의 기술인 암호 키의 보안에 의하여 구급 의사를 통하여 기록된 세부적인 정보들이 수록된 블록체인의 건강관리에 대한 계정으로 접근할 수 있고 응급환자의 단골 병원과 주치의에게 전달될 수 있다는 것

↓

의료서비스에 의한 환자들에 대한 기여도와 건강관련 자료의 교류, 임상적인 시험과 공급망에 이르기까지 블록체인 기반의 기술은 광범위하게 건강관리 측면에서 도움을 줄 수 있음

그림 5-2 블록체인 기반의 기술과 적용상의 문제점

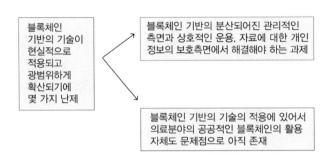

한국의 유전체와 관련된 정보와 건강부문에서 빅(big) 데이터(data)의 유통관련 플랫폼(platform) 구축의 성과가 추진되고도 있는데, 이는 개개인들이 본인의 건강 정보(medical information)에 대하여 소유 및 주도적인 관리가 가능해진다는 긍정적인 효과와 자료에 대한 공유수익(share profit)의 창출도 이루어질 수 있는 장점을 갖춰나가고 있다.

빅 데이터를 활용한 건강분야 정보의 확대는 도덕적 해이(moral hazard)와 의도치 않게 발생하는 반대적인 선택을 의미하는 역의 선택(adverse selection)과 관련된 문제점에 따른 정보의 비대칭성의 문제점(information asymmetric problem)의 해결에도 도움을 줄 것으로 기대된다.[1] 〈그림 5-3〉의 건강서비스 만족도(약국 및 한약국 포함, 13세 이상 인구) 전국의 주관적 만족감(사회조사, 수록기간: 2년 2008~2016)에서 매우 만족 및 약간 만족이 약간 불만족 및 매우 불만족에 비하여 12.8배 높게 나타나 있다.

블록체인 기반의 기술이 진일보하고는 있지만 아직 상대적인 측면에서 초보적인 단계이며 이는 블록체인 기반의 기술의 적용 가능성과 효과가 가장 높을 것으로 내다보고 있는 건강분야에 있어서도 마찬가지인 상태이다.

---

1) Kirsh, D.(2000), "A Few Thoughts on Cognitive Overload", *Intellectica*, 30, pp. 19-51.

그림 5-3 건강서비스 만족도 전국의 주관적 만족감

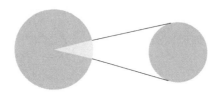

의료서비스 만족도(약국 및 한약국 포함, 13세 이상 인구)
주관적 만족감

'매우 만족' 및 '약간 만족'
44.7%

'약간 불만족' 및 '매우 불만족'
3.5%

출처: 통계청, 사회조사, 수록기간: 2년 2008~2016

이는 정책의 결정자 및 보건 및 건강 분야에 대한 제공자로부터 발생하는 모든 것과 보호자까지 포함하여 건강관리 측면에 있어서 블록체인의 활용에 대한 평가가 중요한 이유이기도 하다.

한편 향후 고민해 나가야 할 것이 '건강관리의 혁신적인 발전을 위하여 블록체인의 솔루션 채택과 관련된 재정적 뒷받침이 가능한가?'의 측면도 있다. 이는 새로운 블록체인 스타트 업의 기업과 관련된 문제일 수도 있으며, 블록체인 기반의 기술이 진일보하고는 있지만 산업과 관련하여 살펴볼 때 아직 상대적인 측면에서 초보적인 단계이기 때문이기도 하다. 따라서 규제를 포함하여 표준화, 블록체인 기반의 기술 적용과 이를 위한 조직체계, 운영상의 고려와 펀딩관련의 모든 차원에서 이루어져야 하는 측면이기도 한 것이다.

블록체인 기반의 기술이 적용될 경우에 있어서 장점인 거래 및 자료의 투명성, 불변 가능성 측면이 보건 및 건강분야에 적용될 때 가져올 수 있는 긍정적인 효과에 대한 면밀한 분석이 필요한 시점이기도 하다.

표 5-2	건강분야관련 블록체인 기반의 기술과 긍정적인 효과
	주요내용
건강분야관련 블록체인 기반의 기술과 긍정적인 효과	블록체인 기반의 기술이 진일보하고는 있지만 아직 상대적인 측면에서 초보적인 단계이며 이는 블록체인 기반의 기술의 적용 가능성과 효과가 가장 높을 것으로 내다보고 있는 건강분야에 있어서도 마찬가지인 상태이다.
	이는 정책의 결정자 및 보건 및 건강 분야에 대한 제공자로부터 발생하는 모든 것과 보호자까지 포함하여 건강관리 측면에 있어서 블록체인의 활용에 대한 평가가 중요한 이유이기도 하다.
	향후 고민해 나가야 할 것이 '건강관리의 혁신적인 발전을 위하여 블록체인의 솔루션 채택과 관련된 재정적 뒷받침이 가능한가?'의 측면도 있다. 이는 새로운 블록체인 스타트 업의 기업과 관련된 문제일 수도 있으며, 블록체인 기반의 기술이 진일보하고는 있지만 산업과 관련하여 살펴볼 때 아직 상대적인 측면에서 초보적인 단계이기 때문이기도 하다. 따라서 규제를 포함하여 표준화, 블록체인 기반의 기술 적용과 이를 위한 조직체계. 운영상의 고려와 펀딩관련의 모든 차원에서 이루어져야 하는 측면이기도 한 것이다.
	블록체인 기반의 기술이 적용될 경우에 있어서 장점인 거래 및 자료의 투명성. 불변 가능성 측면이 보건 및 건강분야에 적용될 때 가져올 수 있는 긍정적인 효과에 대한 면밀한 분석이 필요한 시점이기도 하다.

그림 5-4	블록체인의 활용에 대한 보건 및 건강 분야 적용에 대한 긍정적인 평가

블록체인 기반의 기술이 진일보하고는 있지만 아직 상대적인 측면에서 초보적인 단계이며 이는 블록체인 기반의 기술의 적용 가능성과 효과가 가장 높을 것으로 내다보고 있는 의료분야에 있어서도 마찬가지인 상태

정책의 결정자 및 보건 및 의료 분야에 대한 제공자로부터 발생하는 모든 것과 보호자까지 포함하여 건강관리 측면에 있어서 블록체인의 활용에 대한 평가가 중요한 이유

향후 고민해 나가야 할 것이 '건강관리의 혁신적인 발전을 위하여 블록체인의 솔루션 채택과 관련된 재정적 뒷받침이 가능한가?'의 측면

새로운 블록체인 스타트 업의 기업과 관련된 문제일 수도 있으며, 블록체인 기반의 기술이 진일보하고는 있지만 산업과 관련하여 살펴볼 때 아직 상대적인 측면에서 초보적인 단계이기 때문

그림 5-5 건강분야관련 블록체인 기반의 기술과 긍정적인 효과

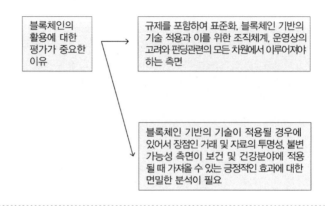

〈그림 5-6〉에는 블록체인 기반의 기술의 확장과 보건 및 건강분야에 적용될 때 나타나는 긍정적인 효과가 제시되어 있다. 여기서 가로축의 a는 블록체인 기반의 기술의 확장과 관련된 것이고, 세로축의 b는 거래 및 자료의 투명성, 불변 가능성 측면이 강화되는 긍정적인 효과에 관한 것이다. 따라서 블록체인 기반의 기술에 따른 효과가 가장 클 것으로 예상되는 보건 및 건강분야로의 적용에 있어서 다른 산업 분야에 비하여 산업의 발전에 기여할 가능성이 크다는 것이다.

그림 5-6 블록체인 기반의 기술의 확장과 긍정적인 효과

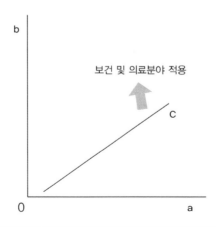

그림 5-7 건강서비스 만족도 전국의 전체 계

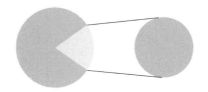

의료서비스 만족도(종합병원, 13세 이상 인구) 전체

'매우 만족' 및 '약간 만족'
53.3%

'약간 불만족' 및 '매우 불만족'
12.2%

출처: 통계청, 사회조사, 수록기간: 2년 2008~2016

〈그림 5-7〉의 건강서비스 만족도(종합병원, 13세 이상 인구) 전국의 전체 계(사회조사, 수록기간: 2년 2008~2016)에서 매우와 약간의 만족감이 약간 불만족 및 매우 불만족에 비하여 4.4배 높게 나타나 있다.

한국의 유전체와 관련된 정보와 건강부문에서 효율적인(efficient) 생태계가 조성되면 정보에 대한 자료 제공자가 향후 활발하게 참여할 수 있으며, 종국적으로 보다 고급 건강관리와 관련된 자료가 신속성(velocity)과 함께 많은 양이 축적될 수 있는 빅 데이터 고유의 속성이 충족되면서 선순환(pro-cyclical)의 패턴 양상을 그려나가게 될 것이다.

〈그림 5-8〉의 블록체인 기술을 통한 건강분야 블록체인 기반의 기술 확보 및 생태계 조성 방안에서와 같이 교육의 분야와 자금지원, 생태계 조성 방안으로 나누어 살펴볼 수 있다.

우선 교육의 분야에 있어서는 블록체인 기술의 인식 제고, 수많은 블록체인 스타트업 회사 창출과 같은 생태계 조성과 관련된 것이다. 그리고 자금지원에서는 향상된 전문적인 기술의 제고, 건강분야 블록체인 기반의 기술 확보가 중요하다. 또한 생태계 조성으로 정부를 포함한 산업체 노력의 결실로 블록체인 기반의 기술에 의한 건강관리 시스템의 구축 및 향상과 관련된 측면이다.

그림 5-8 블록체인 기술을 통한 건강분야 블록체인 기반의 기술 확보 및 생태계 조성

교육분야 : 블록체인 기술의 인식 제고, 수많은 블록체인 스타트 업 회사 창출

자금지원 : 향상된 전문적인 기술 제고, 의료분야 블록체인 기반의 기술 확보

생태계 조성 : 정부를 포함한 산업체 노력의 결실, 블록체인 기반의 기술에 의한 건강관리 시스템의 구축 및 향상

표 5-3 블록체인 기술을 통한 건강분야 블록체인 기반의 기술 확보 및 생태계 조성

	주요내용
블록체인 기술을 통한 건강분야 블록체인 기반의 기술 확보 및 생태계 조성	블록체인 기술을 통한 건강분야 블록체인 기반의 기술 확보 및 생태계 조성 방안에서와 같이 교육의 분야와 자금지원, 생태계 조성 방안으로 나누어 살펴볼 수 있다.
	교육의 분야에 있어서는 블록체인 기술의 인식 제고, 수많은 블록체인 스타트 업 회사 창출과 같은 생태계 조성과 관련된 것이다. 그리고 자금지원에서는 향상된 전문적인 기술의 제고, 건강분야 블록체인 기반의 기술 확보가 중요하다. 또한 생태계 조성으로 정부를 포함한 산업체 노력의 결실로 블록체인 기반의 기술에 의한 건강관리 시스템의 구축 및 향상과 관련된 측면이다.

〈그림 5-9〉는 건강분야 블록체인 기반의 기술에 대한 실제 적용 및 자금 지원 방향과 관련된 것이다. 첫 번째, 프로세스의 최적화로 블록체인 기반의 기술을 활용하는 측면과 둘째, 건강분야 블록체인 기반의 기술에 대한 실제 적용적인 측면, 셋째, 건강산업 전반에 걸쳐서 활용되는 블록체인 기반의 기술 생성의 고급 인력의 양성 및 필요성 측면, 마지막으로 자금의 지원 방향으로 공공 부문과 민간 부문 공동 노력을 병행해 나가는 측면이다.

그림 5-9 건강분야 블록체인 기반의 기술에 대한 실제 적용 및 자금 지원 방향

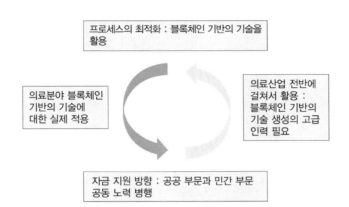

표 5-4 건강분야 블록체인 기반의 기술에 대한 실제 적용 및 자금 지원 방향

	주요내용
건강분야 블록체인 기반의 기술에 대한 실제 적용 및 자금 지원 방향	첫 번째, 프로세스의 최적화로 블록체인 기반의 기술을 활용하는 측면과 둘째, 건강분야 블록체인 기반의 기술에 대한 실제 적용적인 측면, 셋째, 건강산업 전반에 걸쳐서 활용되는 블록체인 기반의 기술 생성의 고급 인력의 양성 및 필요성 측면, 마지막으로 자금의 지원 방향으로 공공 부문과 민간 부문 공동 노력을 병행해 나가는 측면이다.

〈그림 5-10〉의 건강서비스 만족도(종합병원, 13세 이상 인구) 전국의 동·읍면부 중 동부(사회조사, 수록기간: 2년 2008~2016)에서 매우와 약간의 만족감이 약간 불만족 및 매우 불만족에 비하여 4배 높게 나타나 있다.

블록체인 기반의 기술이 건강현장에서 바로 구현되어 활동하기에는 몇 가지 측면에서 주의점이 현존히고 있디. 첫째, 환지관련 건강정보의 경우 매우 민감하게 처리될 수밖에 없는 개인의 정보(individual information)이다. 따라서 개인에 있어서 정보보호와 관련된 문제가 가장 중요한 측면일 수밖에 없는 구조이며, 빅데이터를 활용하여 건강과 관련된 질(quality)을 높이는데 활용하는 연구의 분야(research fields)에 있어서도 매우 중요한 과제인 것이다. 따라서 블록체인 기반의

그림 5-10 건강서비스 만족도 전국의 동·읍면부 중 동부

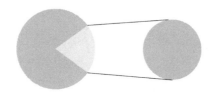

의료서비스 만족도(종합병원, 13세 이상 인구) 동부

'매우 만족' 및 '약간 만족'   '약간 불만족' 및 '매우 불만족'
51.8%   13.0%

출처: 통계청, 사회조사, 수록기간: 2년 2008~2016

기술이 적용된다면 이와 같은 문제점이 해결될 수 있고 적용상의 법적 차원의 문제점을 비롯한 과제들이 해결되면 보다 다른 차원의 혁신적인(innovative) 방향으로 발전해 나갈 것이다.[2]

제2절 | 정보의 경제적 가치

건강정보와 관련된 적용 이외에 '정보가 경제적인 측면에서 왜 중요한 가'와 관련하여 살펴보기로 한다. 건강분야를 포함한 각종 산업 분야에 있어서 추가되고 있는 정보에 있어서 양적인 규모가 연간 단위로 30% 이상 증가추세를 나타내고 있다.

이와 같은 정보는 매년 단위로 생성뿐만 아니라 복사와 저장되고, 거래되고 있는 것이다. 따라서 정보자체가 경제적으로 가치(value)를 지니는 단위가 되고 있는

---

2) Neuhoff, D. L. and Shields, P. C.(1982), "Indecomposable finite state channels and primitive approximation", *IEEE Trans. Inform. Theory*, IT-28, pp.11-29.

것이다. 이러한 정보는 다른 객체와 달리 특이성을 지니고 있다.[3] 우선 전달과 함께 실시간으로 보관이 가능하다는 점이다. 따라서 정보자체가 인간에게서 유익한 새로운 차원에서의 경제적인 산출물인 것이다.

표 5-5 정보의 경제적 가치

	주요내용
정보의 경제적 가치	건강정보와 관련된 적용 이외에 '정보가 경제적인 측면에서 왜 중요한 가'와 관련하여 살펴보기로 한다. 건강분야를 포함한 각종 산업 분야에 있어서 추가되고 있는 정보에 있어서 양적인 규모가 연간 단위로 30% 이상 증가추세를 나타내고 있다.
	정보는 매년 단위로 생성뿐만 아니라 복사와 저장되고, 거래되고 있는 것이다. 따라서 정보자체가 경제적으로 가치(value)를 지니는 단위가 되고 있는 것이다. 이러한 정보는 다른 객체와 달리 특이성을 지니고 있다. 우선 전달과 함께 실시간으로 보관이 가능하다는 점이다. 따라서 정보자체가 인간에게서 유익한 새로운 차원에서의 경제적인 산출물인 것이다.

그림 5-11 정보의 경제적 가치와 관련된 체계도

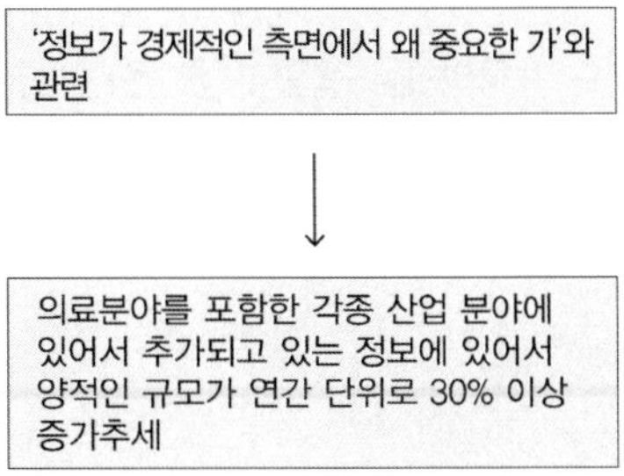

'정보가 경제적인 측면에서 왜 중요한 가'와 관련

↓

의료분야를 포함한 각종 산업 분야에 있어서 추가되고 있는 정보에 있어서 양적인 규모가 연간 단위로 30% 이상 증가추세

3) Marcus, B.(1985), "Sophic systems and encoding data", *IEEE Trans. Inform. Theory*, IT-31, pp. 366-377.

그림 5-12 정보에 따른 경제적 산출물

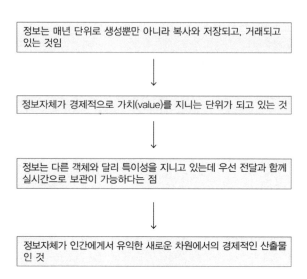

정보는 매년 단위로 생성뿐만 아니라 복사와 저장되고, 거래되고 있는 것임

↓

정보자체가 경제적으로 가치(value)를 지니는 단위가 되고 있는 것

↓

정보는 다른 객체와 달리 특이성을 지니고 있는데 우선 전달과 함께 실시간으로 보관이 가능하다는 점

↓

정보자체가 인간에게서 유익한 새로운 차원에서의 경제적인 산출물인 것

〈그림 5-13〉의 건강서비스 만족도(종합병원, 13세 이상 인구) 전국의 동·읍면부 중 읍면부(사회조사, 수록기간: 2년 2008~2016)에서 매우와 약간의 만족감이 약간 불만족 및 매우 불만족에 비하여 6.5배 높게 나타나 있다.

그림 5-13 건강서비스 만족도 전국의 동·읍면부 중 읍면부

의료서비스 만족도(종합병원, 13세 이상 인구) 읍면부

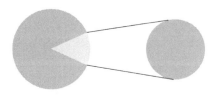

'매우 만족' 및 '약간 만족'
59.9%

'약간 불만족' 및 '매우 불만족'
9.1%

출처: 통계청, 사회조사, 수록기간: 2년 2008~2016

블록체인 기반의 기술이 건강분야에 적용되어 완벽하게 구현될 경우 발생하는 장점으로는 건강관리와 관련된 비용절감효과와 개인정보와 관련된 문제까지 해결이 가능하다는 점이다.

경제학의 주된 목적은 국민들의 파레토 최적상태에 대한 도달과 부유한 복지혜택 등까지 다양한 영역에 걸쳐져 있다. 경제적으로 살펴볼 때, 스미스에 의해 주창된 가격 메커니즘에 의하여 경제는 완전고용과 물가안정이 단기간에도 가능하다는 것이다.

그리고 산업적으로는 4차 산업혁명에 의한 차원에서 살고 있는데, 정보와 관련하여 중앙에 집중되는 방식에서 블록체인과 같은 방식으로 분산되는 특징도 지니고 있다.

표 5-6   경제학의 주된 목적

	주요내용
경제학의 주된 목적	경제학의 주된 목적은 국민들의 파레토 최적상태에 대한 도달과 부유한 복지혜택 등까지 다양한 영역에 걸쳐져 있다. 경제적으로 살펴볼 때, 스미스에 의해 주창된 가격 메커니즘에 의하여 경제는 완전고용과 물가안정이 단기간에도 가능하다는 것이다.

그림 5-14   경제학의 주된 목적에 대한 체계도

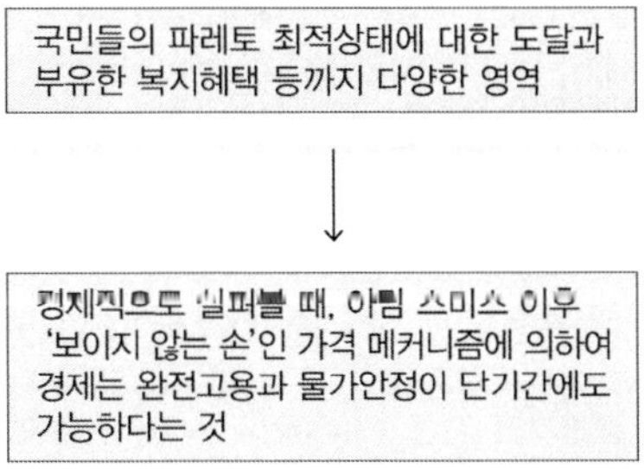

국민들의 파레토 최적상태에 대한 도달과
부유한 복지혜택 등까지 다양한 영역

↓

경제적으로 살펴볼 때, 아담 스미스 이후
'보이지 않는 손'인 가격 메커니즘에 의하여
경제는 완전고용과 물가안정이 단기간에도
가능하다는 것

따라서 이전의 지식정보사회에서 중앙에 집중되는 방식, 즉 통합방식이 아니라 개개인들이 개별적으로 가지는 시대로 발전해 나가고 있고 잘못하면 단편적인 지식에 의하여 불완전하거나 잘못된 지식이 검증되지 않고 유포될 수 있는 위험요인(risk factor)도 있다.

표 5-7 블록체인 기반의 기술과 정보

	주요내용
블록체인 기반의 기술과 정보	산업적으로는 4차 산업혁명에 의한 차원에서 살고 있는데, 정보와 관련하여 중앙에 집중되는 방식에서 블록체인과 같은 방식으로 분산되는 특징도 지니고 있다.
	이전의 지식정보사회에서 중앙에 집중되는 방식, 즉 통합방식이 아니라 개개인들이 개별적으로 가지는 시대로 발전해 나가고 있고 잘못하면 단편적인 지식에 의하여 불완전하거나 잘못된 지식이 검증되지 않고 유포될 수 있는 위험요인(risk factor)도 있다.
	정보의 불완전성(information imperfection) 문제도 블록체인 기반의 기술을 적용하면 해결해 나갈 수 있는 것이다.

그림 5-15 블록체인 기반의 기술과 정보의 연계성

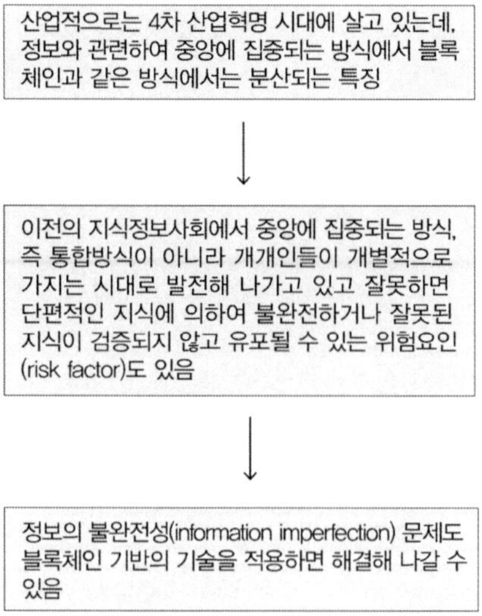

산업적으로는 4차 산업혁명 시대에 살고 있는데, 정보와 관련하여 중앙에 집중되는 방식에서 블록체인과 같은 방식에서는 분산되는 특징

↓

이전의 지식정보사회에서 중앙에 집중되는 방식, 즉 통합방식이 아니라 개개인들이 개별적으로 가지는 시대로 발전해 나가고 있고 잘못하면 단편적인 지식에 의하여 불완전하거나 잘못된 지식이 검증되지 않고 유포될 수 있는 위험요인(risk factor)도 있음

↓

정보의 불완전성(information imperfection) 문제도 블록체인 기반의 기술을 적용하면 해결해 나갈 수 있음

표 5-8	블록체인 기반의 기술의 적용과 디지털경제학
	주요내용
블록체인 기반의 기술의 적용과 디지털경제학	블록체인 기반의 기술이 적용되기 전에는 디지털경제학(digital economics)과 관련하여 분산되어 있는 정보에 대한 가치 부여와 통합의 어려움, 이들 정보에 대한 검증 체계의 미비점 등이 있었다.

그림 5-16 블록체인 기반의 기술의 적용과 디지털경제학의 체계도

> 블록체인 기반의 기술의 적용과 정보경제학
>
> ↓
>
> 블록체인 기반의 기술이 적용되기 전에는 디지털경제학(digital economics)과 관련하여 분산되어 있는 정보에 대한 가치 부여와 통합의 어려움, 이들 정보에 대한 검증 체계의 미비점 등이 있었음

이와 같은 정보의 불완전성(information imperfection) 문제도 블록체인 기반의 기술을 적용하면 해결해 나갈 수 있는 것이다.

한편 블록체인 기반의 기술이 적용되기 전에는 디지털경제학(digital economics)과 관련하여 분산되어 있는 정보에 대한 가치 부여와 통합의 어려움, 이들 정보에 대한 검증 체계의 미비점 등이 있었다.

〈그림 5-17〉의 건강서비스 만족도(종합병원, 13세 이상 인구) 전국의 성별 중 남자(사회조사, 수록기간: 2년 2008~2016)에서 매우 만족 및 약간 만족이 약간 불만족 및 매우 불만족에 비하여 4.3배 높게 나타나 있다. 건강분야에서 개개인들의 정보와 관련하여 EU의 경우 '일반 데이터 보호 규정'이라는 법안으로 개개인들이 건강정보가 건강기관뿐만 아니라 이상과 관련된 기관으로 넘어갈 때 개인동의를 명백하게 정하고 있다. 따라서 블록체인의 기반 기술이 적용될 때 개개인들이 정보 활용과 관련하여 항구적으로 기록 관리를 할 수 있으므로 EU의 경우 '일반 데이터 보호 규정'이 효율적으로 이루어질 수 있다는 장점을 지니고 있다.

그림 5-17 건강서비스 만족도 전국의 성별 중 남자

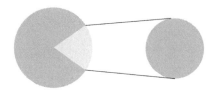

의료서비스 만족도(종합병원, 13세 이상 인구) 남자

'매우 만족' 및 '약간 만족'　　　'약간 불만족' 및 '매우 불만족'
52.9%　　　　　　　　　　　　12.3%

출처: 통계청, 사회조사, 수록기간: 2년 2008~2016

　신용도가 높은 안정적인 금융회사들의 경우 만기에 있어서 현금 지불과 관련하여 기간을 나누거나 수익성이 높은 한 곳에 투자하기보다는 포트폴리오투자를 일반적으로 하는 현상을 어떻게 설명할 수 있을까?[4]

　이는 현금지불과 관련하여 디지털경제학적인 설명에 있어서 금융회사들의 지급 위험도를 낮추는 효과와 포트폴리오의 구성을 통하여 다양한 자산에 투자함으로써 투자자산의 변동성(volatility) 위험을 줄일 수 있어서 유리함을 지니고 있기 때문이다.

표 5-9 금융회사의 투자 행태와 디지털경제학

	주요내용
금융회사의 투자 행태와 디지털경제학	신용도가 높은 안정적인 금융회사들의 경우 만기에 있어서 현금 지불과 관련하여 기간을 나누거나 수익성이 높은 한 곳에 투자하기보다는 포트폴리오투자를 일반적으로 하는 현상을 어떻게 설명할 수 있을까?
	현금지불과 관련하여 디지털경제학적인 설명에 있어서 금융회사들의 지급 위험도를 낮추는 효과와 포트폴리오의 구성을 통하여 다양한 자산에 투자함으로써 투자자산의 변동성(volatility) 위험을 줄일 수 있어서 유리함을 지니고 있기 때문이다.

---

4) Jessup, L. and Valacich, J.(2008), Information systems today(3rd ed.), Upper Saddler River, NJ: Pearson Prentice Hall, pp.10-20.

그림 5-18 금융회사의 투자 행태와 디지털경제학의 체계도

> 신용도가 높은 안정적인 금융회사들의 경우 만기에 있어서 현금 지불과 관련하여 기간을 나누거나 수익성이 높은 한 곳에 투자하기 보다는 포트폴리오 투자를 일반적으로 하는 현상

↓

> 현금지불과 관련하여 디지털경제학적인 설명에 있어서 금융회사들의 지급 위험도를 낮추는 효과와 포트폴리오의 구성을 통하여 다양한 자산에 투자함으로써 투자자산의 변동성(volatility) 위험을 줄일 수 있어서 유리함

〈그림 5-19〉의 건강서비스 만족도(종합병원, 13세 이상 인구) 전국의 성별 중 여자(사회조사, 수록기간: 2년 2008~2016)에서 매우와 약간의 만족감이 약간 불만족 및 매우 불만족에 비하여 4.5배 높게 나타나 있다.

블록체인 기반의 기술을 통한 건강관리의 관련성은 무엇일까? 이는 개개인들이 본인들의 건강과 관련된 자료를 소유하게 되고 개개인들의 자료에 대한 접근성을 개개인들이 결정하게 되는 시대를 의미하고 있다. 결국 블록체인 기반의 기

그림 5-19 건강서비스 만족도 전국의 성별 중 여자

의료서비스 만족도(종합병원, 13세 이상 인구) 여자

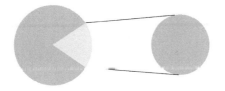

'매우 만족' 및 '약간 만족'
53.8%

'약간 불만족' 및 '매우 불만족'
12.0%

출처: 통계청, 사회조사, 수록기간: 2년 2008~2016

술을 활용하면 육하원칙에 의하여 본인의 자료에 접근한 것에 대한 시간과 함께 신뢰성이 높은 기록으로 처리되어 정보와 관련된 문제점들을 해결해 나갈 수 있을 것으로 향후에도 기대되고 있다.

chapter 06

정보와 블록체인
: 건강 및 재테크 분야에 대한 기여

제1절 | 건강 및 생명과학 분야의 정보와 블록체인 기반의 기술

건강관리와 건강관리체계에 있어서 블록체인 기반의 기술이 효과적으로 그리고 지속성을 유지하기 위해서는 운영측면에서의 효율성이 있어야 한다. 이는 빅 데이터의 활용과 관련된 것이다.

즉 빅 데이터의 활용이 질병의 진행속도와 건강기술의 적용에 대한 효과성 측면에서 획기적인 시사점을 제공해 주고 기존에 존재하는 자원에 대해서도 효과적인 활용이 가능해지는 것이다.

이는 건강산업 내에서 협진을 비롯하여 통합적인 치료가 더욱 잘 이루어지는 체계로도 발전해 나갈 수 있다. 하지만 이와 같은 긍정적인 효과가 발생되기 위한 난제들도 존재하고 있다.

즉 자료들의 일관성이 있는 유지관리와 호환성이 있어야 하며, 품질이 잘 유지되어야 하고 보안측면 및 개개인들에 대한 정보의 보호와 함께 표준화와 관련된 문제점들이 상존하고 있는 것이다.

헬스케어에서 블록체인 기반의 기술은 정보와 관련하여 공유와 분산의 기술제공을 비롯하여 디지털통화(digital currency)의 제공과 함께 발전해 나가고 있다. 여기에는 기록저장이라는 항구적인 장치로서 가장 큰 장점이 동반되고 있다. 이에 따라 거래된 자료의 신속한 보관과 함께 완벽성으로 진행해 나가는 것이다. 따라서 건강관리 및 생명과학과 관련된 분야에서 일정시점마다 상호적인 작용이 중요하기 때문에 블록체인 기반의 기술의 적용가능성이 매우 큰 분야인 것이다.

표 6-1 건강 및 생명과학 분야의 정보와 블록체인 기반의 기술

	주요내용
건강 및 생명과학 분야의 정보와 블록체인 기반의 기술	건강관리와 건강관리체계에 있어서 블록체인 기반의 기술이 효과적으로 그리고 지속성을 유지하기 위해서는 운영측면에서의 효율성이 있어야 한다. 이는 빅 데이터의 활용과 관련된 것이다.
	즉 빅 데이터의 활용이 질병의 진행속도와 건강기술의 적용에 대한 효과성 측면에서 획기적인 시사점을 제공해 주고 기존에 존재하는 자원에 대하여도 효과적인 활용이 가능해지는 것이다.
	이는 건강산업 내에서 협진을 비롯하여 통합적인 치료가 더욱 잘 이루어지는 체계로도 발전해 나갈 수 있다. 하지만 이와 같은 긍정적인 효과가 발생되기 위한 난제들도 존재하고 있다.
	즉 자료들의 일관성이 있는 유지관리와 호환성이 있어야 하며, 품질이 잘 유지되어야 하고 보안측면 및 개개인들에 대한 정보의 보호와 함께 표준화와 관련된 문제점들이 상존하고 있는 것이다.
	헬스케어에서 블록체인 기반의 기술은 정보와 관련하여 공유와 분산의 기술제공을 비롯하여 디지털통화(digital currency)의 제공과 함께 발전해 나가고 있다. 여기에는 기록저장이라는 항구적인 장치로서 가장 큰 장점이 동반되고 있다. 이에 따라 거래된 자료의 신속한 보관과 함께 완벽성으로 진행해 나가는 것이다. 따라서 건강관리 및 생명과학과 관련된 분야에서 일정시점마다 상호적인 작용이 중요하기 때문에 블록체인 기반의 기술의 용가능성이 매우 큰 분야인 것이다.

그림 6-1 건강 및 생명과학 분야의 정보와 블록체인 기반의 기술

건강관리와 건강관리체계에 있어서 블록체인 기반의
기술이 효과적으로 그리고 지속성을 유지하기 위해
서는 운영 측면에서의 효율성이 있어야 함

↓

빅 데이터의 활용과 관련성이 있음

그림 6-2 건강분야의 빅 데이터 활용에 있어서의 문제점

빅 데이터의 활용이 질병의 진행속도와 의료기술의 적용에 대한
효과성 측면에서 획기적인 시사점을 제공해 주고 기존에 존재하는
자원에 대하여도 효과적인 활용이 가능

↓

의료산업 내에서 협진을 비롯하여 통합적인 치료가 더욱 잘 이루어지는
체계로도 발전해 나갈 수 있지만 이와 같은 긍정적인 효과가 발생되기
위한 난제들도 존재

↓

자료들의 일관성이 있는 유지관리와 호환성이 있어야 하며, 품질이
잘 유지되어야 하고 보안측면 및 개개인들에 대한 정보의 보호와 함께
표준화와 관련된 문제점들이 상존

그림 6-3 건강 및 생명과학 분야의 정보와 블록체인 기반의 기술의 효과적인 활용

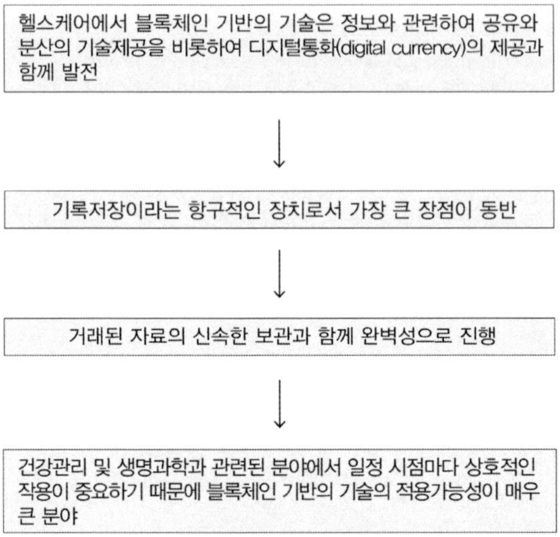

헬스케어에서 블록체인 기반의 기술은 정보와 관련하여 공유와
분산의 기술제공을 비롯하여 디지털통화(digital currency)의 제공과
함께 발전

↓

기록저장이라는 항구적인 장치로서 가장 큰 장점이 동반

↓

거래된 자료의 신속한 보관과 함께 완벽성으로 진행

↓

건강관리 및 생명과학과 관련된 분야에서 일정 시점마다 상호적인
작용이 중요하기 때문에 블록체인 기반의 기술의 적용가능성이 매우
큰 분야

〈그림 6-4〉의 건강서비스 만족도(종합병원, 13세 이상 인구) 전국의 연령 중 13
~19세(사회조사, 수록기간: 2년 2008~2016)에서 매우와 약간의 만족감이 약간 불만
족 및 매우 불만족에 비하여 9.7배 높게 나타나 있다.

그림 6-4 건강서비스 만족도 전국의 연령 중 13~19세

의료서비스 만족도(종합병원, 13세 이상 인구) 13 ~ 19세

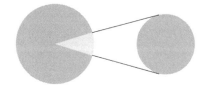

'매우 만족' 및 '약간 만족'   '약간 불만족' 및 '매우 불만족'
58.4%   6.0%

출처: 통계청, 사회조사, 수록기간: 2년 2008~2016

향후 개개인들의 건강분야에 대한 막대한 정보들은 본인들의 질병과 관련된 정보자료를 가지고 해외와 접속하여 권위 있는 의사를 통하여 진료 받을 수 있는 체계를 의미한다. 이는 블록체인 기반의 기술이 개인정보의 보호와 관련된 규정에서 개개인들의 정보측면에서의 접속과 관련된 기록 및 저장에 효과적일 수 있다는 측면을 지니고 있다.

블록체인 기반의 기술은 건강관리 및 간호와 관련된 건강시스템 전반에 걸친 발전에 기여할 수 있다. 이는 블록체인 기반의 기술이 건강분야 이외에 핀테크 (fintech)와 관련된 가상화폐와 연계하여 비약적으로 발전해 나갈 가능성을 내포하고 있는 것이다.[1]

또한 이들 분야에서 블록체인 기반의 기술을 통하여 자료에 대한 교환시스템의 효율성과 개개인들의 본인 데이터에 대한 효율적인 소유 및 관리, 접속 등이 이루어진다는 것이다. 이는 건강과 무역, 부동산 거래 등을 비롯한 각종 기존 산업들을 기반으로 하는 데이터 접속으로 기존의 산업과 함께 병행하여 발전해 나간다는 것을 의미한다.

표 6-2 블록체인 기반의 기술과 기존 산업의 병행 발전 시스템

	주요내용
블록체인 기반의 기술과 기존 산업의 병행 발전 시스템	블록체인 기반의 기술은 건강관리 및 간호와 관련된 건강시스템 전반에 걸친 발전에 기여할 수 있다. 이는 블록체인 기반의 기술이 건강분야 이외에 핀테크 (fintech)와 관련된 가상화폐와 연계하여 비약적으로 발전해 나갈 가능성을 내포하고 있는 것이다.
	이들 분야에서 블록체인 기반의 기술을 통하여 자료에 대한 교환시스템의 효율성과 개개인들의 본인 데이터에 대한 효율적인 소유 및 관리, 접속 등이 이루어진다는 것이다. 이는 건강과 무역, 부동산 거래 등을 비롯한 각종 기존 산업들을 기반으로 하는 데이터 접속으로 기존의 산업과 함께 병행하여 발전해 나간다는 것을 의미한다.

---

1) Stair, R. and Reynolds, G.(2008), Principles of information system(8th ed.), Boston, MA: Thomson Course Technology, pp. 15-30.

그림 6-5 블록체인 기반의 기술과 기존 산업의 병행 발전 시스템의 체계도

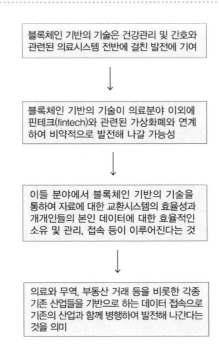

〈그림 6-6〉은 블록체인 기반의 기술의 적용에 따른 이익 측면이 정리되어 있다. 첫째, 공급망 관리측면에서 추적기능과 기록 저장의 완벽함이다. 둘째, 확인 체계로써 정보측면에서 신뢰도 제고와 안전성 향상 등이다. 셋째, 행정 시스템의 효율화와 비용 저감 효과로써 환불과 비용 확인 절차의 간소화 측면이다. 넷째, 접근 허용 및 관리의 용이성 측면이다.

그림 6-6   블록체인 기반의 기술의 적용에 따른 이익 측면

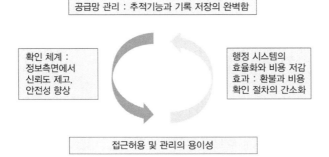

제2절 | 재테크 정보: 미국의 주택가격과 주가 및 저금리 영향

　3차 산업혁명과 4차 산업혁명을 거치면서 디지털경제학이라는 분야가 새롭게 주목을 받고 있다. 이전에는 디지털경제학이라는 학문 자체가 생소하였고 디지털경제학을 뒷받침할 만한 마땅한 데이터가 존재하고 있지도 않았기 때문이다. 주지의 사실과 같이 아날로그에서 디지털 시대로 접어들면서 혁명적인 발전이 일어난 것이다.

　2000년대 후반까지 디지털경제학과 관련된 수많은 자료들이 쏟아져 나왔다. 이는 2000년대 초에 이르는 정보통신 기반의 3차 산업혁명(third industrial revolution)의 발달이 함께한 업적으로 판단된다. 최근에는 빅 데이터(big data)의 자료들과 함께 4차 산업혁명에 의한 빌딩으로 인하여 더욱 발전해 나가고 있다.

표 6-3	3차 산업혁명과 4차 산업혁명 및 디지털경제학
	주요내용
3차 산업혁명과 4차 산업혁명 및 디지털경제학	3차 산업혁명과 4차 산업혁명을 거치면서 디지털경제학이라는 분야가 새롭게 주목을 받고 있다. 이전에는 디지털경제학이라는 학문 자체가 생소하였고 디지털경제학을 뒷받침할 만한 마땅한 데이터가 존재하고 있지도 않았기 때문이다.
	2000년대 후반까지 디지털경제학과 관련된 수많은 자료들이 쏟아져 나왔다. 이는 2000년대 초에 이르는 정보통신 기반의 3차 산업혁명(third industrial revolution)의 발달이 함께한 업적으로 판단된다. 최근에는 빅 데이터(big data)의 자료들과 함께 4차 산업혁명에 의한 발달로 인하여 더욱 발전해 나가고 있다.

〈그림 6-7〉에는 시대 구간별 디지털경제학 분야의 발달 양상이 표기되어 나타나 있다. A구간과 B구간은 3차 산업혁명과 4차 산업혁명이 발생하기 이전의 구간이며, 이 구간은 앞에서 언급한 바와 같이 디지털경제학이라는 학문 자체가 생소하였고 디지털경제학을 뒷받침할 만한 마땅한 데이터가 존재하고 있지도 않았기 때문에 발달 양상이 뚜렷하지 않았던 시기이다. 이는 아날로그 시대로부터 새로운 변혁의 시대를 맞이한 것이다.

그림 6-7 시대 구간별 디지털경제학 분야의 발달 양상

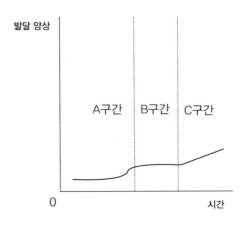

즉 아날로그 시대에 있어서는 디지털 시대와 다르게 모든 것에 있어서 보관도 어렵고 데이터의 전송도 어려웠던 시기이다. 하지만 디지털 시대가 되면서 모든 것이 전자문서화로 통일되면서 클라우드 컴퓨팅과 블록체인과 같은 새로운 시대의 변화된 양상으로 전개되고 있는 것이다.

C구간은 2000년대 초 이후의 정보통신 기반의 3차 산업혁명의 발달과 최근의 빅데이터를 비롯한 4차 산업혁명의 발달로 인한 디지털경제학 분야의 발전 양상이 시간이 지날수록 중요해지고 각종 정보들이 넘쳐나고 있음이 반영된 결과들이다.

미국을 중심으로 살펴보았을 때 2010년 대 중반을 기점으로 국민들의 총소득 증가 부분이 어떻게 미국경제(U.S. economy)와 연결되었을까? 전통적으로 주식을 중심으로 투자하는 패턴이 이어지고 있을까? 이는 금리정책과 함께 진지하게 생각해 보아야 하는 시점으로 판단된다. 이와 같이 재테크를 중심으로 하는 정보들은 2000년대 이후 사람들이 진지하게 관심이 있는 건강 문제 이외에 가장 중요한 주제(theme) 임에는 틀림이 없다.

표 6-4   금리 정책과 자본에 대한 소득의 비율

	주요내용
금리 정책과 자본에 대한 소득의 비율	미국을 중심으로 살펴보았을 때 2010년 대 중반을 기점으로 국민들의 총소득증가 부분이 어떻게 미국경제(U.S. economy)와 연결되었을까? 전통적으로 주식을 중심으로 투자하는 패턴이 이어지고 있을까? 이는 금리정책과 함께 진지하게 생각해 보아야 하는 시점으로 판단된다. 이와 같이 재테크를 중심으로 하는 정보들은 2000년대 이후 사람들이 진지하게 관심이 있는 건강 문제 이외에 가장 중요한 주제(theme) 임에는 틀림이 없다.
	자본에 대한 소득의 비율과 관련하여서는 국가별 시스템 내에서 저축률과 성장률을 함께 고려해 보아야 한다. 장기적인(long-term) 관점에서 주가의 상승속도가 소비물가에 따른 상승속도 보다 큰 이유로는 주로 기업들의 사내유보(retained earnings) 이익을 통한 재투자에 의거하여 자본이 상승하는 이른바 가격에 따른 효과(price effect)보다 물량의 효과(quantity effect)로 판단하고 있다.
	사내유보의 이익은 기업들의 경우 당기처분에 해당하는 이익 분에 대하여 모든 것들을 배당 또는 임원들에 대한 상여금 형식 등에 따라 회사 밖에 유출 없이 일정부분 만큼 각종 사내준비금으로 혹은 사내적립금의 형태로 유보시켜 놓는 것을 의미한다.

자본에 대한 소득의 비율과 관련하여서는 국가별 시스템 내에서 저축률과 성장률을 함께 고려해 보아야 한다. 장기적인(long-term) 관점에서 주가의 상승속도가 소비자물가에 따른 상승속도 보다 큰 이유로는 주로 기업들의 사내유보(retained earnings) 이익을 통한 재투자에 의거하여 자본이 상승하는 이른바 가격에 따른 효과(price effect)보다 물량의 효과(quantity effect)로 판단하고 있다.

사내유보의 이익은 기업들의 경우 당기처분에 해당하는 이익 분에 대하여 모든 것들을 배당 또는 임원들에 대한 상여금 형식 등에 따라 회사 밖에 유출 없이 일정부분 만큼 각종 사내준비금으로 혹은 사내적립금의 형태로 유보시켜 놓는 것을 의미한다.

여기서 미국의 경우 경제성장과 함께 전통적인 주가 중심의 투자가 이루어지고 있는 지 또는 주택을 비롯한 부동산 투자가 주된 것인지 살펴볼 필요성이 있다. 미국의 경제에 있어서 주택에 따른 자본소득은 임차에 의한 소득으로 볼 수 있는데, 이 또한 미국의 경제 내에 차지하는 비중에 있어서 증가추세라는 것이다. 물론 앞서 언급한 바와 같이 금융정책(monetary policy)과 주택을 비롯한 부동산가격 및 주가의 흐름 등을 같이 살펴보아 미국경제 내에서 차지하는 위상과 비중을 살펴볼 필요성이 있다. 주택을 비롯한 부동산의 경우에 있어서도 주별로 그리고 주택의 유형별에 따라 다른 양상이 전개될 수도 있다.

결국 미국의 금리가 정체내지 하락 국면을 향후 보일 것인지와 물가상승률의 둔화속도가 이어질 수 있을 지, 일부의 대도시에 대한 주택의 공급물량에 있어서 신규물량에 규제가 있을 지 등이 주택을 비롯한 부동산가격에 영향을 줄 것이다.

실제 자료들을 살펴보면, 30년 또는 20년 전에는 미국의 경우 명목이자율의 하락과 주택수요의 증가, 신규 공급물량의 제약으로 인하여 임대료가 꾸준히 상승한 경험을 지니고 있다. 결과적으로 미국에 있어서 임대료의 상승을 촉발시킨 것은 명목이자율의 하락에 따른 경험인 것이다.

결론적으로 최근까지의 흐름을 살펴보면, 미국의 경우 대도시 주변의 주택을 비롯한 부동산가격과 저금리의 풍부한 유동성(liquidity)에 따른 주가상승이 미국 내의 투자를 이끌었다는 것이다. 이는 한국도 비슷한 흐름의 양상을 지속한 경험을 갖고 있는지 살펴볼 필요성 있다.

표 6-5	주가와 임대료 및 금리정책

	주요내용
주가와 임대료 및 금리정책	미국의 경우 경제성장과 함께 전통적인 주가 중심의 투자가 이루어지고 있는 지 또는 주택을 비롯한 부동산 투자가 주된 것인지 살펴볼 필요성이 있다. 미국의 경제에 있어서 주택에 따른 자본소득은 임차에 의한 소득으로 볼 수 있는데, 이 또한 미국의 경제 내에 차지하는 비중에 있어서 증가추세라는 것이다. 물론 앞서 언급한 바와 같이 금융정책(monetary policy)과 주택을 비롯한 부동산가격 및 주가의 흐름 등을 같이 살펴보아 미국경제 내에서 차지하는 위상과 비중을 살펴볼 필요성이 있다. 주택을 비롯한 부동산의 경우에 있어서도 주별로 그리고 주택의 유형별에 따라 다른 양상이 전개될 수도 있다.
	미국의 금리가 정체내지 하락 국면을 향후 보일 것인지와 물가상승률의 둔화속도가 이어질 수 있을 지, 일부의 대도시에 대한 주택의 공급물량에 있어서 신규 물량에 규제가 있을 지 등이 주택을 비롯한 부동산가격에 영향을 줄 것이다.
	실제 자료들을 살펴보면, 30년 또는 20년 전에는 미국의 경우 명목이자율의 하락과 주택수요의 증가, 신규 공급물량의 제약으로 인하여 임대료가 꾸준히 상승한 경험을 지니고 있다. 결과적으로 미국에 있어서 임대료의 상승을 촉발시킨 것은 명목이자율의 하락에 따른 경험인 것이다.
	결론적으로 최근까지의 흐름을 살펴보면, 미국의 경우 대도시 주변의 주택을 비롯한 부동산가격과 저금리의 풍부한 유동성(liquidity)에 따른 주가상승이 미국 내의 투자를 이끌었다는 것이다. 이는 한국도 비슷한 흐름의 양상을 지속한 경험을 갖고 있는지 살펴볼 필요성 있다.

〈그림 6-8〉에는 한국 총저축률(1953~2017년, 연간데이터)과 한국 경제성장률(1954~2018년, 연간데이터) 동향이 표기되어 나타나 있으며, 각각의 단위는 %이다. 여기서 제공된 데이터는 한국은행의 간편 검색(인터넷의 홈페이지를 통한 경제통계시스템)에 의한 것이다.

이 자료들을 살펴보면, 한국 총저축률은 2000년대 들어 일정하게 유지되고 최근 들어 약간 상승 추세를 보인 것을 알 수 있으며 한국 경제성장률은 일정한 경기순환 양상을 나타내며 잠재성장률의 하락 추세에 따라 조금씩 낮아진 것을 알수 있다.

그림 6-8 한국 총저축률과 한국 경제성장률 동향2)

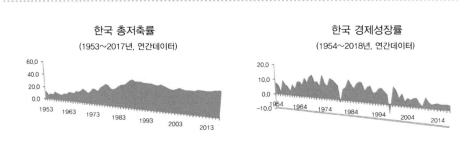

〈그림 6-9〉에는 한국 총저축률(1954~2017년, 연간데이터, %, 좌축)과 한국 경제성장률(1954~2017년, 연간데이터, %, 우축) 동향이 표기되어 나타나 있다. 여기서 제공된 데이터는 한국은행의 간편 검색(인터넷의 홈페이지를 통한 경제통계시스템)에 의한 것이다.

이들 그래프들을 비교하면, 1980년대까지는 동반 상승하는 모습을 보이다가 이후에는 변동성을 보이며 정체 내지 하락하는 모습을 보이고 있다. 특히 한국의 경제성장률은 1960년대 이후 성장 폭이 둔화된 모습을 알 수 있다. 이와 같은 추

그림 6-9 한국 총저축률과 한국 경제성장률 동향

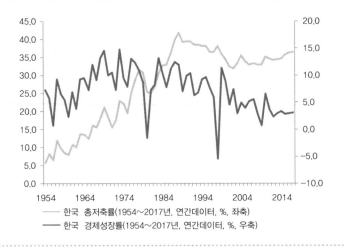

2) http://ecos.bok.or.kr/

세들이 반영되면서 상관관계의 상관계수 값이 −0.064로 상관성이 없는 것으로 나타났다.

저축률에 대하여 경제성장률로 나눈 것은 자본에 대한 소득의 비율을 반영하는 양상을 지닌다. 이는 결국 주택을 비롯한 부동산에 대한 투자가 되었든지 또는 주식에 대한 투자가 되었든지 자금 여력이 있어서 투자(investment)로 연결될 수 있는 선순환 구조에 대한 반영 또는 현상에 대한 설명으로 이어지는 부분이다.[3]

〈그림 6−10〉에는 한국 총저축률(1954~2017년, 연간데이터, %)과 한국 국내총투자율(1954~2017년, 연간데이터, %) 동향이 표기되어 나타나 있다. 여기서 제공된 데이터는 한국은행의 간편 검색(인터넷의 홈페이지를 통한 경제통계시스템)에 의한 것이다.

한국 총저축률 및 한국 국내총투자율의 상관관계를 살펴보면, 상관계수가 0.909의 높은 상관성을 지니고 있음을 알 수 있다. 이는 Y(국내총생산)=C(소비)+S(저축)=C(소비)+I(투자)와 같은 경제학적인 측면의 해석으로 이어질 수 있다. 즉 국내경제(domestic economy)만을 상정할 때, 저축된 것은 결국 투자로 연결된다는 것이다.

그림 6-10 한국 총저축률과 한국 국내총투자율 동향

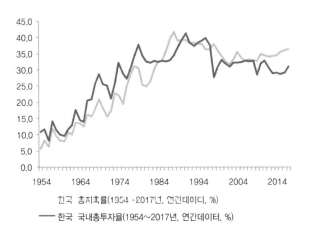

한국 총저축률(1954~2017년, 연간데이터, %)
—— 한국 국내총투자율(1954~2017년, 연간데이터, %)

3) Douglas, J. L.(2016), "New Wine Into Old Bottles: Fintech Meets the Bank Regulatory World", *North Carolina Banking Institute*, 20(1), pp. 15-27.

그림 6-11 미국 총저축률과 미국 경제성장률 동향

───── 미국 총저축률(1950~2017년, 연간데이터, %, 좌축)
───── 미국 경제성장률(1950~2017년, 연간데이터, %, 우축)

〈그림 6-11〉에는 미국 총저축률(1950~2017년, 연간데이터, %, 좌측)과 미국 경제성장률(1950~2017년, 연간데이터, %, 우측) 동향이 표기되어 나타나 있다. 여기서 제공된 데이터는 한국은행의 간편 검색(인터넷의 홈페이지를 통한 경제통계시스템)에 의한 것이다.

미국의 경우 총저축률 및 경제성장률이 1950년대 이후 줄곧 하향 추세를 보이면서 변동성을 지니고 있음을 알 수 있다. 이에 따른 상관관계를 살펴보면, 상관계수가 0.439로서 높지 않은 수준을 보이고 있다.

〈그림 6-12〉에는 미국 총저축률(1950~2017년, 연간데이터, %)과 미국 국내총투자율(1950~2017년, 연간데이터, %) 동향이 표기되어 나타나 있다. 여기서 제공된 데이터는 한국은행의 간편 검색(인터넷의 홈페이지를 통한 경제통계시스템)에 의한 것이다.

이 그래프들을 살펴보면, 미국 총저축률 및 미국 국내총투자율이 모두 1950년대 이후 하락 내지 정체를 보이고 있음을 알 수 있다. 이에 따른 상관관계의 상관계수를 살펴보면, 이 기간 동안 0.700의 수치를 나타내 보이고 있다. 통계학적으로 0.5 이상을 통계적인 유의성(significance)이 있다고 판단하므로 의미가 있는 수치로 판단할 수 있다. 미국의 경우 한국의 경우에서보다 저축과 투자의 상관성이

그림 6-12 미국 총저축률과 미국 국내총투자율 동향

━━ 미국 총저축률(1950~2017년, 연간데이터, %)
━━ 미국 국내총투자율(1950~2017년, 연간데이터, %)

다소 낮게 보이는데 이는 국내경제에서 투자비중이 한국보다 미국의 경우 낮을 가능성이 크다는 것을 반영하고 있다는 판단이다. 즉 한국보다 해외에 투자하는 비중이 클 수 있다는 것이다.

〈그림 6-13〉에는 한국 총저축률/한국 경제성장률(1954~2017년, 연간데이터, %)과 미국 총저축률/미국 경제성장률(1950~2017년, 연간데이터, %) 동향이 표기되어 나타나 있다. 여기서 제공된 데이터는 한국은행의 간편 검색(인터넷의 홈페이지를 통한 경제통계시스템)에 의한 것이다.

그림 6-13 한국 총저축률/한국 경제성장률과 미국 총저축률/미국 경제성장률 동향

　　한국의 경우 저축률에 대하여 경제성장률로 나눈 자본에 대한 소득의 비율에서 최근 들어 다소 상승 추세에 놓여 있음을 알 수 있다. 반면에 미국의 경우에는 낮은 수치와 음(-)의 수치를 보인 이후 최근 들어서도 낮은 수준에서 정체되어 있다.

　　비록 저축률 중에서도 민간저축(private saving)이 중요하지만, 한국 총저축률/한국 경제성장률의 수치만으로 판단할 경우 한국의 경우에 있어서 향후에도 주가 또는 주택가격을 비롯한 부동산에 대한 자금여력이 나쁘지는 않을 것으로 판단된다.

　　〈그림 6-14〉에는 한국 경제성장률(1980~2018년, 연간데이터, %, 우축)과 한국 KOSPI 주가지수(1980~2018년, 연간데이터, 1980.1.4=100, 좌축) 동향이 표기되어 나타나 있다. 여기서 제공된 데이터는 한국은행의 간편 검색(인터넷의 홈페이지를 통한 경제통계시스템)에 의한 것이다.

　　이 그래프를 살펴보면, 한국 경제성장률은 1980년대 이후 지속적으로 낮아지는 추세를 보이고 있지만 같은 기간 동안 KOSPI 주가지수의 흐름은 최근까지 상승 추세를 나타낸 것을 알 수 있다. 이에 따라 상관관계에 의한 상관계수를 살펴보면, -0.426의 수치를 나타내고 있어 두 변수 간에 특별한 상관성을 보이지 않고 있음을 알 수 있다. 이와 같은 양상은 미국의 경우에 있어서도 비슷하게 최근까지 이어져 온 것을 알 수 있다.

그림 6-14　한국 경제성장률과 한국 KOSPI 주가지수 동향

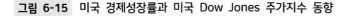

그림 6-15 미국 경제성장률과 미국 Dow Jones 주가지수 동향

〈그림 6-15〉에는 미국 경제성장률(1980~2017년, 연간데이터, %, 우축)과 미국 Dow Jones 주가지수(1980~2017년, 연간데이터, 1896.5.26=40.96, 좌축) 동향이 표기되어 나타나 있다. 여기서 제공된 데이터는 한국은행의 간편 검색(인터넷의 홈페이지를 통한 경제통계시스템)에 의한 것이다.

한국의 경우에서와 비슷하게 미국의 경제성장률은 하락 내지 정체를 지속하였지만 미국 Dow Jones 주가지수의 경우 가파르게 상승한 것을 알 수 있다. 따라서 같은 기간 동안의 상관관계에 의한 상관계수를 살펴보면, −0.132의 수치를 나타내고 있어 상관성이 낮음을 알 수 있다.

여기서 한국의 주식 투자와 관련하여 중요한 것은 한국의 경우 주식시장에 대한 영향이 한국의 기초경제(fundamentals)도 중요하지만 미국의 주식시장과의 동조화에 의한 영향도 있기 때문에 대외적인 변수도 고려하여 분석해 나가야 한다. 이는 결국 미국의 금리정책의 방향성도 매우 중요한 것이다.

〈그림 6-16〉에는 미국 경제성장률(1980~2017년, 연간데이터, %, 우축)과 미국 NASDAQ 주가지수(1980~2017년, 연간데이터, 1971.2.5=100, 좌축) 동향이 표기되어 나타나 있다. 여기서 제공된 데이터는 한국은행의 간편 검색(인터넷의 홈페이지를 통한 경제통계시스템)에 의한 것이다.

그림 6-16 미국 경제성장률과 미국 NASDAQ 주가지수 동향

— NASDAQ(1980~2017년, 연간데이터, 1971.2.5=100, 좌축)
— 미국 경제성장률(1980~2017년, 연간데이터, %, 우축)

이 그래프들을 살펴보면, 미국 Dow Jones 주가지수와 비슷한 양상을 보였다. 이에 따라 상관관계에 의한 상관계수를 살펴보면, −0.081의 수치를 나타내고 있어 상관성이 낮음을 알 수 있다.

이와 같은 경제성장률의 둔화에 대하여 전문가들은 기업들의 투자처에 대한 발굴에서도 중요한데, 이에 대하여는 4차의 산업혁명(fourth industrial revolution)에 의하여 돌파구를 찾아야 한다는 점을 강조하고 있다. 즉 성장의 하락 추세와 속도를 둔화시킬 것으로 판단하고 있는 것이다.

즉 경제가 선진국 형으로 진행되어 갈수록 고비용 저효율의 고착화가 우려되는 데, 이는 생산성(productivity)의 하락으로 이어질 수 있으므로 이에 대한 돌파구는 4차 산업혁명에 의한 획기적인 비용 절감과 생산성의 고도화를 이룩해 나갈 수 있다는 측면이다.

저축률 중에서 가계부문의 저축률 증가가 경제성장과 밀접한 관련이 있다는 것이 전문가들의 분석결과이다. 한국의 가계부문의 저축률이 경제협력개발기구인 OECD에서 높은 수준이 아닌 것으로 알려져 있다.

이와 같은 가계부문의 저축률에 있어서 증가는 가계부문의 부채의 감소라는 것을 의미하는 것이다. 이는 앞서 언급한 주식시장이든 주택을 비롯한 부동산

표 6-6	경제성장률의 하락추세와 4차 산업혁명

	주요내용
경제성장률의 하락추세와 4차 산업혁명	경제성장률의 둔화에 대하여 전문가들은 기업들의 투자처에 대한 발굴에서도 중요한데, 이에 대하여는 4차의 산업혁명(fourth industrial revolution)에 의하여 돌파구를 찾아야 한다는 점을 강조하고 있다. 즉 성장의 하락 추세와 속도를 둔화시킬 것으로 판단하고 있는 것이다.
	경제가 선진국 형으로 진행되어 갈수록 고비용 저효율의 고착화가 우려되는 데, 이는 생산성(productivity)의 하락으로 이어질 수 있으므로 이에 대한 돌파구는 4차 산업혁명에 의한 획기적인 비용 절감과 생산성의 고도화를 이룩해 나갈 수 있다는 측면이다.

표 6-7	가계부문의 저축률 증가와 경제성장

	주요내용
가계부문의 저축률 증가와 경제성장	저축률 중에서 가계부문의 저축률 증가가 경제성장과 밀접한 관련이 있다는 것이 전문가들의 분석결과이다. 한국의 가계부문의 저축률이 경제협력개발기구인 OECD에서 높은 수준이 아닌 것으로 알려져 있다.
	가계부문의 저축률에 있어서 증가는 가계부문의 부채의 감소라는 것을 의미하는 것이다. 이는 앞서 언급한 주식시장이든 주택을 비롯한 부동산산업 부문에 있어서 투자활성화(investment activity)로 이어질 수 있고, 경제성장(economic growth)을 통하여 가계부문의 소득 증대로 연결되는 경제순환에서 선순환 구조를 가질 수 있기 때문이다.

산업 부문에 있어서 투자활성화(investment activity)로 이어질 수 있고, 경제성장(economic growth)을 통하여 가계부문의 소득 증대로 연결되는 경제순환에서 선순환 구조를 가질 수 있기 때문이다.

2019년 미국 금리정책이 2018년에 예측한 바와 같이 4차례 인상과 같은 급격한 금리 인상의 기조를 가져가기는 어렵다는 것이 2019년 3월까지의 전문가들의 분석이다. 이는 미국 Fed(연방준비제도 이사회)가 몇 가지 측면을 주요 변수로 살펴보고 있기 때문이다.

여기에는 미국과 중국의 무역관련 마찰과 유럽 및 중국의 경기하강 내지 정체, EU에서 영국이 탈퇴할 수 있다는 불확실성(uncertainty) 등이 있다. 이에 따라 미국

표 6-8	2019년 미국 금리정책과 정보

	주요내용
2019년 미국 금리정책과 정보	2019년 미국 금리정책이 2018년에 예측한 바와 같이 4차례 인상과 같은 급격한 금리 인상의 기조를 가져가기는 어렵다는 것이 2019년 3월까지의 전문가들의 분석이다. 이는 미국 Fed(연방준비제도 이사회)가 몇 가지 측면을 주요 변수로 살펴보고 있기 때문이다.
	미국과 중국의 무역관련 마찰과 유럽 및 중국의 경기하강 내지 정체, EU에서 영국이 탈퇴할 수 있다는 불확실성(uncertainty) 등이 있다. 이에 따라 미국의 금리인상이 미국경제의 양호한 측면과 고려된 것으로 인하여 단행되기 쉽지 않은 형국이다. 이와 같은 미국의 금리인상 정책이 시장에서 중요한 정보(information)가 되어 각국의 각종 금융정책(monetary policy)뿐만 아니라 환율 등 제반 거시경제 변수(macro variables)에까지 골고루 영향을 줄 수 있는 것이다.

의 금리인상이 미국경제의 양호한 측면과 고려된 것으로 인하여 단행되기 쉽지 않은 형국이다. 이와 같은 미국의 금리인상 정책이 시장에서 중요한 정보(information)가 되어 각국의 각종 금융정책(monetary policy)뿐만 아니라 환율 등 제반 거시경제변수(macro variables)에까지 골고루 영향을 줄 수 있는 것이다.

앞서 지적한 바와 같이 국가 단위에서도 정보 또는 디지털경제학이 얼마나 중요한 지 실무적으로 살펴보았다. 국가 내의 개인단위에 있어서도 사적으로 사용되고 있는 정보는 매우 중요한데, 이와 관련된 정보의 적법한 수집의 비용은 검색방법 또는 검색모형과 관련되어 발전하고 있다.

이는 시계열 상의 관련성을 비롯한 제반 고려 변수를 통하여 표본선정 및 정보수집과 관련하여 순차검색모형 또는 순차검색공식이라는 명칭으로 1970년대 이후 디지털경제학의 분야에서 통용되고 있다.

이와 같은 사적인 정보수집의 경우 어마어마한 경제적인 가치를 지니고 있다. 이는 빅 데이터의 가치를 고려하면 어렵지 않게 이해가 가능하며, 이러한 사적인 정보의 활용과 연구영역은 개개인들의 사생활에 있어서 각종 협상적인 부분과 서로 연결하는 부분, 그리고 B2C 부문에 있어서 관리 및 유지하는 검색방법 또는 검색모형으로까지 발전해 나가고 있다. 예를 들어, 각종 개개인들의 생일이라든지 경조사에 있어서 회사들은 고객관리 차원에서 마케팅 분야(marketing fields)에 있어서 활용되기도 하는 것이다.

표 6-9	사적인 정보수집과 디지털경제학, 마케팅

	주요내용
사적인 정보수집과 디지털경제학, 마케팅	국가 단위에서도 정보 또는 디지털경제학이 얼마나 중요한 지 실무적으로 살펴보았다. 국가 내의 개인단위에 있어서도 사적으로 사용되고 있는 정보는 매우 중요한데, 이와 관련된 정보의 적법한 수집의 비용은 검색방법 또는 검색모형과 관련되어 발전하고 있다.
	시계열 상의 관련성을 비롯한 제반 고려 변수를 통하여 표본선정 및 정보수집과 관련하여 순차검색모형 또는 순차검색공식이라는 명칭으로 1970년대 이후 디지털경제학의 분야에서 통용되고 있다.
	사적인 정보수집의 경우 어마어마한 경제적인 가치를 지니고 있다. 이는 빅 데이터의 가치를 고려하면 어렵지 않게 이해가 가능하며, 이러한 사적인 정보의 활용과 연구영역은 개개인들의 사생활에 있어서 각종 협상적인 부분과 서로 연결하는 부분, 그리고 B2C 부문에 있어서 관리 및 유지하는 검색방법 또는 검색모형으로까지 발전해 나가고 있다. 예를 들어, 각종 개개인들의 생일이라든지 경조사에 있어서 회사들은 고객관리 차원에서 마케팅 분야(marketing fields)에 있어서 활용되기도 하는 것이다.

exercise 03

1. 블록체인 기반의 기술이 현실적으로 적용되고 광범위하게 확산되기에 어려운 이유를 몇 가지 난제와 관련하여 설명하시오.

📋 정답

첫째, 블록체인 기반의 분산되어진 관리적인 측면과 상호적인 운용, 자료에 대한 개인들 정보의 보호측면에서 해결해야하는 과제들이 남아 있다. 둘째, 블록체인 기반의 기술의 적용에 있어서 건강분야의 공공적인 블록체인의 활용 자체도 문제점으로 아직 존재하고 있다.

2. 블록체인 기반의 기술이 보건 및 건강분야에 적용될 때 가져올 수 있는 긍정적인 효과와 관련하여 설명하시오.

📋 정답

블록체인 기반의 기술이 적용될 경우에 있어서 장점인 거래 및 자료의 투명성, 불변 가능성 측면이다.

3. 블록체인 기술을 통한 건강분야 블록체인 기반의 기술 확보 및 생태계 조성과 관련하여 설명하시오.

📋 정답

블록체인 기술을 통한 건강분야 블록체인 기반의 기술 확보 및 생태계 조성 방안에서와 같이 교육의 분야와 자금지원, 생태계 조성 방안으로 나누어 살펴볼 수 있다. 우선 교육의 분야에 있어서는 블록체인 기술의 인식 제고, 수많은 블록체인 스타트 업 회사 창출과 같은 생태계 조성과 관련된 것이다. 그리고 자금지원에서는 향상된 전문적인 기술의 제고, 건강분야 블록체인 기반의 기술 확보가 중요하다. 또한 생태계 조성으로 정부를 포함한 산업체 노력의 결실로 블록체인 기반의 기술에 의한 건강관리 시스템의 구축 및 향상과 관련된 측면이다.

4. 건강분야 블록체인 기반의 기술에 대한 실제 적용 및 자금 지원 방향과 관련하여 설명하시오.

📝 정답

첫 번째, 프로세스의 최적화로 블록체인 기반의 기술을 활용하는 측면과 둘째, 건강분야 블록체인 기반의 기술에 대한 실제 적용적인 측면, 셋째, 건강산업 전반에 걸쳐서 활용되는 블록체인 기반의 기술 생성의 고급 인력의 양성 및 필요성 측면, 마지막으로 자금의 지원 방향으로 공공 부문과 민간 부문 공동 노력을 병행해 나가는 측면이다.

5. 정보의 경제적 가치에 대하여 설명하시오.

📝 정답

건강정보와 관련된 적용 이외에 '정보가 경제적인 측면에서 왜 중요한 가'와 관련하여 살펴보기로 한다. 건강분야를 포함한 각종 산업 분야에 있어서 추가되고 있는 정보에 있어서 양적인 규모가 연간 단위로 30% 이상 증가추세를 나타내고 있다.

이와 같은 정보는 매년 단위로 생성뿐만 아니라 복사와 저장되고, 거래되고 있는 것이다. 따라서 정보자체가 경제적으로 가치(value)를 지니는 단위가 되고 있는 것이다. 이러한 정보는 다른 객체와 달리 특이성을 지니고 있다. 우선 전달과 함께 실시간으로 보관이 가능하다는 점이다. 따라서 정보자체가 인간에게서 유익한 새로운 차원에서의 경제적인 산출물인 것이다.

6. 경제학의 주된 목적에 대하여 설명하시오.

📝 정답

국민들의 파레토 최적상태에 대한 도달과 부유한 복지혜택 등까지 다양한 영역에 걸쳐져 있다. 경제적으로 살펴볼 때, 스미스에 의해 주창된 가격 메커니즘에 의하여 경제는 완전고용과 물가안정이 단기간에도 가능하다는 것이다.

7. 블록체인 기반의 기술과 정보에 대하여 설명하시오.

정답

산업적으로는 4차 산업혁명에 의하여 살고 있는데, 정보와 관련하여 중앙에 집중되는 방식에서 블록체인과 같은 방식에서는 분산되는 특징도 지니고 있다.

따라서 이전의 지식정보사회에서 중앙에 집중되는 방식, 즉 통합방식이 아니라 개개인들이 개별적으로 가지는 시대로 발전해 나가고 있고 잘못하면 단편적인 지식에 의하여 불완전하거나 잘못된 지식이 검증되지 않고 유포될 수 있는 위험요인(risk factor)도 있다.

이와 같은 정보의 불완전성(information imperfection) 문제도 블록체인 기반의 기술을 적용하면 해결해 나갈 수 있는 것이다.

8. 블록체인 기반 기술의 적용과 디지털경제학에 대하여 설명하시오.

정답

블록체인 기반의 기술이 적용되기 전에는 디지털경제학(digital economics)과 관련하여 분산되어 있는 정보에 대한 가치 부여와 통합의 어려움, 이들 정보에 대한 검증 체계의 미비점 등이 있었다.

9. 금융회사의 투자 행태와 디지털경제학에 대하여 설명하시오.

정답

신용도가 높은 안정적인 금융회사들의 경우에 있어서 만기에 있어서 현금 지불과 관련하여 기간을 나누거나 수익성이 높은 한 곳에 투자하기보다는 포트폴리오투자를 일반적으로 행하는 측면은 무엇일까?

이는 현금지불과 관련하여 디지털경제학적인 설명에 있어서 금융회사들의 지급 위험도를 낮추는 효과와 포트폴리오의 구성을 통하여 다양한 자산에 투자함으로써 투자자산의 변동성(volatility) 위험을 줄일 수 있어서 유리함을 지니고 있기 때문이다.

10. 건강 및 생명과학 분야의 정보와 블록체인 기반의 기술과 관련하여 설명하시오.

📋 **정답**

건강관리와 건강체계에 있어서 블록체인 기반의 기술이 효과적으로 그리고 지속성을 유지하기 위해서는 운영측면에서의 효율성이 있어야 한다. 이는 빅 데이터의 활용과 관련된 것이다. 즉 빅 데이터의 활용이 질병의 진행속도와 건강기술의 적용에 대한 효과성 측면에서 획기적인 시사점을 제공해 주고 기존에 존재하는 자원에 대하여도 효과적인 활용이 가능해지는 것이다.

이는 건강산업 내에서 협진을 비롯하여 통합적인 치료가 더욱 잘 이루어지는 체계로도 발전해 나갈 수 있다. 하지만 이와 같은 긍정적인 효과가 발생되기 위한 난제들도 또한 존재하고 있다. 즉 자료들의 일관성이 있는 유지관리와 호환성이 있어야 하며, 품질이 잘 유지되어야 하고 보안측면 및 개개인들에 대한 정보의 보호와 함께 표준화와 관련된 문제점들이 상존하고 있는 것이다.

헬스케어에서 블록체인 기반의 기술은 정보와 관련하여 공유와 분산의 기술제공을 비롯하여 디지털통화(digital currency)의 제공과 함께 발전해 나가고 있다. 여기에는 기록저장이라는 항구적인 장치로서 가장 큰 장점이 동반되고 있다. 이에 따라 거래된 자료의 신속한 보관과 함께 완벽성으로 진행해 나가는 것이다. 따라서 건강관리 및 생명과학과 관련된 분야에서 일정시점마다 상호적인 작용이 중요하기 때문에 블록체인 기반의 기술 적용가능성이 매우 큰 분야인 것이다.

11. 블록체인 기반의 기술과 기존 산업의 병행 발전 시스템에 대하여 설명하시오.

📋 **정답**

블록체인 기반의 기술은 건강관리 및 간호와 관련된 건강시스템 전반에 걸친 발전에 기여할 수 있다. 이는 블록체인 기반의 기술이 건강분야 이외에 핀테크(fintech)와 관련된 가상화폐와 연계하여 비약적으로 발전해 나갈 가능성을 내포하고 있는 것이다.

또한 이들 분야에서 블록체인 기반의 기술을 통하여 자료에 대한 교환시스템의 효율성과 개개인들의 본인 데이터에 대한 효율적인 소유 및 관리, 접속 등이 이루어진다는 것이다. 이는 건강과 무역, 부동산 거래 등을 비롯한 각종 기존 산업들을 기반으로 하는 데이터 접속으로 기존의 산업과 함께 병행하여 발전해 나간다는 것을 의미한다.

12. 블록체인 기반의 기술의 적용에 따른 이익 측면에 대하여 설명하시오.

📝 **정답**

첫째, 공급망 관리측면에서 추적기능과 기록 저장의 완벽함이다. 둘째, 확인 체계로써 정보 측면에서 신뢰도 제고와 안전성 향상 등이다. 셋째, 행정 시스템의 효율화와 비용 저감 효과로써 환불과 비용 확인 절차의 간소화 측면이다. 넷째, 접근 허용 및 관리의 용이성 측면이다.

13. 3차 산업혁명과 4차 산업혁명 및 디지털경제학에 대하여 설명하시오.

📝 **정답**

3차 산업혁명과 4차 산업혁명을 거치면서 디지털경제학이라는 분야가 새롭게 주목을 받고 있다. 이전에는 디지털경제학이라는 학문 자체가 생소하였고 디지털경제학을 뒷받침할 만한 마땅한 데이터가 존재하고 있지도 않았기 때문이다. 주지의 사실과 같이 아날로그에서 디지털 시대로 접어들면서 혁명적인 발전이 일어난 것이다.

2000년대 후반까지 디지털경제학과 관련된 수많은 자료들이 쏟아져 나왔다. 이는 2000년대 초에 이르는 정보통신 기반의 3차 산업혁명(third industrial revolution)의 발달이 함께한 업적으로 판단된다. 최근에는 빅 데이터(big data)의 자료들과 함께 4차의 산업혁명에 의한 발달로 인하여 더욱 발전해 나가고 있다.

14. 금리 정책과 자본에 대한 소득의 비율에 대하여 설명하시오.

📝 **정답**

미국을 중심으로 살펴보았을 때 2010년 대 중반을 기점으로 국민들의 총소득증가 부분이 어떻게 미국경제(U.S. economy)와 연결되었을까? 전통적으로 주식을 중심으로 투자하는 패턴이 이어지고 있을까? 이는 금리정책과 함께 진지하게 생각해 보아야 하는 시점으로 판단된다. 이와 같이 재테크를 중심으로 하는 정보들은 2000년대 이후 사람들이 진지하게 관심이 있는 건강 문제 이외에 가장 중요한 주제(theme) 임에는 틀림이 없다.

자본에 대한 소득의 비율과 관련하여서는 국가별 시스템 내에서 저축률과 성장률을 함께 고려해 보아야 한다. 장기적인(long-term) 관점에서 주가의 상승속도가 소비자물가에 따른 상승속도 보다 큰 이유로는 주로 기업들의 사내유보(retained earnings) 이익을 통한 재투자에 의거하여 자본이 상승하는 이른바 가격에 따른 효과(price effect)보다 물량의 효과(quantity effect)로 판단하고 있다.

사내유보의 이익은 기업들의 경우 당기처분에 해당하는 이익 분에 대하여 모든 것들을 배당 또는 임원들에 대한 상여금 형식 등에 따라 회사 밖에 유출 없이 일정부분 만큼 각종 사내준비금으로 혹은 사내적립금의 형태로 유보시켜 놓는 것을 의미한다.

15. 주가와 임대료 및 금리정책에 대하여 설명하시오.

정답

미국의 경우 경제성장과 함께 전통적인 주가 중심의 투자가 이루어지고 있는 지 또는 주택을 비롯한 부동산 투자가 주된 것인지 살펴볼 필요성이 있다. 미국의 경제에 있어서 주택에 따른 자본소득은 임차에 의한 소득으로 볼 수 있는데, 이 또한 미국의 경제 내에 차지하는 비중에 있어서 증가추세라는 것이다. 물론 앞서 언급한 바와 같이 금융정책(monetary policy)과 주택을 비롯한 부동산가격 및 주가의 흐름 등을 같이 살펴보아 미국경제 내에서 차지하는 위상과 비중을 살펴볼 필요성이 있다. 주택을 비롯한 부동산의 경우에 있어서도 주별로 그리고 주택의 유형별에 따라 다른 양상이 전개될 수도 있다.

결국 미국의 금리가 정체내지 하락 국면을 향후 보일 것인지와 물가상승률의 둔화속도가 이어질 수 있을 지, 일부의 대도시에 대한 주택의 공급물량에 있어서 신규물량에 규제가 있을 지 등이 주택을 비롯한 부동산가격에 영향을 줄 것이다.

실제 자료들을 살펴보면, 30년 또는 20년 전에는 미국의 경우 명목이자율의 하락과 주택수요의 증가, 신규 공급물량의 제약으로 인하여 임대료가 꾸준히 상승한 경험을 지니고 있다. 결과적으로 미국에 있어서 임대료의 상승을 촉발시킨 것은 명목이자율의 하락에 따른 경험인 것이다.

결론적으로 최근까지의 흐름을 살펴보면, 미국의 경우 대도시 주변의 주택을 비롯한 부동산가격과 저금리의 풍부한 유동성(liquidity)에 따른 주가상승이 미국 내의 투자를 이끌었다는 것이다. 이는 한국도 비슷한 흐름의 양상을 지속한 경험을 갖고 있는지 살펴볼 필요성 있다.

16. 경제성장률의 하락추세와 4차 산업혁명에 대하여 설명하시오.

📝 정답

경제성장률의 둔화에 대하여 전문가들은 기업들의 투자처에 대한 발굴에서도 중요한데, 이에 대하여는 4차의 산업혁명(fourth industrial revolution)에 의하여 돌파구를 찾아야 한다는 점을 강조하고 있다. 즉 성장의 하락 추세와 속도를 둔화시킬 것으로 판단하고 있는 것이다.

즉 경제가 선진국 형으로 진행되어 갈수록 고비용 저효율의 고착화가 우려되는 데, 이는 생산성(productivity)의 하락으로 이어질 수 있으므로 이에 대한 돌파구는 4차 산업혁명에 의한 획기적인 비용 절감과 생산성의 고도화를 이룩해 나갈 수 있다는 측면이다.

17. 가계부문의 저축률 증가와 경제성장에 대하여 설명하시오.

📝 정답

저축률 중에서 가계부문의 저축률 증가가 경제성장과 밀접한 관련이 있다는 것이 전문가들의 분석결과이다. 한국의 가계부문의 저축률이 경제협력개발기구인 OECD에서 높은 수준이 아닌 것으로 알려져 있다.

이와 같은 가계부문의 저축률에 있어서 증가는 가계부문의 부채의 감소라는 것을 의미하는 것이다. 이는 앞서 언급한 주식시장이든 주택을 비롯한 부동산산업 부문에 있어서 투자활성화(investment activity)로 이어질 수 있고, 경제성장(economic growth)을 통하여 가계부문의 소득 증대로 연결되는 경제순환에서 선순환 구조를 가질 수 있기 때문이다.

18. 2019년 미국 금리정책과 정보에 대하여 설명하시오.

📝 정답

2019년 미국 금리정책이 2018년에 예측한 바와 같이 4차례 인상과 같은 급격한 금리 인상의 기조를 가져가기는 어렵다는 것이 2019년 3월까지의 전문가들의 분석이다. 이는 미국 Fed(연방준비제도 이사회)가 몇 가지 측면을 주요 변수로 살펴보고 있기 때문이다.

여기에는 미국과 중국의 무역관련 마찰과 유럽 및 중국의 경기하강 내지 정체, EU에서 영국이 탈퇴할 수 있다는 불확실성(uncertainty) 등이 있다. 이에 따라 미국의 금리인상이 미국경제의 양호한 측면과 고려된 것으로 인하여 단행되기 쉽지 않은 형국이다. 이와 같은 미국의 금리인상 정책이 시장에서 중요한 정보(information)가 되어 각국의 각종 금융정책(monetary policy) 뿐만 아니라 환율 등 제반 거시경제변수(macro variables)에까지 골고루 영향을 줄 수 있는 것이다.

19. 사적인 정보수집과 디지털경제학, 마케팅에 대하여 설명하시오.

📋 **정답**

국가 단위에서도 정보 또는 디지털경제학이 얼마나 중요한 지 실무적으로 살펴보았다. 국가 내의 개인단위에 있어서도 사적으로 사용되고 있는 정보는 매우 중요한데, 이와 관련된 정보의 적법한 수집의 비용은 검색방법 또는 검색모형과 관련되어 발전하고 있다.

이는 시계열 상의 관련성을 비롯한 제반 고려 변수를 통하여 표본선정 및 정보수집과 관련하여 순차검색모형 또는 순차검색공식이라는 명칭으로 1970년대 이후 디지털경제학의 분야에서 통용되고 있다.

이와 같은 사적인 정보수집의 경우 어마어마한 경제적인 가치를 지니고 있다. 이는 빅 데이터의 가치를 고려하면 어렵지 않게 이해되며, 이러한 사적인 정보의 활용과 연구영역은 개개인들의 사생활에 있어서 각종 협상적인 부분과 서로 연결하는 부분, 그리고 B2C 부문에 있어서 관리 및 유지하는 검색방법 또는 검색모형으로까지 발전해 나가고 있다. 예를 들어, 각종 개개인들의 생일이라든지 경조사에 있어서 회사들은 고객관리 차원에서 마케팅 분야(marketing fields)에 있어서 활용되기도 하는 것이다.

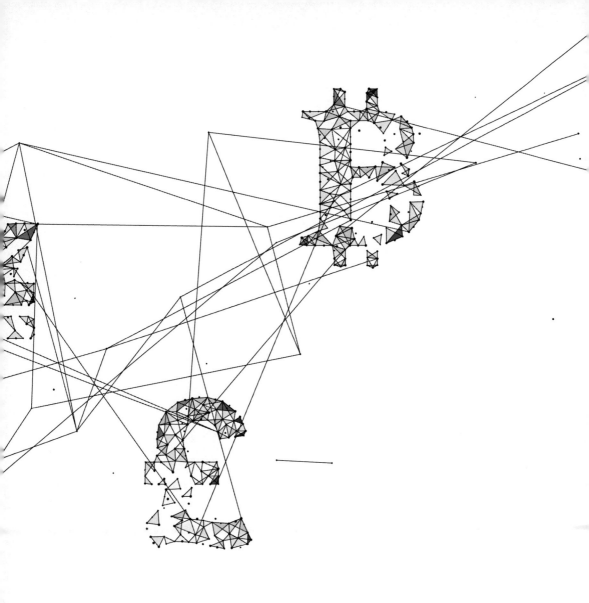

part 4

정보가치와 정보의 비대칭성

chapter 07

정보가치와 정보의 대칭관계

제1절 | 정보의 수집과 관련된 비용 및 정보가치

〈그림 7-1〉에는 미국 T/Note(10년)(1980~2018년, 연간데이터, %)와 중국 경제성장률(1980~2018년, 연간데이터, %) 동향이 표기되어 나타나 있다. 여기서 제공된 데이터는 한국은행의 간편 검색(인터넷의 홈페이지를 통한 경제통계시스템)에 의한 것이다.

그림에서 미국의 기준금리인 T/Note(10년)의 움직임을 살펴보면, 1980년대 이후 줄곧 하향 안정화 측면이다. 반면에 중국의 경제성장률은 일정한 평균 범위에서 변동하다가 2010년대 이후부터 최근까지 중속성장이 이루어지고 있는 것을 알 수 있다.

한국경제에 있어서도 매우 중요한 중국의 경제성장률의 경우 1980년 이후부터 2018년까지 평균 9.5% 성장하였으며, 표준편차는 2.8%이었다. 2018년 중국의 경제성장률은 6.6%의 중속성장을 이루었다.

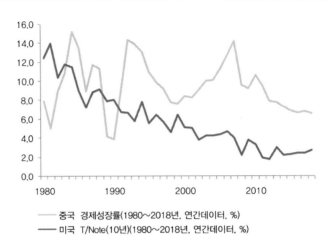

그림 7-1 미국 T/Note(10년)와 중국 경제성장률 동향

중국 경제성장률(1980~2018년, 연간데이터, %)
미국 T/Note(10년)(1980~2018년, 연간데이터, %)

미국 T/Note(10년)와 중국 경제성장률의 상관관계에 의한 상관계수를 살펴보면, 0.131을 나타냈다. 이는 비교적 높은 수치는 아니지만 최근 들어 미국의 금리 정책이 대내적인 요인뿐만 아니라 중국과 유럽 등의 각국들에 있어서의 경제적인 상황까지 고려하고 있기 때문에 시장에 있어서 투자자들과 참가자들은 지속적으로 모니터링(monitoring)할 필요가 있는 것이다.

〈그림 7-2〉에는 미국 T/Note(10년)(1996~2017년, 연간데이터, %)와 유로지역 경제성장률(1996~2017년, 연간데이터, %) 동향이 표기되어 나타나 있다. 여기서 제공된 데이터는 한국은행의 간편 검색(인터넷의 홈페이지를 통한 경제통계시스템)에 의한 것이다.

그림에서 미국의 기준금리인 T/Note(10년)의 움직임을 살펴보면 1996년 이후 줄곧 하향 안정화 측면이다. 반면에 유로지역의 경제성장률은 일정한 평균 범위에서 변동하다가 2017년 2.4%로 소폭 높아졌다.

유로지역의 경제성장률의 경우 1996년 이후부터 2017년까지 평균 1.6% 성장하였으며, 표준편차는 1.8%이었다. 따라서 유로지역의 경제성장률의 변동폭이 평균 성장률에 비하여 비교적 컸다는 것을 알 수 있다.

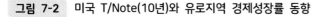

그림 7-2   미국 T/Note(10년)와 유로지역 경제성장률 동향

미국 T/Note(10년)와 유로지역 경제성장률의 상관관계에 의한 상관계수를 살펴보면, 0.332 수준을 기록하였다. 이는 비교적 높은 수치는 아니지만 2018년 말 들어 유로지역의 경제에 대하여 수출 위주의 하락 우려가 있었던 것이 사실이다.

따라서 미국의 금리정책에 유로지역의 경기상황도 모니터링하고 있다는 사실을 한국경제 및 한국금융시장도 눈여겨 보아야 하는 측면이 분명히 있다. 예를 들어 은행에서 판매하는 ELS상품의 경우에 있어서도 유로지역 주식시장과 연계하여 구성된 상품이 있는 것과 같이 기관 및 개인투자자들도 이러한 상황들에 대하여는 주시할 필요성이 있는 것이다.

유로지역의 경제상황은 2017년에는 앞서 지적한 바와 같이 호조세를 보였지만, 2018년 들어 성장률이 주춤하는 양상을 보였다. 유로지역의 경제상황을 보다 자세히 살펴보면, 고용 측면에서는 호조세가 이어졌지만 수출의 경우 하락추세를 보였다.

유로지역의 경우 유로지역 내의 국내경제부문에서 살펴볼 때, 고용증가에 따른 투자와 소비의 활성화가 예상되어 잠재성장률 수준을 상회할 수도 있다는 전망이 전문가들 사이에 2018년 말부터 나왔던 상황이다.

한국의 경우에 있어서도 이와 같은 각종 정보들을 잘 살펴볼 필요가 있다. 4차 산업혁명을 잘 활용하여 잠재성장률을 높여나가자는 의미의 전문가들의 분석은 차세대 성장 동력 산업을 잘 발굴하여 한국의 주력산업 육성 및 경제 활성화 (economic activity)를 도모하자는 측면이다.

하지만 일각에서 우려하는 바를 불식시키도록 하고 4차 산업혁명이 자칫 단순한 일자리를 감소시키는 방향으로 진행되지 않도록 고부가가치의 양질의 일자리를 대량으로 만들어 나가는 경제적인 선순환 구조를 가져오게 하고 고착화시켜 나가야 하는 숙제를 안고 있기도 하다.

〈그림 7-3〉에는 영국 총저축률(1988~2017년, 연간데이터)과 영국 경제성장률(1950~2017년, 연간데이터) 동향이 표기되어 있으며, 각각의 단위는 %이다. 여기서 제공된 데이터는 한국은행의 간편 검색(인터넷의 홈페이지를 통한 경제통계시스템)에 의한 것이다.

이 자료들을 살펴보면, 영국 총저축률은 1988년 이후 일정하게 유지되고 있으며 2008년과 2009년 미국에 있어서 서브프라임 모기지에 의한 문제 발생 시에는 다소 하락하였음을 알 수 있다. 영국 경제성장률은 일정한 경기순환 양상을 나타내며 잠재성장률의 하락 추세에 따라 조금씩 낮아진 것을 알 수 있다. 영국의 경제성장률 또한 2008년과 2009년 미국에 있어서 서브프라임 모기지에 의한 문제 발생 시에는 다소 하락하였다가 회복되었음을 알 수 있다.

그림 7-3 영국 총저축률과 영국 경제성장률 동향

영국 총저축률
(1988~2017년, 연간데이터)

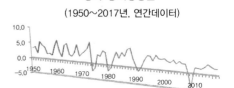

영국 경제성장률
(1950~2017년, 연간데이터)

그림 7-4 영국 총저축률과 영국 경제성장률 동향

〈그림 7-4〉에는 영국 총저축률(1988~2017년, 연간데이터, %, 우축)과 영국 경제성장률(1988~2017년, 연간데이터, %, 좌축) 동향이 표기되어 나타나 있다. 여기서 제공된 데이터는 한국은행의 간편 검색(인터넷의 홈페이지를 통한 경제통계시스템)에 의한 것이다.

이들 그래프들을 비교하면, 1988년 이후 동반 하락추세를 보인 후 2008년과 2009년 미국 서브프라임 모기지 사태 당시 동반 하락하였다가 이후 회복되었음을 알 수 있다. 이와 같은 동반적인 움직임에 따라 상관관계의 상관계수 값이 0.514로 다소 상관성이 있는 것을 알 수 있다.

저축률에 대하여 경제성장률로 나눈 것은 자본에 대한 소득의 비율을 반영하는 양상을 지니는데, 〈그림 7-5〉와 같이 나타나 있다. 그림에는 영국 총저축률/영국 경제성장률(1988~2017년, 연간데이터, %)과 영국 국내총투자율(1988~2017년, 연간데이터, %) 동향이 표기되어 나타나 있다. 여기서 제공된 데이터는 한국은행의 간편 검색(인터넷의 홈페이지를 통한 경제통계시스템)에 의한 것이다.

영국 총저축률/영국 경제성장률의 경우에 있어서 1990년대 이후 하향 안정추세를 지속한 가운데 2008년과 2009년 미국에 있어서 서브프라임 모기지에 의한 문제 발생 시의 영향에 따라서 이 시점에 하락추세를 나타낸 것을 알 수 있다.

그림 7-5   영국 총저축률/영국 경제성장률과 영국 국내총투자율 동향

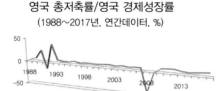

영국 총저축률/영국 경제성장률
(1988~2017년, 연간데이터, %)

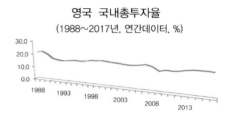

영국 국내총투자율
(1988~2017년, 연간데이터, %)

　영국 국내총투자율의 경우에도 1988년 이후 줄곧 비슷한 양상을 지속한 가운데 2008년과 2009년 미국의 서브프라임 모기지 사태에 따른 영향으로 이 시점에 있어서는 하락영향을 받은 것을 알 수 있다.

　2017년 영국의 국내총투자율이 17.6%인 가운데 유로지역 국내총투자율이 21.3%로 영국의 국내총투자율이 3.7% 낮았음을 알 수 있다. 앞서 살펴본 2017년 영국의 경제성장률이 1.8%인 가운데 유로지역의 경제성장률은 2.4%로 영국의 경제성장률이 0.6% 낮았음을 알 수 있다. 그리고 2017년 영국 총저축률이 13.8%인 가운데 유로지역의 총저축률은 24.6%로 영국의 총저축률이 10.8% 낮았음을 알 수 있다.

　이와 같이 총저축률을 비롯하여 경제성장률과 국내총투자율 측면에서 영국이 유로지역보다 낮은 것을 알 수 있다. 이에 따라 영국의 경우 2019년 3월 초에 이르러서 브렉시트(Brexit)와 관련된 논의와 절차 등의 언급이 활발히 이어지고 있는 것을 알 수 있다.

　〈그림 7-6〉에는 영국 총저축률(1988~2017년, 연간데이터, %)과 영국 국내총투자율(1988~2017년, 연간데이터, %) 동향이 표기되어 나타나 있다. 여기서 제공된 데이터는 한국은행의 간편 검색(인터넷의 홈페이지를 통한 경제통계시스템)에 의한 것이다. 영국 총저축률 및 영국 국내총투자율의 상관관계를 살펴보면, 상관계수가 0.553이었다.

| 그림 7-6 | 영국 총저축률과 영국 국내총투자율 동향 |

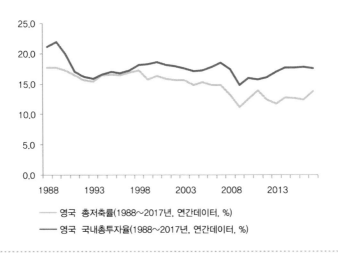

영국 총저축률(1988~2017년, 연간데이터, %)
영국 국내총투자율(1988~2017년, 연간데이터, %)

정보의 수집과 관련된 비용의 경우 정보의 수집과 관련하여 들어가는 비용, 즉 기회비용(opportunity cost)을 비롯하여 물류비용 등과 비례하여 정보가치(information value)가 커짐을 알 수 있다. 또한 정보가치에 있어서는 해당 정보가치에 대한 합리적인 기대(rational expectation)가 반영되어 있다.

미국을 비롯한 유럽 및 일본경제 등에 있어서 2010년대 초반까지를 분석하면 시장전문가들은 국민들의 총소득이 증가하면 자국의 자본축적이 보다 급증하는 것으로 나타난다고 판단하고 있다.

1차 및 2차 세계대전 이후의 미국과 유럽의 경제 등을 살펴보면 부동산부문에 있어서 자본흐름(capital flow)이 주택부문의 경기상승과 관련된 것으로 시장전문가

| 표 7-1 | 정보의 수집과 관련된 비용 및 정보가치 |

	주요내용
정보의 수집과 관련된 비용 및 정보가치	정보의 수집과 관련된 비용의 경우 정보의 수집과 관련하여 들어가는 비용, 즉 기회비용(opportunity cost)을 비롯하여 물류비용 등과 비례하여 정보가치(information value)가 커짐을 알 수 있다. 또한 정보가치에 있어서는 해당 정보가치에 대한 합리적인 기대(rational expectation)가 반영되어 있다.

| 표 7-2 | 총소득과 주택부문의 경기 |

	주요내용
총소득과 주택부문의 경기	미국을 비롯한 유럽 및 일본경제 등에 있어서 2010년대 초반까지를 분석하면 시장전문가들은 국민들의 총소득이 증가하면 자국의 자본축적이 보다 급증하는 것으로 나타난다고 판단하고 있다.
	1차 및 2차 세계대전 이후의 미국과 유럽의 경제 등을 살펴보면 부동산부문에 있어서 자본흐름(capital flow)이 주택부문의 경기상승과 관련된 것으로 시장전문가들은 분석하고 있다. 이는 국내 총소득의 증가가 대부분 부동산경기와 관련되어 있고 이 중에서도 주택부문의 상승과 연결되어 있다는 것이다.
	대체적인 시장전문가들의 의견과 데이터를 분석하여 보면 미국에 있어서 총소득 중 임대소득이 차지하는 비율이 1950년과 2010년대 초를 비교할 경우 2.2%에서 2.4% 정도로 커졌음을 알 수 있다.

들은 분석하고 있다. 이는 국내 총소득의 증가가 대부분 부동산경기와 관련되어 있고 이 중에서도 주택부문의 상승과 연결되어 있다는 것이다.

이와 관련하여 대체적인 시장전문가들의 정보의견과 데이터를 분석하여 보면 미국에 있어서 총소득 중 임대소득이 차지하는 비율이 1950년과 2010년대 초를 비교할 경우 2.2%에서 2.4% 정도로 커졌음을 알 수 있다.

2019년 들어 유로지역의 경우 소비자물가와 실업률은 안정된 모습을 유지하고, 유로지역 내의 내수경기(domestic economy)가 확대일로를 지속할 것으로 판단되어 유로지역 내의 경제는 안정될 수 있을 것으로 시장전문가들은 판단하고 있기도 하다.

결국 앞의 내용과 연결하여 살펴보면 국내경기의 활성화가 고용증가로 연결되고 이와 관련된 자금의 선순환이 유지되면 주택부문을 비롯한 건설투자에도 긍정적인 영향을 줄 수 있음을 시사하고 있는 것이다.

한국의 경우 4차 산업혁명을 비롯한 기술혁신(technology innovation)이 일어나지 않을 경우 2030년대 중반까지 성장률이 더욱 낮아질 수 있음을 국내외 전문가들의 의견을 종합하여 분석하면 알 수 있다.

따라서 4차 산업혁명을 비롯한 기술혁신이 단순한 일자리를 잠식하여 고용하락이 일어날 수 있다는 일각의 우려를 불식시키기 위해서라도 교육혁신(education reform)을 비롯하여 각계의 노력이 이어지고 있다. 이는 2019년 유럽의 경우에서와 같이 양질의 일자리를 통한 고용의 증가와 국내경기의 선순환 구조로 이어지고 정착시킬 수 있는 긍정적인 부분이다.

국내경기의 순환 사이클을 살펴보면, 경제가 성장하여야 잠재성장률을 높일 수 있다는 것이다. 한국의 가장 중요한 고용 및 저출산, 고령화 문제의 해결책에도 결국 경제가 성장해 나가야 한다. 경제가 지속적으로 성장해 나가기 위해서는 4차 산업혁명을 포함한 산업분야에 있어서 기술혁신과 차세대 동력산업의 발굴 및 발전이 중요한 것이다. 2018년 말 경에 들어 채권 및 주식시장의 불안정 (volatility)한 모습도 2019년 이후 경제성장에 대한 금융시장의 역할에 있어서 금리인상보다는 금리유지 쪽에 무게감을 두는 것으로 미국에 있어서 FED로 불리는 연방 준비제도 이사회에서 2019년 2월 말 금리동결에 있어서 배경이 되고 있다. 이와 같은 미국의 금리인상 또는 금리유지 등이 한국경제에 있어서 향후 자금시장 및 실물경제에 직접적인 영향을 주게되므로 이에 대한 면밀한 대응책 및 주시도 필요하다.

〈그림 7-7〉에는 미국 Dow Jones 주가지수(1980년 1월~2019년 2월, 월간데이터, 단위 1896.5.26=40.96, 우축)와 미국 T/Bill(6M) 수익률(1980년 1월~2019년 2월, 월간데이터, 연%, 좌축) 동향이 표기되어 나타나 있다. 여기서 제공된 데이터는 한국은행의 간편 검색(인터넷의 홈페이지를 통한 경제통계시스템)에 의한 것이다.

그림 7-7 미국 Dow Jones 주가지수와 미국 T/Bill(6M) 수익률 동향

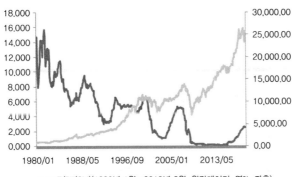

　　미국 Dow Jones 주가지수와 미국 T/Bill(6M) 수익률의 상관관계를 살펴보면, 상관계수가 −0.732로 비교적 높은 음(−)에 의한 상관성이 있다. 이는 금융시장에 대하여 금리유지와 관련된 정보가 제공되었을 때 주식시장이 안정된 모습을 가질 수 있다는 것을 증명하고 있는 것이다.

　　〈그림 7−8〉에는 미국 Dow Jones 주가지수(1980년 1월~2019년 2월, 월간데이터, 단위 1896.5.26＝40.96, 우축)와 미국 T/Note(5년) 수익률(1980년 1월~2019년 2월, 월간데이터, 연%, 좌축) 동향이 표기되어 나타나 있다. 여기서 제공된 데이터는 한국은행의 간편 검색(인터넷의 홈페이지를 통한 경제통계시스템)에 의한 것이다.

　　미국 Dow Jones 주가지수와 미국 T/Note(5년) 수익률의 상관관계를 살펴보면, 상관계수가 −0.796으로 비교적 높은 음(−)에 의한 상관성이 있다. 이는 미국 Dow Jones 주가지수와 미국 T/Bill(6M) 수익률의 상관관계의 상관계수보다 다소 높은 수치이다. 이와 같이 금리와 주가지수는 반대 방향의 움직임을 나타내고 있다. 투자의 경우에 있어서도 금리와는 반대의 방향으로 움직임을 보인다. 향후 주식시장과 투자에 있어서 미국의 금리정책이 중요시되는 이유이기도 하다. 이는 환율과 각종 무역관계를 비롯한 모든 상거래에도 깊숙이 영향을 주게 된다.

그림 7-8　미국 Dow Jones 주가지수와 미국 T/Note(5년) 수익률 동향

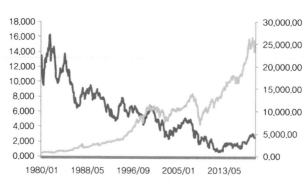

그림 7-9 미국 Dow Jones 주가지수와 미국 T/Note(10년) 수익률 동향

〈그림 7-9〉에는 미국 Dow Jones 주가지수(1980년 1월~2019년 2월, 월간데이터, 단위 1896.5.26=40.96, 우축)와 미국 T/Note(10년) 수익률(1980년 1월~2019년 2월, 월간 데이터, 연%, 좌축) 동향이 표기되어 나타나 있다. 여기서 제공된 데이터는 한국은행의 간편 검색(인터넷의 홈페이지를 통한 경제통계시스템)에 의한 것이다.

미국 Dow Jones 주가지수와 미국 T/Note(10년) 수익률의 상관관계를 살펴보면, 상관계수가 -0.825로 높은 음(-)에 의한 상관성이 있다. 이는 미국 Dow Jones 주가지수와 미국 T/Bill(6M) 및 T/Note(5년) 수익률의 상관관계의 상관계수보다 다소 높은 수치이다.

〈그림 7-10〉에는 미국 Dow Jones 주가지수(1980년 12월~2019년 2월, 월간데이터, 단위 1896.5.26=40.96, 우축)와 미국 T/Bond(30년) 수익률(1980년 12월~2019년 2월, 월간데이터, 연%, 좌축) 동향이 표기되어 나타나 있다. 여기서 제공된 데이터는 한국은행의 간편 검색(인터넷의 홈페이지를 통한 경제통계시스템)에 의한 것이다.

미국 Dow Jones 주가지수와 미국 T/Bond(30년) 수익률의 상관관계를 살펴보면, 상관계수가 -0.840으로 높은 음(-)에 의한 상관성이 있다. 이는 미국 Dow Jones 주가지수와 미국 T/Bill(6M) 및 T/Note(5년), T/Note(10년) 수익률의 상관관계의 상관계수보다 다소 높은 수치이다. 따라서 미국의 주가지수는 장기금리의 안정이 보다 중요한 것으로 파악된다.

그림 7-10 미국 Dow Jones 주가지수와 미국 T/Bond(30년) 수익률 동향

────── T/Bond(30년)(1980년 12월~2019년 2월, 월간데이터, 연%, 좌축)
────── Dow Jones(1980년 12월~2019년 2월, 월간데이터, 단위 1896.5.26=40.96, 우축)

제2절 | 정보의 완전한 대칭관계 및 비대칭성 문제

기업들의 경우에 있어서 정확한 정보의 수집과 이에 따른 의사결정(making decision)이 무엇보다 중요하다. 이전의 연구결과들을 통하여 종합하여 판단하면, 정보의 완전한 대칭관계는 존재하기 어려운 것이 현실이다. 또한 정보에 있어서도 외부효과 문제가 발생하게 되는데, 이는 관습 및 유행과 집단적인 행동의 결과에서 비롯되기도 한다. 이와 같은 정보에 있어서의 비대칭성 문제는 개인 간의 관계에서 뿐만 아니라 개인과 국가적인 단위에서 생성될 수도 있다.

미국의 경제적인 측면에서 주택에 대한 지출규모의 증가는 다양한 가구들에 대한 조사에 의하여 이루어지고 있다. 1980년대 이후 미국을 비롯한 세계적인 현상으로 주택에 대한 가격상승이 이루어져 왔다. 이와 같은 주택가격 상승과 관련된 정보는 경제에 있어서 중요한 위치를 점유하며, 금융과 실물경제에 있어서 상호 간에 고루 영향을 주거나 받게 된다.

표 7-3	정보의 완전한 대칭관계 및 비대칭성
	주요내용
정보의 완전한 대칭관계 및 비대칭성	기업들의 경우에 있어서 정확한 정보의 수집과 이에 따른 의사결정(making decision)이 무엇보다 중요하다. 이전의 연구결과들을 통하여 종합하여 판단하면, 정보의 완전한 대칭관계는 존재하기 어려운 것이 현실이다. 또한 정보에 있어서도 외부효과 문제가 발생하게 되는데, 이는 관습 및 유행과 집단적인 행동의 결과에서 비롯되기도 한다. 이와 같은 정보에 있어서의 비대칭성 문제는 개인 간의 관계에서 뿐만 아니라 개인과 국가적인 단위에서 생성될 수도 있다.

표 7-4	주택가격과 정보
	주요내용
주택가격과 정보	미국의 경제적인 측면에서 주택에 대한 지출규모의 증가는 다양한 가구들에 대한 조사에 의하여 이루어지고 있다. 1980년대 이후 미국을 비롯한 세계적인 현상으로 주택에 대한 가격상승이 이루어져 왔다. 이와 같은 주택가격 상승과 관련된 정보는 경제에 있어서 중요한 위치를 점유하며, 금융과 실물경제에 있어서 상호 간에 고루 영향을 주거나 받게 된다.

한편 남부 유럽국가에 있어서 재정적인 적자국면과 이러한 적자국면이 심화될 것에 대한 걱정이 세계 금융시장에 남아 있다. 이와 같은 국면은 미국 및 유로지역의 금리인상이 있을 경우에 더 나쁜 방향으로 전개될 지에 대하여 주목하여 살펴보아야 한다. 이와 같이 한 국가의 재정적자 정보가 세계경제에 영향을 줄 수 있을 만큼 세계 금융시장의 동조화현상도 최근 들어 두드러지는 특징 중에 하나이다. 한국의 경우에 있어서 재정건전성이 잘 이루어지고 있는 가운데 전통적으로 제조업위주의 성장이 이루어지면서 2000년대 들어 서비스업이 상당한 성장세를 나타내고 있다. 4차 산업혁명과 관련된 서비스업으로는 통신과 정보 등의 분야에 해당된다. 한국의 경우 기계부문의 지출률이 20년 전에는 비교적 낮지 않은 수준이었다. 하지만 IMF로부터 긴급 금융자금을 지원받게 된 외환위기(currency crisis)의 경우를 기준으로 하여 상당히 낮아진 것이 현실이다.

따라서 정보와 통신 분야를 비롯한 4차 산업혁명과 관련된 차세대 동력산업의 발굴이 중요하며 대외의존도가 높은 만큼 이 분야가 잘 성장해 나가면서 고용과 경제성장에 이바지하는 것이 중요하다. 미국의 경우 양적완화 정책을 향후 취할 가능성이 여전히 놓여 있다. 여기에는 2020년 이후 미국경제의 예측(prediction)도 매우 중요할 것으로 판단된다. 이와 같은 정보는 미국뿐만 아니라 세계의 경제 및 금융시장에 막대한 영향력을 갖고 있기 때문이기도 하다. 결론적으로 재테크 디지털경제학을 살펴보면, 세계적인 현상으로 첫째, 주택가격 및 임대료의 지속적인 상승이 있어 왔다는 측면이다. 둘째, 여기에 미국의 금리인상 요인이 가장 큰 변수로 작용한다는 점이다. 셋째, 주식시장의 경우에 있어서 각국의 경기상황을 판단하여 결정하여야 하는 측면이 있다는 점이다.

〈그림 7-11〉에는 투자를 둘러싼 환경요인과 이에 대한 영향의 관계도가 표기되어 나타나 있다. 국내 투자를 둘러싼 환경요인에는 미국의 금리정책과 이에 따른 뉴욕증시와 환율 변화와 수출관계 등 대외적인 요인이 무엇보다 중요하며, 국내 경기 사이클 상 호황인지와 불황인지 여부도 중요할 것으로 판단된다. 또한 지정학적인 관계요인도 국내 증시 및 기초경제에서 매우 중요한 변수이며, 세계 경제에 있어서 순환 국면 상 호황인지와 불황인지 여부도 국내 투자에 매우 중요한 변수가 될 것임을 알 수 있다.

그림 7-11   **투자를 둘러싼 환경요인과 이에 대한 영향의 관계도**

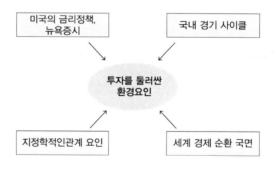

그림 7-12 국내 투자의 파급효과와 재테크의 관계도

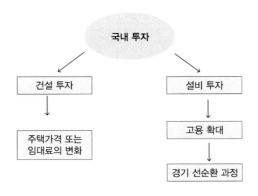

〈그림 7-13〉에는 미국 NASDAQ 주가지수(1980년 1월~2019년 2월, 월간데이터, 단위 1971.2.5＝100, 우축)와 미국 T/Bill(6M) 수익률(1980년 1월~2019년 2월, 월간데이터, 연%, 좌축) 동향이 표기되어 나타나 있다. 여기서 제공된 데이터는 한국은행의 간편 검색(인터넷의 홈페이지를 통한 경제통계시스템)에 의한 것이다.

그림 7-13 미국 NASDAQ 주가지수와 미국 T/Bill(6M) 수익률 동향

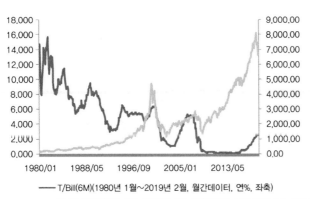

미국 NASDAQ 주가지수와 미국 T/Bill(6M) 수익률의 상관관계를 살펴보면, 상관계수가 −0.633으로 비교적 높은 음(−)에 의한 상관성이 있다. 이는 미국 Dow Jones 주가지수와 미국 T/Bill(6M) 수익률의 상관계수가 같은 기간 동안 −0.732로 비교적 높은 음(−)의 상관성을 가진 것을 비교할 때 미국의 Dow Jones 주가지수 보다는 상관성이 다소 낮았음을 알 수 있다.

〈그림 7−14〉에는 미국 NASDAQ 주가지수(1980년 1월~2019년 2월, 월간데이터, 단위 1971.2.5＝100, 우축)와 미국 T/Note(5년) 수익률(1980년 1월~2019년 2월, 월간데이터, 연%, 좌축) 동향이 표기되어 나타나 있다. 여기서 제공된 데이터는 한국은행의 간편 검색(인터넷의 홈페이지를 통한 경제통계시스템)에 의한 것이다.

미국 NASDAQ 주가지수와 미국 T/Note(5년) 수익률의 상관관계를 살펴보면, 상관계수가 −0.696으로 비교적 높은 음(−)에 의한 상관성이 있다. 이는 미국 NASDAQ 주가지수와 미국 T/Bill(6M) 수익률의 상관계수인 −0.633보다는 다소 높은 수치인 것을 알 수 있다. 또한 미국 Dow Jones 주가지수와 미국 T/Note(5년) 수익률의 상관계수를 살펴보면, 음(−)의 상관성 −0.796보다는 낮은 수치임을 알 수 있다.

그림 7-14 미국 NASDAQ 주가지수와 미국 T/Note(5년) 수익률 동향

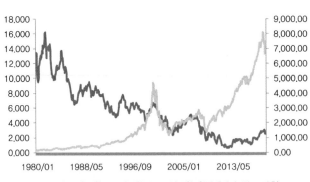

────── T/Note(5년)(1980년 1월~2019년 2월, 월간데이터, 연%, 좌축)
────── NASDAQ(1980년 1월~2019년 2월, 월간데이터, 단위 1971.2.5=100, 우축)

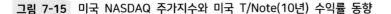

그림 7-15 미국 NASDAQ 주가지수와 미국 T/Note(10년) 수익률 동향

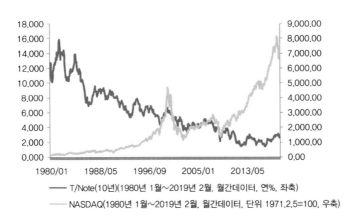

⟨그림 7-15⟩에는 미국 NASDAQ 주가지수(1980년 1월~2019년 2월, 월간데이터, 단위 1971.2.5=100, 우축)와 미국 T/Note(10년) 수익률(1980년 1월~2019년 2월, 월간데이터, 연%, 좌축) 동향이 표기되어 나타나 있다. 여기서 제공된 데이터는 한국은행의 간편 검색(인터넷의 홈페이지를 통한 경제통계시스템)에 의한 것이다.

미국 NASDAQ 주가지수와 미국 T/Note(10년) 수익률의 상관관계를 살펴보면, 상관계수가 −0.730으로 비교적 높은 음(−)의 상관성을 갖고 있었다. 하지만 미국 Dow Jones 주가지수와 미국 T/Note(10년) 수익률의 상관계수인 −0.825보다는 다소 낮았음을 알 수 있다. 한편 미국 NASDAQ 주가지수와 미국 T/Bill(6M) 수익률 및 T/Note(5년) 수익률의 상관계수 보다는 음(−)의 상관성이 높았음을 알 수 있다.

⟨그림 7-16⟩에는 미국 NASDAQ 주가지수(1980년 12월~2019년 2월, 월간데이터, 단위 1971.2.5−100, 우축)외 미국 T/Bond(30년) 수익률(1980년 12월~2019년 2월, 월간데이터, 연%, 좌축) 동향이 표기되어 나타나 있다. 여기서 제공된 데이터는 한국은행의 간편 검색(인터넷의 홈페이지를 통한 경제통계시스템)에 의한 것이다.

미국 NASDAQ 주가지수와 미국 T/Bond(30년) 수익률의 상관관계를 살펴보면, 상관계수가 −0.750으로 높은 음(−)에 의한 상관성이 있다. 이는 미국 NASDAQ

그림 7-16 미국 NASDAQ 주가지수와 미국 T/Bond(30년) 수익률 동향

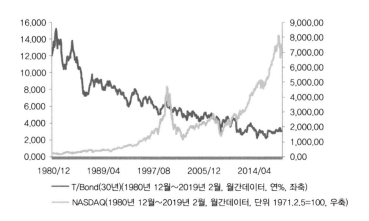

— T/Bond(30년)(1980년 12월~2019년 2월, 월간데이터, 연%, 좌축)
— NASDAQ(1980년 12월~2019년 2월, 월간데이터, 단위 1971.2.5=100, 우축)

주가지수와 미국 T/Bill(6M) 및 T/Note(5년), T/Note(10년) 수익률의 상관관계의 상
관계수보다 다소 높은 수치이다. 하지만 미국 Dow Jones 주가지수와 T/Bond(30
년) 수익률과의 음(−)의 상관계수보다는 낮은 수치임을 알 수 있다. 따라서 미국
의 Dow Jones 주가지수와 NASDAQ 주가지수 모두에서 장기금리의 안정이 보다
중요한 것으로 판단된다.

chapter 08

디지털경제학과 정보의 비대칭성

제1절 | 디지털경제학과 정보의 비대칭성의 전개과정

주식시장을 비롯하여 각종 정보의 경우 경제와 사회에 대한 이해의 제공과 기술 분야와의 연계성 등으로 인하여 최근 들어 비약적으로 발전해 나가고 있다. 이는 빅 데이터로 연결되면서 기하급수적으로 증가하고 있는 것이다.

전략적인 상호의 관계 및 작용에서 전략적으로 정보를 제거시켰을 때 일반적인 경우보다 전혀 다른 결과 값이 도출될 수 있다. 이는 정보의 비대칭성에 의하여 발생힐 수 있는 문제짐이다.

게임이론의 경우 이와 관련하여 순수하게 전개되는 순수게임과 확률로써 파악하는 혼합게임 등 복잡한 형태로 전개시킬 수 있다. 적어도 이와 같은 순수게임과 혼합게임이 중요한 것은 정보의 경우 비대칭성에 따른 문제점을 해결하고자 시도하는 과정에서 전개된 것이다.

표 8-1	디지털경제학과 정보의 비대칭성

	주요내용
디지털경제학과 정보의 비대칭성	주식시장을 비롯하여 각종 정보의 경우 경제와 사회에 대한 이해의 제공과 기술 분야와의 연계성 등으로 인하여 최근 들어 비약적으로 발전해 나가고 있다. 이는 빅 데이터로 연결되면서 기하급수적으로 증가하고 있는 것이다.
	전략적인 상호의 관계 및 작용에서 전략적으로 정보를 제거시켰을 때 일반적인 경우보다 전혀 다른 결과 값이 도출될 수 있다. 이는 정보의 비대칭성에 의하여 발생할 수 있는 문제점이다.
	게임이론의 경우 이와 관련하여 순수하게 전개되는 순수게임과 확률로써 파악하는 혼합게임 등 복잡한 형태로 전개시킬 수 있다. 적어도 이와 같은 순수게임과 혼합게임이 중요한 것은 정보의 경우 비대칭성에 따른 문제점을 해결하고자 시도하는 과정에서 전개된 것이다.
	역사적인 관점에서 살펴볼 때 정보의 경우 1970년대의 초를 지나면서 경제학적인 측면에서 중요성이 커져나갔으며, 최근 들어 빅 데이터를 비롯한 4차 산업혁명이 진전되면서 그 가치가 더욱 증진되고 있는 상황이다.

역사적인 관점에서 살펴볼 때 정보의 경우 1970년대의 초를 지나면서 경제학적인 측면에서 중요성이 커져나갔으며, 최근 들어 빅 데이터를 비롯한 4차 산업혁명이 진전되면서 그 가치가 더욱 증진되고 있는 상황이다.

최근에 미국에 있어서 주택부문에 대한 자금흐름을 살펴보면, 자가 보유 비율의 증대와 주택규모의 증가라는 특징을 지니고 있다. 또한 주택 형태별에 있어서도 증진된 형태로 나타나고 있다.

이러한 현상은 왜 일어났을까? 이는 소득수준의 향상에 의한 결과로 판단된다. 결국 주택의 공급자체보다는 국민소득 수준이 향상될 경우 보다 교통편이 편리한 대도시에 위치해 있는 지와 주택규모의 크기가 어느 정도인지 등 새로운 요인들이 주택결정에 중요한 요인들이 된다는 것이다.

미국의 경우에 있어서 금리인하 기조와 임대료 상승 및 주택공급의 부족 등이 외부적인 환경요인들이거나 주택가격에 영향을 준 결과로 판단된다. 이는 대도시의 경우 주택을 지을 만한 절대규모의 토지가 부족하기 때문이기도 하다. 이와 같은 재테크 정보들을 토대로 국민소득 수준의 향상이 주택가격을 장기적으로 지속적인 상승에 영향을 줄 수 있을 지와 관련된 의구심을 가질 수 있다. 왜냐하면 인구가 향후 줄어들 수 있어서 주택에 대한 수요 감소로 이어질 수도 있기 때문이다.

표 8-2 재테크 정보와 경제학

	주요내용
재테크 정보와 경제학	최근에 미국에 있어서 주택부문에 대한 자금흐름을 살펴보면, 자가 보유 비율의 증대와 주택규모의 증가라는 특징을 지니고 있다. 또한 주택 형태별에 있어서도 증진된 형태로 나타나고 있다.
	이러한 현상은 왜 일어났을까? 이는 소득수준의 향상에 의한 결과로 판단된다. 결국 주택의 공급자체보다는 국민소득 수준이 향상될 경우 보다 교통편이 편리한 대도시에 위치해 있는 지와 주택규모의 크기가 어느 정도인지 등 새로운 요인들이 주택결정에 중요한 요인들이 된다는 것이다.
	미국의 경우에 있어서 금리인하 기조와 임대료 상승 및 주택공급의 부족 등이 외부적인 환경요인들이거나 주택가격에 영향을 준 결과로 판단된다. 이는 대도시의 경우 주택을 지을 만한 절대규모의 토지가 부족하기 때문이기도 하다. 이와 같은 재테크 정보들을 토대로 국민소득 수준의 향상이 주택가격을 장기적으로 지속적인 상승에 영향을 줄 수 있을 지와 관련된 의구심을 가질 수 있다. 왜냐하면 인구가 향후 줄어들 수 있어서 주택에 대한 수요 감소로 이어질 수도 있기 때문이다.
	적어도 대도시에 있어서는 주택측면에서 수요 감소가 있지 않을 전망이다. 그리고 일반적인 전통 경제학에서는 주택에 대한 소득탄력성이 1 이하로 낮은 것으로 알려져 있지만, 2014년 초반까지의 데이터를 살펴보면 주택에 대한 소득탄력성이 1 이상으로 높은 것으로 알려져 있다. 이는 소득이 높아질수록 주택에 대한 수요도 증가한다는 의미이다.
	주택의 경우 또 하나의 고려요소는 주택이 필수 재화라는 점이다. 토지의 경우에 있어서는 사치 재화의 성격을 가질 수 있지만 주택은 필수 재화라는 측면도 고려해야 한다. 주택의 경우 대체재적인 재화가 많지 않은 점과 가격탄력성이 비탄력적인 성격을 지니고 있는 점도 고려해야 한다. 따라서 주택가격의 상승의 경우 필연적으로 가계들에게 있어서 지출규모를 증가시킬 수밖에 없는 것이다. 이는 일반적인 가계들의 소득증가 수준을 훨씬 넘는다는 것이 2010년대 대내외 데이터들로 확인해 볼 수 있다.

적어도 대도시에 있어서는 주택측면에서 수요 감소가 있지 않을 전망이다. 그리고 일반적인 전통 경제학에서는 주택에 대한 소득탄력성이 1 이하로 낮은 것으로 알려져 있지만, 2014년 초반까지의 데이터를 살펴보면 주택에 대한 소득탄력성이 1 이상으로 높은 것으로 알려져 있다. 이는 소득이 높아질수록 주택에 대한 수요도 증가한다는 의미이다.

주택의 경우 또 하나의 고려요소는 주택이 필수 재화라는 점이다. 토지의 경우에 있어서는 사치 재화의 성격을 가질 수 있지만 주택은 필수 재화라는 측면도 고려해야 한다. 주택의 경우 대체재적인 재화가 많지 않은 점과 가격탄력성이 비탄력적인 성격을 지니고 있는 점도 고려해야 한다.

〈그림 8-1〉에는 비탄력적인 주택시장의 수요의 가격탄력성이 표기되어 나타나 있다. 이는 주택의 경우 필수적인 재화이므로 가격이 많이 하락하였다고 하여도 주택 수요량이 그만큼 증가할 수 없으며 주택가격이 대폭 상승하여도 그 만큼보다는 낮은 폭에서 감소할 수밖에 없다는 것이다.

2019년 유럽시장과 관련된 금융시장 정보에 있어서 유럽의 중앙은행은 통화신용정책에서 브렉시트와 관련된 충격이 주변 네덜란드와 아일랜드와 같은 국가들에 대한 불확실성에 따른 부정적인 여파가 있지 않도록 장기와 단기의 금융시장에 대한 주시를 하고 있다.

그림 8-1 비탄력적인 주택시장의 수요의 가격탄력성

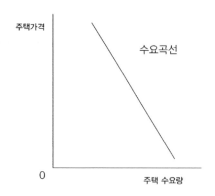

그림 8-2   민간부문에서 저축의 감소와 투자 및 경제성장률의 관계도

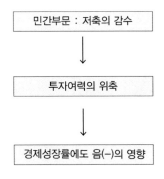

민간부문 : 저축의 감수

↓

투자여력의 위축

↓

경제성장률에도 음(-)의 영향

한국경제에 있어서 4차 산업혁명을 중심으로 한 제조업보다는 서비스 주도형 일 경우 10년에서 20년 사이에 경제성장률이 보다 높을 것으로 각종 데이터를 종합하면 판단을 내릴 수 있겠다. 이는 차세대 동력산업에서 보다 부가가치가 높은 업종들이 무엇일지 산업과 관련된 정보에 의한 것이다.

〈그림 8-2〉 민간부문에서 저축의 감소와 투자 및 경제성장률의 관계도에서와 같이 대체로 민간부문에서 저축의 감소는 투자여력이 줄어들어 경제성장률에도 음(-)의 영향을 주게 된다. 이는 실물시장에 민간부문의 저축여력이 주는 정보에 기인한 것에 의하여 형성되는 체계들이다.

한국 경제 및 금융시장에 상당한 영향력을 지니는 미국경제와 관련하여 살펴볼 경우 미국의 경제와 관련된 정보로는 일부 데이터의 경우 불안정한(unstable) 모습도 보였지만 대체로 고용과 지출측면 등에서 양호한 흐름이 2019년 3월 초와 중순에까지 나타나고 있다.

〈그림 8-3〉에는 한국 KOSPI 주가지수(1980년 1월~2019년 2월, 월간데이터, 단위 1900.1.4 = 100, 우축)의 미국 T/Bill(6M) 수익률(1980년 1월~2019년 2월, 월간데이터, 연%, 좌축) 동향이 표기되어 나타나 있다. 여기서 제공된 데이터는 한국은행의 간편 검색(인터넷의 홈페이지를 통한 경제통계시스템)에 의한 것이다.

한국 KOSPI 주가지수와 미국 T/Bill(6M) 수익률의 상관관계를 살펴보면, 상관계수가 -0.758로 비교적 높은 음(-)에 의한 상관성이 있다. 이는 미국 NASDAQ

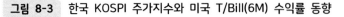

그림 8-3 한국 KOSPI 주가지수와 미국 T/Bill(6M) 수익률 동향

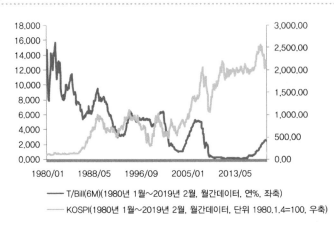

주가지수와 미국 T/Bill(6M) 수익률의 상관관계를 살펴보면, 상관계수가 −0.633
으로 비교적 높은 음(−)의 상관성을 갖고 있었고, 미국 Dow Jones 주가지수와
미국 T/Bill(6M) 수익률의 상관계수가 같은 기간 동안 −0.732로 비교적 높은 음
(−)의 상관성을 가진 것을 알 수 있었는데 이들 보다도 더 높은 음(−)에 의한 상
관성이 있다.

〈그림 8−4〉에는 한국 KOSPI 주가지수(1980년 1월~2019년 2월, 월간데이터, 단위
1980.1.4=100, 우축)와 미국 T/Note(5년) 수익률(1980년 1월~2019년 2월, 월간데이터,
연%, 좌축) 동향이 표기되어 나타나 있다. 여기서 제공된 데이터는 한국은행의 간
편 검색(인터넷의 홈페이지를 통한 경제통계시스템)에 의한 것이다.

한국 KOSPI 주가지수와 미국 T/Note(5년) 수익률의 상관관계를 살펴보면, 상
관계수가 −0.807로 비교적 높은 음(−)에 의한 상관성이 있다. 이는 한국 KOSPI
주가지수와 미국 T/Bill(6M) 수익률의 상관관계의 상관계수인 −0.758보다 높은
수치인 것이다.

또한 미국 NASDAQ 주가지수와 미국 T/Bill(6M) 수익률의 상관계수가 −0.633
으로 비교적 높은 음(−)의 상관성을 갖고 있었고, 미국 Dow Jones 주가지수와
미국 T/Bill(6M) 수익률의 상관계수가 같은 기간 동안 −0.732로 비교적 높은 음
(−)의 상관성을 가진 것을 알 수 있었는데 이들 보다도 더 높은 음(−)에 의한 상

그림 8-4 │ 한국 KOSPI 주가지수와 미국 T/Note(5년) 수익률 동향

T/Note(5년)(1980년 1월~2019년 2월, 월간데이터, 연%, 좌축)
KOSPI(1980년 1월~2019년 2월, 월간데이터, 단위 1980.1.4=100, 우축)

관성이 있다.

그리고 미국 NASDAQ 주가지수와 미국 T/Note(5년) 수익률의 상관관계를 살펴보면, 상관계수가 −0.696으로 비교적 높은 음(−)에 의한 상관성이 있었고, 미국 Dow Jones 주가지수와 미국 T/Note(5년) 수익률의 상관계수를 살펴보아도 음(−)의 상관성 −0.796을 기록하였지만 이들 수치보다도 높은 수치임을 알 수 있다.

이는 한국경제가 개방경제(open economy)의 특징을 갖고 있음을 보여주는 자료인 것이다. 즉 한국의 경우 정보의 측면에 있어서 외자유치가 매우 절실하고 중요한 것이 반영된 것이라고 할 수 있다.

〈그림 8-5〉에는 한국 KOSPI 주가지수(1980년 1월~2019년 2월, 월간데이터, 단위 1971.2.5=100, 우축)와 미국 T/Note(10년) 수익률(1980년 1월~2019년 2월, 월간데이터, 연%, 좌축) 동향이 표기되어 나타나 있다. 여기서 제공된 데이터는 한국은행의 간편 검색(인터넷의 홈페이지를 통한 경제통계시스템)에 의한 것이다.

한국 KOSPI 주가지수와 미국 T/Note(10년) 수익률의 상관관계를 살펴보면, 상관계수가 −0.817로 비교적 높은 음(−)의 상관성을 갖고 있었다. 하지만 미국 Dow Jones 주가지수와 미국 T/Note(10년) 수익률의 상관계수인 −0.825보다는 다소 낮았음을 알 수 있다. 하지만 미국 NASDAQ 주가지수와 미국 T/Note(10년)

그림 8-5   한국 KOSPI 주가지수와 미국 T/Note(10년) 수익률 동향

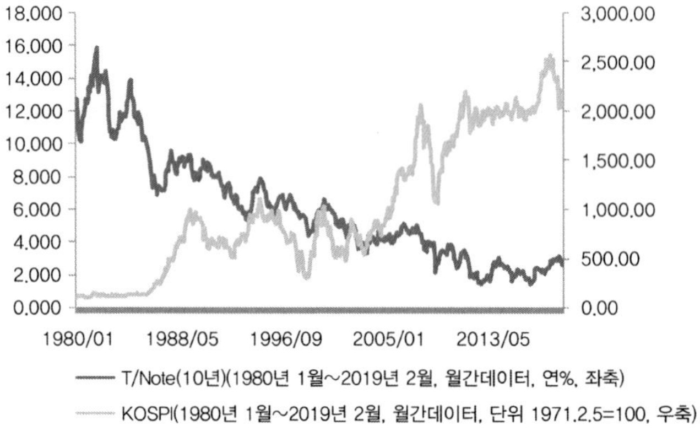

- T/Note(10년)(1980년 1월~2019년 2월, 월간데이터, 연%, 좌축)
- KOSPI(1980년 1월~2019년 2월, 월간데이터, 단위 1971.2.5=100, 우축)

수익률의 상관관계인 −0.730보다는 비교적 높은 음(−)의 상관성을 갖고 있었다.

따라서 한국 KOSPI 주가지수와 미국 T/Note(10년) 수익률의 상관계수를 살펴보면, 미국의 금리정책에 따라 미국의 단기금리 및 중기채권의 수익률의 변동성 (volatility)에 대하여 한국의 KOSPI 주가지수가 보다 큰 영향을 받는 것을 알 수 있다.

〈그림 8−6〉에는 한국 KOSPI 주가지수(1980년 12월~2019년 2월, 월간데이터, 단위 1971.2.5=100, 우축)와 미국 T/Bond(30년) 수익률(1980년 12월~2019년 2월, 월간데이터, 연%, 좌축) 동향이 표기되어 나타나 있다. 여기서 제공된 데이터는 한국은행의 간편 검색(인터넷의 홈페이지를 통한 경제통계시스템)에 의한 것이다.

한국 KOSPI 주가지수와 미국 T/Bond(30년) 수익률의 상관관계를 살펴보면, 상관계수가 −0.817로 높은 음(−)에 의한 상관성이 있다. 이는 한국 KOSPI 주가지수와 미국 T/Note(10년) 수익률의 상관계수와도 같은 수치이기도 하다.

한편 미국 NASDAQ 주가지수와 미국 T/Bond(30년) 수익률의 상관관계를 살펴보면, 상관계수가 −0.750으로 이보다는 높은 수치이었다. 하지만 미국 Dow Jones 주가지수와 미국 T/Bond(30년) 수익률의 상관계수가 −0.840으로 미국 주가지수와 장단기금리 중에서 가장 높은 수치를 기록하여 이보다는 낮은 수치임을

그림 8-6   한국 KOSPI 주가지수와 미국 T/Bond(30년) 수익률동향

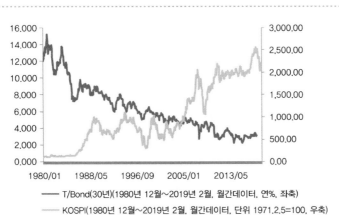

T/Bond(30년)(1980년 12월~2019년 2월, 월간데이터, 연%, 좌축)
KOSPI(1980년 12월~2019년 2월, 월간데이터, 단위 1971.2.5=100, 우축)

알 수 있다.

따라서 한국의 주가에는 미국의 단기금리의 정책변화가 가장 중요한 요인임을 알 수 있다. 이는 미국의 금리정책 변화가 테이퍼 탠드럼과 같은 미시적인 정책 조율로 발생되는 경우가 많이 있는데 한국의 주식시장 안정과 적응을 위하여 이러한 금융정책(monetary policy)의 변화에 대하여 잘 주시할 필요가 있다.

4차 산업혁명의 경우 단순한 일자리가 사라지는 역효과 또는 역 선택효과가 발생하지 않도록 잘 준비해 나가야 한다. 이는 융합에 맞는 노력이 산업계 및 기업계에 일어나야 한다는 측면이기도 하다.

2018년 들어 미국의 기술주가가 하락한 경험이 있다. 이는 미국의 주요 기업에게 있어서 실적과 최저임금 인상과 같은 주요 이슈가 부각되면서 일어난 일이다. 한국의 경우에도 4차 산업혁명이 생산성(productivity) 향상과 맞물려 진행될 때 주식시장을 비롯한 모든 경제주체에게 긍정적인 영향을 줄 수 있다는 판단이다.

민간부문에 있어서 가계부문의 저축이 줄어든다는 것은 가계 부채와 직결되어 있다. 이는 현재의 생활형편이나 직업의 안정성, 체감 경기 동향과 함께 잘 판단해 나가야 한다. 현재와 같은 저출산 및 고령화 추세가 계속 진행된다고 할 경우 민간부문에 있어서 가계저축 여력은 더욱 감소할 수밖에 없다. 이는 자금시

장의 안정과 장기적인 잠재성장률의 향상 노력에도 부정적인 요소가 될 수 있는
것이다.

제2절 ┃ 정보의 비대칭성과 적용 및 응용분야

민간부문 및 기업들의 제품과 관련하여 1970년대에 정립이 되었던 디지털경제
학은 주로 정보의 비대칭성과 관련된 연구에서 이루어졌다. 이는 회사에 있어서
광고의 경우 해당 회사의 제품에 대하여 긍정적인 영향을 주게 될 지 아니면 광
고비용에 따라 가격상승으로 전가(transfer)된다는 우려로 소비자들에게 인식될 지
에 대한 시장의 반응으로 이어졌다.

이와 같은 품목(item)은 시장에서 광고뿐만 아니라 은행을 비롯하여 교육 및 의
료 분야와 같은 다양한 분야에서 적용을 해보고 게임이론(game theory)을 통하여
살펴볼 수 있다.

따라서 디지털경제학에서 게임이론이 차지하는 비중이 가장 중요한 핵심적인
이론일 수밖에 없는데, 이는 미시적인 분석을 토대로 하여 기업들의 행태와 관련
하여 독점 및 과점 기업들에 있어서 유용성이 있는 분석체계를 제공하여 주는 것
으로 알려져 있는 것이다.

표 8-3 **정보의 비대칭성과 적용 및 응용분야**

	주요내용
정보의 비대칭성과 적용 및 응용분야	민간부문 및 기업들의 제품과 관련하여 1970년대에 정립이 되었던 디지털경제학은 주로 정보의 비대칭성과 관련된 연구에서 이루어졌다. 이는 회사에 있어서 광고의 경우 해당 회사의 제품에 대하여 긍정적인 영향을 주게 될 지 아니면 광고비용에 따라 가격상승으로 전가(transfer)된다는 우려로 소비자들에게 인식될 지에 대한 시장의 반응으로 이어졌다.
	이와 같은 품목(item)은 시장에서 광고뿐만 아니라 은행을 비롯하여 교육 및 의료 분야와 같은 다양한 분야에서 적용을 해보고 게임이론(game theory)을 통하여 살펴볼 수 있다.

표 8-4	저금리 시대와 미국 주요 대도시의 토지가격 및 주택가격 정보
	주요내용
저금리 시대와 미국 주요 대도시의 토지가격 및 주택가격 정보	주택의 가격상승은 주택에 대한 수요가 공급보다 크기 때문에 주로 미국 주요 대도시들을 살펴보면 알 수 있다. 이는 대도시의 경우 면적이 협소하고 주택의 공급이 잘 되지 않는 측면이 고려된 것이다. 이에 따라 주택의 초과수요(공급<수요) 현상이 발생할 수 있는 것이다. 이는 결국 주택의 가격상승이라는 연결고리로 연결되는 것이다.
	저금리 시대에 있어서 대출에 대한 부담의 감소로 인하여 주택수요 증가가 예상된다. 결국에는 주택에 대한 수요요인이 늘어나게 되고 앞서 언급한 대도시의 경우 특히 주택의 공급이 원활하지 못하여 주택의 가격상승에 대한 요인이다. 이는 이와 같은 미국의 대도시에 해당하는 토지의 경우에 있어서도 마찬가지의 효과가 나타나는 것을 의미하고 이는 주택가격의 상승요인으로 이어지는 것이다.

주택의 가격상승은 주택에 대한 수요가 공급보다 크기 때문에 주로 미국 주요 대도시들을 살펴보면 알 수 있다. 이는 대도시의 경우 면적이 협소하고 주택의 공급이 잘 되지 않는 측면이 고려된 것이다. 이에 따라 주택의 초과수요(공급<수요) 현상이 발생할 수 있는 것이다. 이는 결국 주택의 가격상승이라는 연결고리로 연결되는 것이다.

이와 관련하여 한편으로는 저금리 시대에 있어서 대출에 대한 부담의 감소로 인하여 주택수요 증가가 예상된다. 결국에는 주택에 대한 수요요인이 늘어나게 되고 앞서 언급한 대도시의 경우 특히 주택의 공급이 원활하지 못하여 주택의 가격상승에 대한 요인이다. 이는 이와 같은 미국의 대도시에 해당하는 토지의 경우에 있어서도 마찬가지의 효과가 나타나는 것을 의미하고 이는 주택가격의 상승요인으로 이어지는 것이다.

〈그림 8-7〉에는 Euro STOXX 주가지수(1987년 1월~2019년 2월, 월간데이터, 단위 1989.12.29=1000, 우축)와 미국 T/Bill(6M) 수익률(1987년 1월~2019년 2월, 월간데이터, 연%, 좌축) 동향이 표기되어 나타나 있다. 여기서 제공된 데이터는 한국은행의 간편 검색(인터넷의 홈페이지를 통한 경제통계시스템)에 의한 것이다.

Euro STOXX 주가지수와 미국 T/Bill(6M) 수익률의 상관관계를 살펴보면, 상관계수가 −0.370으로 비교적 낮은 음(−)에 의한 상관성이 있다. 이는 1980년 1

> **그림 8-7** Euro STOXX 주가지수와 미국 T/Bill(6M) 수익률 동향

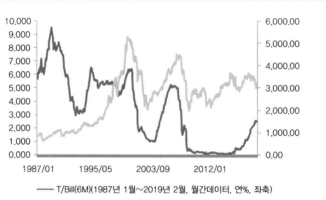

T/Bill(6M)(1987년 1월~2019년 2월, 월간데이터, 연%, 좌축)
Euro STOXX(1987년 1월~2019년 2월, 월간데이터, 단위 1989.12.29=1000, 우축)

월~2019년 2월 기간 동안 미국 Dow Jones 주가지수 및 NASDAQ 주가지수와 미국 T/Bill(6M) 수익률의 상관관계가 같은 기간 동안의 한국 KOSPI 주가지수와 미국 T/Bill(6M) 수익률의 상관계수 보다 낮은 상관성을 보이고 있음을 나타내 주고 있는 것이다.

〈그림 8-8〉에는 Euro STOXX 주가지수(1987년 1월~2019년 2월, 월간데이터, 단위 1989.12.29=1000, 우축)와 미국 T/Note(5년) 수익률(1987년 1월~2019년 2월, 월간데이터, 연%, 좌축) 동향이 표기되어 나타나 있다. 여기서 제공된 데이터는 한국은행의 간편 검색(인터넷의 홈페이지를 통한 경제통계시스템)에 의한 것이다.

Euro STOXX 주가지수와 미국 T/Note(5년) 수익률의 상관관계를 살펴보면, 상관계수가 -0.519의 음(-)에 의한 상관성이 있다. 이는 1980년 1월~2019년 2월 기간 동안 미국 Dow Jones 주가지수 및 NASDAQ 주가지수와 미국 T/Note(5년) 수익률의 상관관계가 같은 기간 동안의 한국 KOSPI 주가지수와 미국 T/Note(5년) 수익률의 상관계수 보다 낮은 상관성을 보이고 있음을 나타내 주고 있는 것이다.

이와 같이 Euro STOXX 주가지수보다 한국 KOSPI 주가지수가 미국의 금리정책에 민감도가 높은 것은 한국 경제 및 금융시장의 개방성 정도가 크다는 것을 반영하고 있는 것이다.

그림 8-8 Euro STOXX 주가지수와 미국 T/Note(5년) 수익률 동향

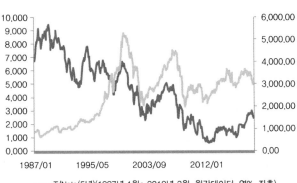

— T/Note(5년)(1987년 1월~2019년 2월, 월간데이터, 연%, 좌축)
— Euro STOXX(1987년 1월~2019년 2월, 월간데이터, 단위 1989.12.29=1000, 우축)

〈그림 8-9〉에는 Euro STOXX 주가지수(1987년 1월~2019년 2월, 월간데이터, 단위 1989.12.29=1000, 우축)와 미국 T/Note(10년) 수익률(1987년 1월~2019년 2월, 월간데이터, 연%, 좌축) 동향이 표기되어 나타나 있다. 여기서 제공된 데이터는 한국은행의 간편 검색(인터넷의 홈페이지를 통한 경제통계시스템)에 의한 것이다.

그림 8-9 Euro STOXX 주가지수와 미국 T/Note(10년) 수익률 동향

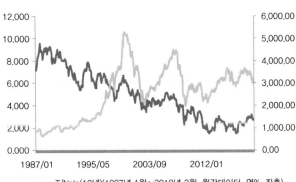

— T/Note(10년)(1987년 1월~2019년 2월, 월간데이터, 연%, 좌축)
— Euro STOXX(1987년 1월~2019년 2월, 월간데이터, 단위 1989.12.29=1000, 우축)

Euro STOXX 주가지수와 미국 T/Note(10년) 수익률의 상관관계를 살펴보면, 상관계수가 −0.592의 음(−)에 의한 상관성이 있다. 이는 1980년 1월~2019년 2월 기간 동안 미국 Dow Jones 주가지수 및 NASDAQ 주가지수와 미국 T/Note(10년) 수익률의 상관관계가 같은 기간 동안의 한국 KOSPI 주가지수와 미국 T/Note(10년) 수익률의 상관계수 보다 낮은 상관성을 보이고 있음을 나타내 주고 있는 것이다.

〈그림 8−10〉에는 Euro STOXX 주가지수(1987년 1월~2019년 2월, 월간데이터, 단위 1989.12.29=1000, 우축)와 미국 T/Bond(30년) 수익률(1987년 1월~2019년 2월, 월간데이터, 연%, 좌축) 동향이 표기되어 나타나 있다. 여기서 제공된 데이터는 한국은행의 간편 검색(인터넷의 홈페이지를 통한 경제통계시스템)에 의한 것이다.

Euro STOXX 주가지수와 미국 T/Bond(30년) 수익률의 상관관계를 살펴보면, 상관계수가 −0.674의 음(−)에 의한 상관성이 있다. 이는 1980년 12월~2019년 2월 기간 동안 미국 Dow Jones 주가지수 및 NASDAQ 주가지수와 미국 T/Bond(30년) 수익률의 상관관계가 같은 기간 동안의 한국 KOSPI 주가지수와 미국 T/Bond(30년) 수익률의 상관계수 보다 낮은 상관성을 보이고 있음을 나타내 주고 있는 것이다.

그림 8-10 Euro STOXX 주가지수와 미국 T/Bond(30년) 수익률 동향

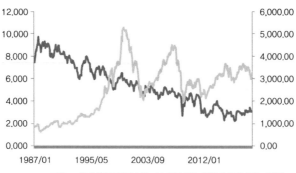

——— T/Bond(30년)(1987년 1월~2019년 2월, 월간데이터, 연%, 좌축)
········· Euro STOXX(1987년 1월~2019년 2월, 월간데이터, 단위 1989.12.29=1000, 우축)

한편 단기금리보다 장기금리일수록 인플레이션이 반영된 위험 프리미엄(risk premium)이 반영되어 높아지는 것으로 알려져 있다. 즉 불확실성(uncertainty)이 장기금리에는 반영되면서 단기금리와 장기금리 간에 기간 간에 걸친 구조(term structure) 현상이 발생되는 것이다.

exercise 04

1. 정보의 수집 및 이와 관련된 비용 그리고 정보가치와 관련하여 설명하시오.

📝 **정답**

정보의 수집과 관련된 비용의 경우 정보의 수집과 관련하여 들어가는 비용, 즉 기회비용 (opportunity cost)을 비롯하여 물류비용 등과 비례하여 정보가치(information value)가 커 짐을 알 수 있다. 또한 정보가치에 있어서는 해당 정보가치에 대한 합리적인 기대(rational expectation)가 반영되어 있다.

2. 총소득 및 주택부문의 경기와 관련하여 설명하시오.

📝 **정답**

미국을 비롯한 유럽 및 일본경제 등에 있어서 2010년대 초반까지를 분석하면 시장전문가들 은 국민들의 총소득이 증가하면 자국의 자본축적이 보다 급증하는 것으로 나타난다고 판 단하고 있다.

1차 및 2차 세계대전 이후의 미국과 유럽의 경제 등을 살펴보면 부동산부문에 있어서 자본 흐름(capital flow)이 주택부문의 경기상승과 관련된 것으로 시장전문가들은 분석하고 있 다. 이는 국내 총소득의 증가가 대부분 부동산경기와 관련되어 있고 이 중에서도 주택부문 의 상승과 연결되어 있다는 것이다.

이와 관련하여 대체적인 시장전문가들의 정보의견과 데이터를 분석하여 보면 미국에 있어 서 총소득 중 임대소득이 차지하는 비율이 1950년과 2010년대 초를 비교할 경우 2.2%에 서 2.4% 정도로 커졌음을 알 수 있다.

3. 정보의 완전한 대칭관계 및 비대칭성과 관련하여 설명하시오.

📝 **정답**

기업들의 경우에 있어서 정확한 정보의 수집과 이에 따른 의사결정(making decision)이 무엇 보다 중요하다. 이전의 연구결과들을 통하여 종합하여 판단하면, 정보의 완전한 대칭관계는 존재하기 어려운 것이 현실이다. 또한 정보에 있어서도 외부효과 문제가 발생하게 되는데, 이 는 관습 및 유행과 집단적인 행동의 결과에서 비롯되기도 한다. 이와 같은 정보에 있어서의 비 대칭성 문제는 개인 간의 관계에서 뿐만 아니라 개인과 국가적인 단위에서 생성될 수도 있다.

4. 주택가격 및 정보와 관련하여 설명하시오.

📋 **정답**

미국의 경제적인 측면에서 주택에 대한 지출규모의 증가는 다양한 가구들에 대한 조사에 의하여 이루어지고 있다. 1980년대 이후 미국을 비롯한 세계적인 현상으로 주택에 대한 가격상승이 이루어져 왔다. 이와 같은 주택가격 상승과 관련된 정보는 경제에 있어서 중요한 위치를 점유하며, 금융과 실물경제에 있어서 상호 간에 고루 영향을 주거나 받게 된다.

5. 디지털경제학 및 정보의 비대칭성과 관련하여 설명하시오.

📋 **정답**

주식시장을 비롯하여 각종 정보의 경우 경제와 사회에 대한 이해의 제공과 기술 분야와의 연계성 등으로 인하여 최근 들어 비약적으로 발전해 나가고 있다. 이는 빅 데이터로 연결되면서 기하급수적으로 증가하고 있는 것이다.

전략적인 상호의 관계 및 작용에서 전략적으로 정보를 제거시켰을 때 일반적인 경우보다 전혀 다른 결과 값이 도출될 수 있다. 이는 정보의 비대칭성에 의하여 발생할 수 있는 문제점이다.

게임이론의 경우 이와 관련하여 순수하게 전개되는 순수게임과 확률로써 파악하는 혼합게임 등 복잡한 형태로 전개시킬 수 있다. 적어도 이와 같은 순수게임과 혼합게임이 중요한 것은 정보의 경우 비대칭성에 따른 문제점을 해결하고자 시도하는 과정에서 전개된 것이다. 역사적인 관점에서 살펴볼 때 정보의 경우 1970년대의 초를 지나면서 경제학적인 측면에서 중요성이 커져나갔으며, 최근 들어 빅 데이터를 비롯한 4차 산업혁명이 진전되면서 그 가치가 더욱 증진되고 있는 상황이다.

6. 재테크 정보 및 경제학과 관련히여 설명히시오.

📋 **정답**

최근에 미국에 있어서 주택부문에 대한 자금흐름을 살펴보면, 자가 보유 비율의 증대와 주택규모의 증가라는 특징을 지니고 있다. 또한 주택 형태별에 있어서도 증진된 형태로 나타나고 있다.

이러한 현상은 왜 일어났을까? 이는 소득수준의 향상에 의한 결과로 판단된다. 결국 주택의 공급 자체보다는 국민소득 수준이 향상될 경우 보다 교통편이 편리한 대도시에 위치해 있는 지와 주택 규모의 크기가 어느 정도인지 등 새로운 요인들이 주택결정에 중요한 요인들이 된다는 것이다. 미국의 경우에 있어서 금리인하 기조와 임대료 상승 및 주택공급의 부족 등이 외부적인 환경요인들이거나 주택가격에 영향을 준 결과로 판단된다. 이는 대도시의 경우 주택을 지을 만한 절대규모의 토지가 부족하기 때문이기도 하다. 이와 같은 재테크 정보들을 토대로 국민소득 수준의 향상이 주택가격을 장기적으로 지속적인 상승에 영향을 줄 수 있을 지와 관련된 의구심을 가질 수 있다. 왜냐하면 인구가 향후 줄어들 수 있어서 주택에 대한 수요 감소로 이어질 수도 있기 때문이다.

적어도 대도시에 있어서는 주택의 수요 감소가 없을 전망이다. 그리고 일반적인 전통 경제학에서는 주택에 대한 소득탄력성이 1 이하로 낮은 것으로 알려져 있지만, 2014년 초반까지의 데이터를 살펴보면 주택에 대한 소득탄력성이 1 이상으로 높은 것으로 알려져 있다. 이는 소득이 높아질수록 주택에 대한 수요도 증가한다는 의미이다.

주택의 경우 또 하나의 고려요소는 주택이 필수 재화라는 점이다. 토지의 경우에 있어서는 사치 재화의 성격을 가질 수 있지만 주택은 필수 재화라는 측면도 고려해야 한다. 주택의 경우 대체재적인 재화가 많지 않은 점과 가격탄력성이 비탄력적인 성격을 지니고 있는 점도 고려해야 한다. 따라서 주택가격의 상승의 경우 필연적으로 가계들에게 있어서 지출규모를 증가시킬 수밖에 없는 것이다. 이는 일반적인 가계들의 소득증가 수준을 훨씬 넘는다는 것이 2010년대 대내외 데이터들로 확인해 볼 수 있다.

7. 정보의 비대칭성 및 적용·응용분야와 관련하여 설명하시오.

정답

민간부문 및 기업들의 제품과 관련하여 1970년대에 정립이 되었던 디지털경제학은 주로 정보의 비대칭성과 관련된 연구에서 이루어졌다. 이는 회사에 있어서 광고의 경우 해당 회사의 제품에 대하여 긍정적인 영향을 주게 될 지 아니면 광고비용에 따라 가격상승으로 전가 (transfer)된다는 우려로 소비자들에게 인식될 지에 대한 시장의 반응으로 이어졌다.

이와 같은 품목(item)은 시장에서 광고뿐만 아니라 은행을 비롯하여 교육 및 의료 분야와 같은 다양한 분야에서 적용을 해보고 게임이론(game theory)을 통하여 살펴볼 수 있다.

8. 저금리 시대에 있어서 미국 주요 대도시의 토지가격 및 주택가격 정보와 관련하여 설명하시오.

📋 정답

주택의 가격상승은 주택에 대한 수요가 공급보다 크기 때문에 주로 미국 주요 대도시들을 살펴보면 알 수 있다. 이는 대도시의 경우 면적이 협소하고 주택의 공급이 부족할 때 일어난다. 이에 따라 주택의 초과수요(공급<수요) 현상이 발생할 수 있는 것이다. 이는 결국 주택의 가격상승이라는 연결고리로 연결되는 것이다.

이와 관련하여 한편으로는 저금리 시기에 있어서 대출에 대한 부담의 감소로 인하여 주택수요 증가가 예상된다. 결국에는 주택에 대한 수요요인이 늘어나게 되고 앞서 언급한 대도시의 경우 특히 주택의 공급이 원활하지 못하여 주택의 가격이 오르게 된다. 이는 이와 같은 미국의 대도시에 해당하는 토지의 경우에 있어서도 마찬가지의 효과가 나타나는 것을 의미하고 이는 주택가격의 상승요인으로 이어지는 것이다.

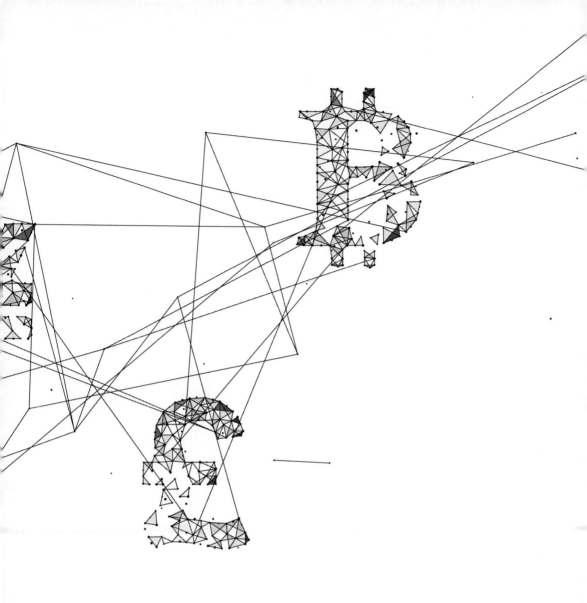

part 5

빅 데이터 정보와
블록체인, 가상화폐

success
money
profit
Internet
banking
finance
corporate
computer
capital
data
growth
technology
economy
market
digital economy
investment
research
currency
financial
network
digital
business
management
exchange
trade
communication
information
world
e-business
e-commerce
global
stock
electronic
wealth
analysis
chart
web
economic
progress

chapter 09

정보와 가상화폐

제1절 ㅣ 디지털경제학과 국민 복지 증진 간의 관계

　디지털경제학에서 다루어지는 정보의 비대칭성의 문제가 국민 복지의 증진 차원에서 재정학과도 연결된다. 이는 정보의 비대칭성과 관련하여 발생하는 '주인과 대리인 간의 문제'에 있어서 역에 관련된 선택이론 및 도덕적 해이 현상 등에 의하여 설명되는 것이다.

　흔히 빅 데이터의 4차 산업혁명 시대에 있어서 광대한 정보들을 어떻게 효율적으로 관리(management)하느냐와 이에 따라 이렇게 집약시킬 수 있는 지, 이것이 정보관련 비용을 감소시킬 수 있을 지와 관련된 연구들이 최근 들어 급진전되고 있다.

표 9-1	디지털경제학과 국민 복지의 증진 간의 관계
	주요내용
디지털경제학과 국민 복지 증진 간의 관계	정보의 비대칭성이 중요한 문제로 대두되는 것은 재정학(public economics) 영역에 있어서 흔히 무임 승차자(free rider) 문제와도 연결된다. 이는 계약을 체결하려는 사람(입사자)과 인력을 구인하는 회사 및 자동차보험과 건강보험 등을 가입하려는 자와 보험회사들 간에 있어서 '주인과 대리인 간의 문제'로 흔히 알려진 형태에서 부각된다.
	무임 승차자의 경우 결국 국민 복지의 증진과 관련된 공공재 공급에 있어서 막대한 저해 요소가 될 수 있으며, 결국 한계생산의 비용이 영(0)이 되어 가격형성이 안 되고 이는 공공재화 및 공공서비스의 제공 중단이라는 것으로 연결될 수 있는 것이다.

이와 함께 4차 산업혁명 시대에 적합한 분산원장에 기반을 둔 기술인 블록체인에 의한 사용량이 가상화폐(virtual currency)에 대한 유용성을 증대시키고 있다. 이에 대하여 시장에서도 정보통신과 관련된 제품들에서 상용화 서비스가 이루어지고 있기도 한 것이 사실이다.

금융과 관련된 기술혁신은 대부분 ICT의 정보통신기술을 활용한 인터넷 기술 및 사용량 증대, 기술적인 업그레이드에 의하여 이루어지고 있다. 이것이 블록체인과 관련된 기반 기술 및 이에 대한 사용 증가에 따른 가상화폐의 자연스러운 효용성 증대로 연결되고 있는 것이다.

블록체인 기반의 기술에 대하여는 은행을 비롯하여 기존의 금융회사에서도 관심을 갖고 있다. 이는 무역 분야에 있어서도 기존의 금융 관행을 탈피하여 조달 금리를 하락시킬 수 있는 여지와 중소기업과 같이 담보력이 부족한 회사에 있어서 신용제고 현상 등 긍정적인 측면을 시장에서는 전문가들이 내다보고 있다.

한편 최근 국내 최고기업들이 가상화폐와 관련하여 각종 게임을 비롯해 결제 시스템 등을 공유할 수 있는 시스템을 선보이고 있다. 이는 블록체인 기반의 기술이 보다 많이 보급될 수 있는 여건이 조성되고 이와 관련된 서비스의 확대가 이루어질 수 있는 것이다.

표 9-2	4차 산업혁명 시대의 블록체인과 가상화폐

	주요내용
4차 산업혁명 시대의 블록체인과 가상화폐	빅 데이터의 4차 산업혁명 시대에 있어서 광대한 정보들을 어떻게 효율적으로 관리(management)하느냐와 이에 따라 어떻게 집약시킬 수 있는 지, 이것이 정보관련 비용을 감소시킬 수 있을 지와 관련된 연구들이 최근 들어 급진전되고 있다.
	이와 함께 4차 산업혁명 시대에 적합한 분산원장에 기반을 둔 기술인 블록체인에 의한 사용량이 가상화폐(virtual currency)에 대한 유용성을 증대시키고 있다. 이에 대하여 시장에서도 정보통신과 관련된 제품들에서 상용화 서비스가 이루어지고 있기도 한 것이 사실이다.
	금융과 관련된 기술혁신은 대부분 ICT의 정보통신기술을 활용한 인터넷 기술 및 사용량 증대, 기술적인 업그레이드에 의하여 이루어지고 있다. 이것이 블록체인과 관련된 기반 기술 및 이에 대한 사용 증가에 따른 가상화폐의 자연스러운 효용성 증대로 연결되고 있는 것이다.
	블록체인 기반의 기술에 대하여는 은행을 비롯하여 기존의 금융회사에서도 관심을 갖고 있다. 이는 무역 분야에 있어서도 기존의 금융 관행을 탈피하여 조달 금리를 하락시킬 수 있는 여지와 중소기업과 같이 담보력이 부족한 회사에 있어서 신용제고 현상 등 긍정적인 측면을 시장에서는 전문가들이 내다보고 있다.

앞서 금융과 실물경기를 대변하는 주택 및 토지 등을 살펴보았는데, 이와 같은 전통적인 산업과 블록체인 기반의 기술 및 이에 연계된 가상화폐의 발전은 기존 상거래 관행과 관련하여 동반 발전해 나갈 수 있는 기회(opportunity)가 제공되고 있다.

이는 새로운 4차 산업혁명의 기술이 기존 전통적인 재테크 관련 산업과 동반 성장해 나갈 수 있다는 측면이다. 다른 한편으로는 가상화폐가 독자적으로 하나의 미래 산업으로서 성장해 나갈 수 있는 지와 관련된 분석도 행해지고 있는 것이 현실이다.

가장 중요한 필수재 중에 하나인 주택과 관련된 가격정보의 동향 및 계약과 관련하여 블록체인 기반의 기술은 도움이 될 것으로 판단된다. 이와 관련하여 저금리 시대의 미국의 경우 주요 대도시에 있어서 주택가격이 상승하였으며, 이와 같은 계약에 있어서 향후 블록체인 기반의 기술이 수수료 인하에 영향을 줄 수 있을 지와 관련하여 시장에서는 분석해 나가고 있는 것이다.

그림 9-1 한국 주택가격전망CSI 전체와 한국 무담보콜금리 전체 동향

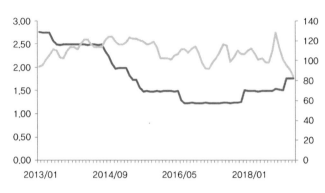

─── 무담보콜금리 전체(2013년 1월~2019년 2월, 월간데이터, 연%, 좌축)
─── 주택가격전망CSI 전체(2013년 1월~2019년 2월, 월간데이터, 우축)

〈그림 9-1〉에는 한국 주택가격전망CSI 전체(2013년 1월~2019년 2월, 월간데이터, 우축)와 한국 무담보콜금리 전체(2013년 1월~2019년 2월, 월간데이터, 연%, 좌축) 동향이 표기되어 나타나 있다. 여기서 제공된 데이터는 한국은행의 간편 검색(인터넷의 홈페이지를 통한 경제통계시스템)에 의한 것이다. 한국 주택가격전망CSI 전체와 한국 무담보콜금리 전체의 상관관계를 살펴보면, 상관계수가 0.163의 상관성을 보이고 있다.

한편 주택의 경우 제로에너지 하우스(zero energy house)에서 IoT(Internet of Things)라는 사물인터넷을 통하여 이미 4차 산업혁명 시대를 열어가고 있기도 하다. 태양광 패널을 통한 전기에너지 생성과 이를 통한 전기에너지 보급 및 각종 쿨튜브 시스템과 같은 친환경 건축물에 대한 투자로 인하여 향후 건축의 패러다임이 바뀌어 나가고 있다.

이는 기존의 자동차와 구글이라는 인터넷관련 업체가 융합하여 자율자동차 시스템으로 진화해 가는 것과 같이 건축도 새로운 패러다임이 전개되고 있는 것이다. 물론 전통적으로 가장 중요한 금리를 비롯한 각종 거시경제변수와 규제, 위치 등이 향후에도 주택가격 형성에 가장 중요한 요소임에는 틀림이 없지만 향후에 있어서는 4차 산업혁명을 통하여 보다 편리한 주택으로 부가가치가 생겨나고 있

| 그림 9-2 | 한국 주택가격전망CSI 자가와 한국 무담보콜금리 전체 동향 |

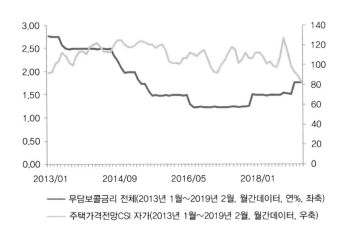

무담보콜금리 전체(2013년 1월~2019년 2월, 월간데이터, 연%, 좌축)
주택가격전망CSI 자가(2013년 1월~2019년 2월, 월간데이터, 우축)

는 것이다. 또한 거래 관계에 있어서 블록체인과 가상화폐 등 4차 산업혁명 분야
가 기여할 수 있는 폭이 넓어지고 있는 것도 주시해 보아야 하는 부분이다.[1]

〈그림 9-2〉에는 한국 주택가격전망CSI 자가(2013년 1월~2019년 2월, 월간데이터,
우축)와 한국 무담보콜금리 전체(2013년 1월~2019년 2월, 월간데이터, 연%, 좌축) 동향
이 표기되어 나타나 있다. 여기서 제공된 데이터는 한국은행의 간편 검색(인터넷의
홈페이지를 통한 경제통계시스템)에 의한 것이다.

한국 주택가격전망CSI 자가와 한국 무담보콜금리 전체의 상관관계를 살펴보
면, 상관계수가 0.113의 상관성을 보이고 있다. 이에 따라 최근 들어 한국 주택가
격전망CSI 전체 및 자가에서는 시중금리의 흐름과 큰 상관성을 보이지 않았음을
알 수 있다.

한국의 경우 가계 부채 문제와 저축, 그리고 이를 통한 담보 대출 등이 주택구
입과 관련하여 어떠한 관련성이 있는 지 살펴볼 필요가 있다. 이는 주택구입과
같은 변수는 금리동향보다는 규제와 주택의 공급 등과 같은 다른 정책적인 이슈
가 보다 크게 영향을 주고 있는 지도 면밀히 살펴보아야 하는 이유이다.

---

1) Zilahy, G.(2016), "Sustainable Business Models-What Do Management Theories Say?", *Budapest Management Review*, 47(10), pp. 62-72.

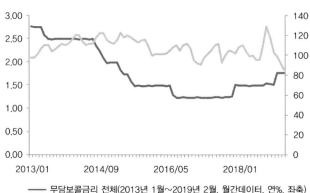

그림 9-3 한국 주택가격전망CSI 임차 등과 한국 무담보콜금리 전체 동향

─── 무담보콜금리 전체(2013년 1월~2019년 2월, 월간데이터, 연%, 좌축)
─── 주택가격전망CSI 임차 등(2013년 1월~2019년 2월, 월간데이터, 우축)

즉 거시경제변수의 동향과 국제적인 금리의 이동 또는 변화보다는 국내적인 주택관련 정책변화를 더 주시하여야 하는 지 살펴보아야 한다는 측면이다. 물론 세계적으로 주택경기의 변동(cycle)도 영향을 줄 수 있으므로 이와 같은 동향과 현재의 국민소득 수준에서 주택의 상황과 같은 변수요인도 잘 살펴볼 필요가 있다. 경우에 따라서는 인구요인도 살펴보아야 하지만 미국을 중심으로 대도시의 경우에는 인구요인이 크지 않고 오히려 신규 주택공급 물량과 주택구입 가격지수가 더 상관성을 지녔음도 고려요소이기도 한 것이다.

〈그림 9-3〉에는 한국 주택가격전망CSI 임차 등(2013년 1월~2019년 2월, 월간데이터, 우축)과 한국 무담보콜금리 전체(2013년 1월~2019년 2월, 월간데이터, 연%, 좌축) 동향이 표기되어 나타나 있다. 여기서 제공된 데이터는 한국은행의 간편 검색(인터넷의 홈페이지를 통한 경제통계시스템)에 의한 것이다. 한국 주택가격전망CSI 임차 등과 한국 무담보콜금리 전체의 상관관계를 살펴보면, 상관계수가 0.277의 상관성을 보이고 있다.

〈그림 9-4〉에는 한국 주택가격전망CSI 서울(2013년 1월~2019년 2월, 월간데이터, 우축)과 한국 무담보콜금리 전체(2013년 1월~2019년 2월, 월간데이터, 연%, 좌축) 동향이 표기되어 나타나 있다. 여기서 제공된 데이터는 한국은행의 간편 검색(인터넷의

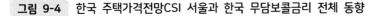

그림 9-4 한국 주택가격전망CSI 서울과 한국 무담보콜금리 전체 동향

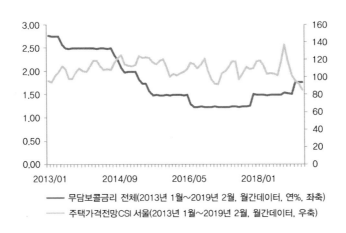

── 무담보콜금리 전체(2013년 1월~2019년 2월, 월간데이터, 연%, 좌축)
── 주택가격전망CSI 서울(2013년 1월~2019년 2월, 월간데이터, 우축)

홈페이지를 통한 경제통계시스템)에 의한 것이다.

한국 주택가격전망CSI 서울과 한국 무담보콜금리 전체의 상관관계를 살펴보면, 상관계수가 −0.072의 상관성을 보이고 있다. 이와 같이 주택가격전망CSI 서울과 한국 무담보콜금리 전체의 상관성이 낮은 것은 주택구입 시 가계부채와 관련된 문제 등과 함께 종합적인 측면에서 살펴보아야 할 것이다.

서울의 경우 주택의 구입 동기가 건설경기와 직접관련이 있는 정책변수의 영향이 더 큰 것인지 아니면 금융시장과 같은 거시경제변수의 영향이 보다 큰 것인지 등과 관련하여 면밀히 살펴보아야 하는 것이다.

또한 시점별로 분명히 가계부채 문제와 같은 아주 중요한 변수들을 고려하면 차이가 분명히 있을 수 있으므로 이 부분 또한 중요할 것이다. 그리고 벡터자기회귀모형인 VAR(Vector Autoregressive) 모형이나 벡터오차수정모형(Vector Error Correction Model)과 같은 보다 정교한 모형들을 토대로 하여 실제로 영향을 주었는지 그렇지 않은 지 관계도 파악해 보아야 한다.

한편 건설경기의 경기변동(business cycle)과 같은 변수도 잘 살펴보아야 한다. 건설 경기변동의 경우 다른 부분보다 경제학적인 측면에서 살펴볼 때 경기변동의 순환주기가 가장 늦게 움직이고 폭도 가장 큰 것으로 알려져 있기 때문에 단기적

인 금리변동이 실제로 영향을 주어도 데이터에 반영되는 것은 상대적으로 늦을
수도 있다.

제2절 | 가상화폐의 특징

가상화폐는 디지털경제에 있어서 화폐수단으로 사용되는 하나의 통화에 해당
한다. 이는 분산원장 기술에 의한 블록체인 기반의 기술과 함께 동반하여 발전해
나가고 있다. 가상화폐의 특징은 다음과 같다.

첫째, 탈중앙화와 교환의 가치가 있다는 것이다. 둘째, 공공기관에서 혹은 중
앙은행이 발행한 명목화폐와는 다른 것이다. 셋째, 전자적인 방식을 통하여 저장
과 양도 및 거래가 가능하다.

국내 최고의 기업에서는 제품의 기술에서 일부의 가상화폐관련 송금기능을 추
가하고 있다. 따라서 가상화폐가 발전할 수 있는 토대가 마련되고 있는 것이다.
이 기업의 제품의 경우 세계적인 브랜드 가치(brand value)와 기술력 등을 고루 갖
추고 있기 때문에 가상화폐의 활성화 측면에 있어서 분명히 도움이 될 것으로 판
단된다.

디지털경제학의 최근 추세는 정보와 관련된 설계 부분이다. 이는 첫째, 참여하
는 선수들에 대한 최적시스템의 정보제공측면이다. 즉 선수들의 행위에 대해 객

표 9-3　가상화폐의 특징

	주요내용
가상화폐의 특징	가상화폐는 디지털경제에 있어서 화폐수단으로 사용되는 하나의 통화에 해당한다. 이는 분산원장 기술에 의한 블록체인 기반의 기술과 함께 동반하여 발전해 나가고 있다.
	가상화폐의 특징은 다음과 같다. 첫째, 탈중앙화와 교환의 가치가 있다는 것이다. 둘째, 공공기관에서 혹은 중앙은행이 발행한 명목화폐와는 다른 것이다. 셋째, 전자적인 방식을 통하여 저장과 양도 및 거래가 가능하다.

관성을 부여하는 것과 관련된 것으로 육하원칙에 의한 결과에 연계되어 있다. 둘째, 참여하는 선수들에 의한 선호체계와 관련된 것이다.

이와 같은 게임이론을 통한 디지털경제학의 최근 분야로는 인터넷을 통한 광고시장, 은행들에 대한 규제관련 행위, 검열과 엔터테인먼트 사업, 교통의 혼잡성, 가격에 대한 차별화 전략 등 다양한 분야에 정보관련 설계가 도입되어 있다.

디지털경제학에서 비롯된 경제학적인 게임이론 이외에도 정보에 대한 불확실성의 원리를 연구하는 물리학이나 생명체계에 있어서 복잡화되어 있는 시스템이 핵산의 서열구조를 가지는 정보체계의 암호화과정과의 연결고리 등 다양하게 정보라는 측면에서 상당히 광범위하고 매우 유용한 것이다.

이는 정보라는 연결체계로 인하여 공유가 가능한 융합의 4차 산업혁명 분야에서 매우 중요한 자리를 차지해 나가고 있는 것이다. 현재 진행 중인 4차 산업혁명 시대의 인터넷과 정보통신기술 등이 이와 같이 생물학 분야에까지 연결되면서 새로운 부가가치가 높은 양질의 고급 일자리 창출로도 연결될 수 있을 것으로 기대할 수 있는 것이다.

| 표 9-4 | 현대 디지털경제학과 유망 4차 산업혁명 분야의 연계성 |

	주요내용
현대 디지털경제학과 유망 4차 산업혁명 분야의 연계성	디지털경제학의 최근 추세는 정보와 관련된 설계 부분이다. 이는 첫째, 참여하는 선수들에 대한 최적시스템의 정보제공측면이다. 즉 선수들의 행위에 대해 객관성을 부여하는 것과 관련된 것으로 육하원칙에 의한 결과에 연계되어 있다. 둘째, 참여하는 선수들에 의한 선호체계와 관련된 것이다.
	게임이론을 통한 디지털경제학의 최근 분야로는 인터넷을 통한 광고시장, 은행들에 대한 규제관련 행위, 검열과 엔터테인먼트 사업, 교통의 혼잡성, 가격에 대한 차별화 전략 등 다양한 분야에 정보관련 설계가 도입되어 있다.
	디지털경제학에서 비롯된 경제학적인 게임이론 이외에도 정보에 대한 불확실성의 원리를 연구하는 물리학이나 생명체계에 있어서 복잡화되어 있는 시스템이 핵산의 서열구조를 가지는 정보체계의 암호화과정과의 연결고리 등 다양하게 정보라는 측면에서 상당히 광범위하고 매우 유용한 것이다.
	정보라는 연결체계로 인하여 공유가 가능한 융합의 4차 산업혁명 분야에서 매우 중요한 자리를 차지해 나가고 있는 것이다. 현재 진행 중인 4차 산업혁명 시대의 인터넷과 정보통신기술 등이 이와 같이 생물학 분야에까지 연결되면서 새로운 부가가치가 높은 양질의 고급 일자리 창출로도 연결될 수 있을 것으로 기대할 수 있는 것이다.

한국의 4차 산업혁명의 유망한 분야로는 전기장치를 비롯한 반도체와 기계 및 정밀기기 등이 손에 꼽히고 있다. 이들 분야 이외에도 의약품을 비롯한 바이오분야와 연계성을 지니고 있는 정밀화학 분야도 향후 한국경제에 크나큰 도움이 될 것으로 판단된다. 이와 같은 분야들은 현재의 인터넷과 정보통신기술의 4차 산업혁명과 연관되어 있는 것이다.

한국의 경우 이와 같은 차세대 성장 동력 산업을 토대로 경제의 활성화와 투자증대, 저출산 고령화 문제 등을 해결해 나가야 한다. 이는 일자리 창출과 개인들의 소득증대로 인한 개인 저축증대로 가계와 기업들 간의 자금순환의 선순환 구조의 정착화 등이 이루어져야 한다.

4차 산업혁명 시대에 맞는, 즉 고급의 양질의 일자리 창출 및 취업 기회 확대와 금융기관의 원활한 자금지원을 위한 계획 등이 필요하며, 금융권에서도 이와 같은 차세대 성장 동력 산업이 잘 유지되고 정착되도록 새로운 상품의 개발과 개인들에 의한 자금원인 저축이 증대되도록 획기적인 상품 개발 노력 등이 뒤따라야 한다.

물가상승률을 제외한 실질이자율의 하락은 결국 주택 및 토지가격의 상승으로 연결되게 된다. 이는 대도시와 같은 절대적인 공급여건이 부족한 지역에 있어서는 더욱 그러하다. 이러한 사실은 미국을 비롯한 대도시에서 발생하고 있는 것이다.

이는 새로운 주택에 대한 공급제약 요인이 되고, 궁극적으로 주택 및 토지가격 상승으로 인한 금리인하 정책과 개인소득 규모에 의존한 대출규모의 증대로도 연결될 수 있다. 결국 금리인하 시대에 실물자산인 주택과 토지 그리고 주식시장으로의 자금흐름 중에서 실물자산이 미국에서도 더 높은 수익률을 얻을 수 있는지와 관련하여 살펴볼 필요가 있다는 것이다.

미국을 비롯한 국가들에 있어서 대도시 주변에 대한 장기적으로 진행되고 있는 주택과 토지에 대한 지출증대 추세 그리고 주택과 토지공급 분야의 제한과 이러한 요인들에 의하여 영향을 받는 주택과 토지가격, 월세로 일컬어지는 임대료의 상관성을 포함한 정보를 지속적으로 관찰할 필요가 있다.

표 9-5	주택에 대한 공급제약 요인과 디지털경제학
	주요내용
주택에 대한 공급제약 요인과 디지털경제학	물가상승률을 제외한 실질이자율의 하락은 결국 주택 및 토지가격의 상승으로 연결되게 된다. 이는 대도시와 같은 절대적인 공급여건이 부족한 지역에 있어서는 더욱 그러하다. 이러한 사실은 미국을 비롯한 대도시에서 발생하고 있는 것이다.
	새로운 주택에 대한 공급제약 요인이 되고, 궁극적으로 주택 및 토지가격 상승으로 인한 금리인하 정책과 개인소득 규모에 의존한 대출규모의 증대로도 연결될 수 있다. 결국 금리인하 시대에 실물자산인 주택과 토지 그리고 주식시장으로의 자금흐름 중에서 실물자산이 미국에서도 더 높은 수익률을 얻을 수 있는지와 관련하여 살펴볼 필요가 있다는 것이다.
	미국을 비롯한 국가들에 있어서 대도시 주변에 대한 장기적으로 진행되고 있는 주택과 토지에 대한 지출증대 추세 그리고 주택과 토지공급 분야의 제한과 이러한 요인들에 의하여 영향을 받는 주택과 토지가격, 월세로 일컬어지는 임대료의 상관성을 포함한 정보를 지속적으로 관찰할 필요가 있다.

〈그림 9-5〉에는 한국 주택가격전망CSI 전체(2013년 1월~2019년 2월, 월간데이터, 우축)와 한국 국고채수익률(3년)(2013년 1월~2019년 2월, 월간데이터, 연%, 좌축) 동향이 표기되어 나타나 있다. 여기서 제공된 데이터는 한국은행의 간편 검색(인터넷의 홈페이지를 통한 경제통계시스템)에 의한 것이다.

그림 9-5	한국 주택가격전망CSI 전체와 한국 국고채수익률(3년) 동향

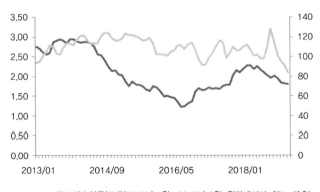

국고채수익률(3년)(2013년 1월~2019년 2월, 월간데이터, 연%, 좌축)
주택가격전망CSI 전체(2013년 1월~2019년 2월, 월간데이터, 우축)

한국 주택가격전망CSI 전체와 한국 국고채수익률(3년)의 상관관계를 살펴보면, 상관계수가 0.130의 상관성을 보이고 있다. 따라서 한국 주택가격전망CSI 전체와 한국 무담보콜금리 전체와의 상관계수 관계보다는 다소 낮은 것을 알 수 있다.

이는 시중금리를 반영하는 무담보콜금리보다는 만기도 3년으로 길고 하여 시장의 자금상황과 직결되어 속보성으로 전달되는 지표가 보다 상관성이 높게 나타나는 것으로 판단해 볼 수 있으며, 데이터의 정보로서도 보다 유용성이 높을 수 있음을 나타내기도 한다.

〈그림 9-6〉에는 한국 주택가격전망CSI 자가(2013년 1월~2019년 2월, 월간데이터, 우축)와 한국 국고채수익률(3년)(2013년 1월~2019년 2월, 월간데이터, 연%, 좌축) 동향이 표기되어 나타나 있다. 여기서 제공된 데이터는 한국은행의 간편 검색(인터넷의 홈페이지를 통한 경제통계시스템)에 의한 것이다.

한국 주택가격전망CSI 자가와 한국 국고채수익률(3년)의 상관관계를 살펴보면, 상관계수가 0.091의 상관성을 보이고 있다. 따라서 한국 주택가격전망CSI 전체와 한국 무담보콜금리 전체와의 상관계수 관계에서와 같이 한국 주택가격전망CSI 자가와 한국 무담보콜금리 전체와의 상관성보다는 다소 낮은 것을 알 수 있다.

그림 9-6 한국 주택가격전망CSI 자가와 한국 국고채수익률(3년) 동향

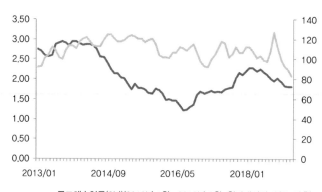

국고채수익률(3년)(2013년 1월~2019년 2월, 월간데이터, 연%, 좌축)
주택가격전망CSI 자가(2013년 1월~2019년 2월, 월간데이터, 우축)

그림 9-7   한국 주택가격전망CSI 임차 등과 한국 국고채수익률(3년) 동향

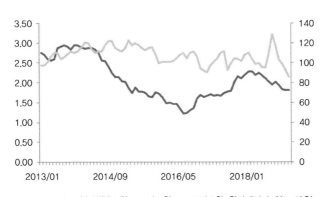

── 국고채수익률(3년)(2013년 1월~2019년 2월, 월간데이터, 연%, 좌축)
── 주택가격전망CSI 임차 등(2013년 1월~2019년 2월, 월간데이터, 우축)

〈그림 9-7〉에는 한국 주택가격전망CSI 임차 등(2013년 1월~2019년 2월, 월간데이터, 우축)과 한국 국고채수익률(3년)(2013년 1월~2019년 2월, 월간데이터, 연%, 좌축) 동향이 표기되어 나타나 있다. 여기서 제공된 데이터는 한국은행의 간편 검색(인터넷의 홈페이지를 통한 경제통계시스템)에 의한 것이다.

한국 주택가격전망CSI 임차 등과 한국 무담보콜금리 전체의 상관관계를 살펴보면, 상관계수가 0.277의 상관성을 보이고 있음을 알 수 있다. 반면에 한국 주택가격전망CSI 임차 등과 한국 국고채수익률(3년)의 상관관계를 살펴보면, 상관계수가 0.214의 상관성을 보여 한국 주택가격전망CSI 임차 등과 한국 무담보콜금리 전체 등의 상관성보다는 다소 낮음을 알 수 있다.

〈그림 9-8〉에는 한국 주택가격전망CSI 서울(2013년 1월~2019년 2월, 월간데이터, 우축)과 한국 국고채수익률(3년)(2013년 1월~2019년 2월, 월간데이터, 연%, 좌축) 동향이 표기되어 나타나 있다. 여기서 제공된 데이터는 한국은행의 간편 검색(인터넷의 홈페이지를 통한 경제통계시스템)에 의한 것이다.

한국 주택가격전망CSI 서울과 한국 국고채수익률(3년)의 상관관계를 살펴보면, 상관계수가 -0.068의 상관성을 보이고 있다. 따라서 한국 주택가격전망CSI 서울과 한국 무담보콜금리 전체의 상관관계에 있어서 상관계수인 -0.072의 상관성보

그림 9-8 한국 주택가격전망CSI 서울과 한국 국고채수익률(3년) 동향

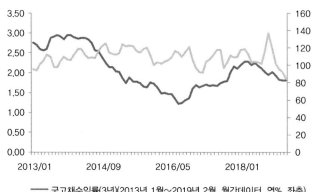

――― 국고채수익률(3년)(2013년 1월~2019년 2월, 월간데이터, 연%, 좌축)
――― 주택가격전망CSI 서울(2013년 1월~2019년 2월, 월간데이터, 우축)

다는 음(−)에 의한 상관성이 낮다.

chapter 10

정보와 블록체인, 가상화폐

제1절 | 빅 데이터 정보 사례

　앞서 국가 전체적으로 국민총생산에서 차지하는 재테크 정보와 관련된 움직임 중에서 미국의 경우 대도시 위주의 주택 및 토지가격 정보와 주식 등이 순서적으로 유용성이 최근 들어 있었는가와 관련하여 중요한 시사점을 살펴보았다.

　한국의 경우 실제 데이터를 통하여 주택의 경우 자가 또는 임차 등과 관련하여 전국과 서울 등으로 나누어 살펴보았다. 한편 미국의 경우에 있어서는 대도시와 주변 단위 등으로 나누어 살펴볼 수 있고 한국의 경우에는 광역 대도시와 이외의 지역 등으로 세분화해 볼 수도 있다. 이는 주택에 대한 공급량을 살펴봄으로써 주택에 대한 가격정보를 살펴볼 수 있는 것이다.

　앞서 주택가격 상승과 관련된 정보로는 미국의 금리정책과 규제 및 건설경기를 포함한 경기변동 상황 등에 따른 임대료의 동향 추세 등을 통하여 알 수 있음

표 10-1	4차 산업혁명과 빅 데이터 정보 사례
	주요내용
4차 산업혁명과 빅 데이터 정보 사례	국가 전체적으로 국민총생산에서 차지하는 재테크 정보와 관련된 움직임 중에서 미국의 경우 대도시 위주의 주택 및 토지가격 정보와 주식 등이 순서적으로 유용성이 최근 들어 있었는가와 관련하여 중요한 시사점을 살펴보았다.
	한국의 경우 실제 데이터를 통하여 주택의 경우 자가 또는 임차 등과 관련하여 전국과 서울 등으로 나누어 살펴보았다. 한편 미국의 경우에 있어서는 대도시와 주변 단위 등으로 나누어 살펴볼 수 있고 한국의 경우에는 광역 대도시와 이외의 지역 등으로 세분화해 볼 수도 있다. 이는 주택에 대한 공급량을 살펴봄으로써 주택에 대한 가격정보를 살펴볼 수 있는 것이다.
	주택가격 상승과 관련된 정보로는 미국의 금리정책과 규제 및 건설경기를 포함한 경기변동 상황 등에 따른 임대료의 동향 추세 등을 통하여 알 수 있음을 정리한 바 있다. 이와 같이 주택과 토지 등을 포함한 빅 데이터의 4차 산업혁명 분야는 전통적인 실물분야와 함께 동반하여 성장해 나갈 것이다.
	여기에 블록체인과 가상화폐 등 새롭게 유용한 기술이 적용되면서 이전보다 한 차원 높은 형태로 계약을 비롯한 각종 상거래 관행이 획기적으로 변화될 예상이다.

을 정리한 바 있다. 이와 같이 주택과 토지 등을 포함한 빅 데이터의 4차 산업혁명 분야는 전통적인 실물분야와 함께 동반하여 성장해 나갈 것이다.

여기에 블록체인과 가상화폐 등 새롭게 유용한 기술이 적용되면서 이전보다 한 차원 높은 형태로 계약을 비롯한 각종 상거래 관행이 획기적으로 변화될 예상이다.

제2절 | 블록체인과 가상화폐

가상화폐(virtual currency)와 관련하여서는 국내 최고 기업은 2019년 상반기에 출시한 제품 중에서 거래소별로 상이한 가상화폐 시세에 대한 정보가 확인이 가능한 서비스를 시작하고 있다. 그리고 이 제품을 통하여 코인들 간에 있어서의 거래상황도 가능한 기능이 탑재되어 있다.

이와 같은 제품들과 연관하여 살펴볼 때, 4차 산업혁명과 관련하여 인터넷과 정보통신 분야 이외에 오락과 문화관련 서비스 등이 향후 성장률이 높을 것으로 시장전문가들은 예상하고 있다.

따라서 현재 진행되고 있는 4차 산업혁명의 빅 데이터 정보는 전통적인 상거래에 있어서 계약뿐만 아니라 게임을 비롯한 각종 문화 및 오락의 다양한 콘텐츠(contents)들로 구성되며 부가가치를 높여나갈 것이다.

전통적인 상거래에 있어서는 무역(trade)과 같은 국가 간에 걸쳐 진행되는 부분과 건강 블록체인과 같은 분야 및 부동산 계약 같은 분야 등에 있어서 블록체인 및 가상화폐 시장이 동반하여 향후 성장해 나갈 것으로 시장전문가들은 내다보고 있는 것이다.

〈그림 10-1〉에는 한국 주택가격전망CSI 전체(2013년 1월~2019년 2월, 월간데이터, 우축)와 한국 회사채수익률(장외3년, AA-등급)(2013년 1월~2019년 2월, 월간데이터, 연%, 좌축) 동향이 표기되어 나타나 있다. 여기서 제공된 데이터는 한국은행의 간편 검색(인터넷의 홈페이지를 통한 경제통계시스템)에 의한 것이다.

그림 10-1 한국 주택가격전망CSI 전체와 한국 회사채수익률(장외3년, AA-등급) 동향

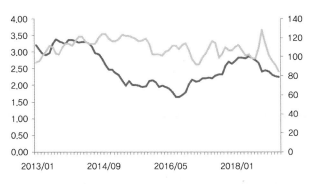

——— 회사채수익률(장외3년, AA-등급)(2013년 1월~2019년 2월, 월간데이터, 연%, 좌축)
——— 주택가격전망CSI 전체(2013년 1월~2019년 2월, 월간데이터, 우축)

한국 주택가격전망CSI 전체와 한국 회사채수익률(장외3년, AA-등급)의 상관관계를 살펴보면, 상관계수가 0.031의 상관성을 보이고 있다. 따라서 한국 주택가격전망CSI 전체와 한국 무담보콜금리 전체와의 상관계수 관계보다는 다소 낮은 것을 알 수 있다. 이는 한국 주택가격전망CSI 전체와 한국 국고채수익률(3년)의 상관성 및 한국 주택가격전망CSI 전체와 한국 무담보콜금리 전체의 상관성보다 낮은 상관계수를 보인 것이다.

〈그림 10-2〉에는 한국 주택가격전망CSI 자가(2013년 1월~2019년 2월, 월간데이터, 우축)와 한국 회사채수익률(장외3년, AA-등급)(2013년 1월~2019년 2월, 월간데이터, 연%, 좌축) 동향이 표기되어 나타나 있다. 여기서 제공된 데이터는 한국은행의 간편 검색(인터넷의 홈페이지를 통한 경제통계시스템)에 의한 것이다.

한국 주택가격전망CSI 자가와 한국 회사채수익률(장외3년, AA-등급)의 상관관계를 살펴보면, 상관계수가 -0.005의 상관성을 보이고 있다. 따라서 한국 주택가격전망CSI 자가와 한국 무담보콜금리 전체와의 상관계수인 0.113 보다 낮고 부호도 바뀐 것을 알 수 있다.

또한 한국 주택가격전망CSI 자가와 한국 국고채수익률(3년)의 상관계수인 0.091보다 낮은 상관성을 보인 것을 알 수 있다. 회사채수익률의 경우 대표적인

그림 10-2 한국 주택가격전망CSI 자가와 한국 회사채수익률(장외3년, AA-등급) 동향

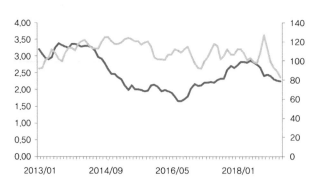

── 회사채수익률(장외3년, AA-등급)(2013년 1월~2019년 2월, 월간데이터, 연%, 좌축)
── 주택가격전망CSI 전체(2013년 1월~2019년 2월, 월간데이터, 우축)

그림 10-3 한국 주택가격전망CSI 임차 등과 한국 회사채수익률(장외3년, AA-등급) 동향

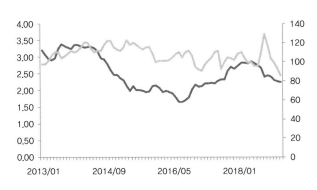

────── 회사채수익률(장외3년, AA-등급)(2013년 1월~2019년 2월, 월간데이터, 연%, 좌축)
‥‥‥‥ 주택가격전망CSI 임차 등(2013년 1월~2019년 2월, 월간데이터, 우축)

기업들의 자본상황을 파악할 수 있는 지표이며, 이는 매우 중요한 지표에 해당하고 있다.

〈그림 10-3〉에는 한국 주택가격전망CSI 임차 등(2013년 1월~2019년 2월, 월간데이터, 우축)과 한국 회사채수익률(장외3년, AA-등급)(2013년 1월~2019년 2월, 월간데이터, 연%, 좌축) 동향이 표기되어 나타나 있다. 여기서 제공된 데이터는 한국은행의 간편 검색(인터넷의 홈페이지를 통한 경제통계시스템)에 의한 것이다.

한국 주택가격전망CSI 임차 등과 한국 회사채수익률(장외3년, AA-등급)의 상관관계를 살펴보면, 상관계수가 0.106의 상관성을 보이고 있다. 한편 한국 주택가격전망CSI 임차 등과 한국 무담보콜금리 전체의 상관관계를 살펴보면, 상관계수가 0.277을 나타내 이것 보다 더 상관성을 나타내고 있다. 그리고 한국 주택가격전망CSI 임차 등과 한국 국고채수익률(3년)의 상관관계를 살펴보면, 상관계수가 0.214의 상관성을 보여 한국 주택가격전망CSI 임차 등과 한국 회사채수익률이 이들 상관계수보다 낮았음이 반영되고 있다.

〈그림 10-4〉에는 한국 주택가격전망CSI 서울(2013년 1월~2019년 2월, 월간데이터, 우축)과 한국 회사채수익률(장외3년, AA-등급)(2013년 1월~2019년 2월, 월간데이터, 연%, 좌축) 동향이 표기되어 나타나 있다. 여기서 제공된 데이터는 한국은행의 간

그림 10-4 한국 주택가격전망CSI 서울과 한국 회사채수익률(장외3년, AA-등급) 동향

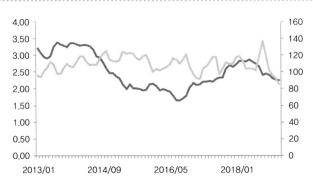

────── 회사채수익률(장외3년, AA-등급)(2013년 1월~2019년 2월, 월간데이터, 연%, 좌축)
┄┄┄┄┄ 주택가격전망CSI 서울(2013년 1월~2019년 2월, 월간데이터, 우축)

편 검색(인터넷의 홈페이지를 통한 경제통계시스템)에 의한 것이다.

한국 주택가격전망CSI 서울과 한국 회사채수익률(장외3년, AA-등급)의 상관관계를 살펴보면, 상관계수가 −0.130의 상관성을 나타냈다. 한편 한국 주택가격전망CSI 서울과 한국 국고채수익률(3년)의 상관관계를 살펴보면, 상관계수가 −0.068의 상관성을 나타냈다.

그리고 한국 주택가격전망CSI 서울과 한국 무담보콜금리 전체의 상관관계에 있어서 상관계수인 −0.072의 상관성보다는 음(−)의 상관성이 낮음을 알 수 있다. 따라서 한국 주택가격전망CSI 서울과 한국 회사채수익률의 상관성이 다소 음(−)의 상관성이 높았음을 알 수 있지만 낮은 수치로 통계적인 유의성이 부족함을 알 수 있다.

참고문헌

Cottrell, A.(1994), "Hayek's early cycle theory re－examined", *Cambridge Journal of Economics*, vol. 18.

Douglas, J. L.(2016), "New Wine Into Old Bottles: Fintech Meets the Bank Regulatory World", *North Carolina Banking Institute*, 20(1).

Gibbs, W. W.(1994), "Software's chronic crisis", *Scientific American*, vol. 271.

Jessup, L. and Valacich, J.(2008), Information systems today(3rd ed.), Upper Saddler River, NJ: Pearson Prentice Hall.

Kirsh, D.(2000), "A Few Thoughts on Cognitive Overload", *Intellectica*, 30.

Marcus, B.(1985), "Sophic systems and encoding data", *IEEE Trans. Inform. Theory*, IT－31.

Neuhoff, D. L. and Shields, P. C.(1982), "Indecomposable finite state channels and primitive approximation", *IEEE Trans. Inform. Theory*, IT－28.

Stair, R. and Reynolds, G.(2008), Principles of information system(8th ed.), Boston, MA: Thomson Course Technology.

Zilahy, G.(2016), "Sustainable Business Models－What Do Management Theories Say?", *Budapest Management Review*, 47(10).

http://ecos.bok.or.kr/

http://kosis.kr/

찾아보기

ㄱ

가계부문 158
가상화폐 112, 215, 220, 228
가치 45
개발 64
개인정보 135
건강 22
건강기술 34
건강서비스 20, 34, 40, 43, 84
건강정보 52
건설경기 219
게임이론 200
경기변동 219
경쟁시스템 77
경제성장률 152, 155, 174
경제적 가치 133
경제적 산출물 134
경제학 193
계약곡선 52
공공재 39
공급망 123
공급보 200
공정거래위원회 63, 64
과점 63
구조조정 54
국고채수익률 230

국내총투자율 154, 178
규모경제 93
금리 181
금융시장 61
금융정책(monetary policy) 150, 159, 227
기술 22, 25, 29, 34, 48, 67, 97, 123, 127, 129, 130, 137, 141, 144, 145, 147, 215
기술경제학 84
기술혁신 180
기준금리 173
기초경제 157

ㄴ

내수경기 180
네덜란드 17
능률곡선 52

ㄷ

대칭관계 185
데이터 56, 57, 80, 98, 100, 195
도덕적 해이 125
독과점 13, 65
독점 16
독점시장 79

동조화 157

디지털경제 220

디지털경제학 13, 19, 36, 41, 42, 63, 137, 148, 160, 213

디지털통화 142

디지털혁명 51

ㄹ

로봇 35

ㅁ

마케팅 160

만족감 27, 43, 139

만족도 84

메커니즘 56

모기지 176, 177

무담보콜금리 219, 224, 225, 232

무임승차자 32

물량의 효과(quantity effect) 150

민간재 59

민간저축 156

ㅂ

변동 218

변동성 154

병원시스템 54

보상시스템 40

보안 103

보험서비스 97

부동산경기 180

불완전성 48, 65

블록체인 15, 18, 21, 23, 27, 28, 29, 30, 31, 34, 35, 38, 40, 98, 102, 104, 105, 107, 110, 112, 113, 123, 124, 127, 129, 130, 131, 137, 139, 141, 142, 143, 144, 145, 147, 215, 228

비대칭성 185, 213

비용 18, 22, 25, 95, 105

비용저감효과 146

비용절감효과 135

비트코인 31

빅 데이터 43, 114, 143, 227

ㅅ

사적재 26, 59

4차 산업혁명 50, 51, 148, 158, 195, 229

사회간접자본 57

사회적인 비용 60

산출물 133

3차 산업혁명 51

상관계수 153, 177, 196, 225

상관관계 175, 183, 188, 196, 197

상관성 182, 188, 224, 230, 231

생산 47

생산성 158

서브프라임 176, 177

선순환 129

선호도 82

소득 153

소득탄력성 194

소유권 114

소프트웨어 107

속성 129

수요 200

수요곡선 16

수요량   16, 79

수요자   47

수익   48, 95

수익률   183, 188, 196

순수게임   191

스마트(smart) 계약서   108

스튜어드십 코드   77

실업률   54

실질이자율   222

ㅇ

IT기술   35, 37, 54

IT산업   14, 63

암호   110

암호문   48

역의 선택   125

완전경쟁시장   16, 65

완전경쟁체제   45

외부불경제성   59

외부비경제성   18, 42

외부효과   21, 59, 88, 91

외환위기   185

위험   102

유지비용   98

이더리움   38

인센티브   35

인터넷   39, 89, 90, 94, 221

1차 산업혁명   50

입소문 마케팅   92

ㅈ

자금흐름   192

자료   126

자본   153

잠재성장률   175

장기금리   190

장기적인(long-term) 관점   150

장기평균비용   93

재테크   187

재테크 정보   193

저금리   201

저장   87

저축률   156

전가   200

전송기술   87

전자금융   101

정보   14, 15

정보가치   92, 173

정보 생산량   86

정보통신기술   221

정보효과   91

정책   67

제로에너지 하우스   216

주가지수   182, 183, 189, 196, 197, 198

주택   158, 215, 222

주택가격   192

주택가격전망CSI   217, 218, 225, 231

주택시장   194

지배구조   77

지식   30

지식경제시대   28

지식정보사회   136

ㅊ

채권   181

초기투자 85
총저축률 151, 154
취향 82

ㅋ

컴퓨터 네트워크 109

ㅌ

토지가격 222
통합시스템 52
투명성 48, 77, 126
투자 186, 187
투자자 174
특허 80

ㅍ

파레토 135
파레토의 비최적성 24
표준화 57, 126
플랫폼 100

ㅎ

하드웨어적인 시스템 21
한계적인 비용 84
한계적인 편익 84
헬스케어사업 63
혁신 81, 132
확률 191
회사채수익률 230, 231
효용 81
효율성 41, 65
효율화 146

기타

Dow Jones 190
Euro STOXX 201, 202, 204
IoT 216
IT 25
KOSPI 156, 198, 202, 204
NASDAQ 189, 202
T/Bond 189
T/Note 202

저자약력

김종권

성균관대학교 경제학사 졸업
서강대학교 경제학석사 졸업
서강대학교 경제학박사 졸업
대우경제연구소 경제금융연구본부 선임연구원 역임
LG투자증권 리서치센터 책임연구원 역임
한국보건산업진흥원 정책전략기획단 책임연구원 역임
전 산업자원부 로봇팀 로봇융합포럼 의료분과위원
전 한국경제학회 사무차장
전 한국국제경제학회 사무차장
현재 신한대학교 글로벌통상경영학과 부교수
　　　한국국제금융학회 이사
　　　한국무역상무학회 이사

저서

재정학과 실무, 박영사, 2017.12
정보경제학과 4차 산업혁명, 박영사, 2018.9
금융재정학과 블록체인, 박영사, 2018.10

공적

의정부세무서장 표창장(2011.3.3)
국회 기획재정위원장 표창장(2018.5.3)

디지털경제의 재테크 트렌드

초판발행	2019년 7월 29일
지은이	김종권
펴낸이	안종만·안상준
편 집	김효선
기획/마케팅	손준호
표지디자인	조아라
제 작	우인도·고철민
펴낸곳	(주) **박영사**
	서울특별시 종로구 새문안로3길 36, 1601
	등록 1959. 3. 11. 제300-1959-1호(倫)
전 화	02)733-6771
f a x	02)736-4818
e-mail	pys@pybook.co.kr
homepage	www.pybook.co.kr
ISBN	979-11-303-0768-8 93320

정 가   17,000원